산업과 지역연구 총서

Industrial Change and Life-worlds in East Asia

# 동아시아의 산업변동과 생활세계

산업과 지역연구 총서

Industrial Change and Life-worlds in East Asia

# 동아시아의
# 산업변동과 생활세계

## 성공회대학교 노동사연구소 지음

"이 저서는 2013년 정부(교육부)의 재원으로 한국연구재단의 지원을 받아 수행된 연구입니다.(NRF-2013S1A3A2054223)"

과제명: 산업변동과 로컬리티 기억의 재구성 (Industrial Change and Reshaping Locality Memories)

# 서문

이 책은 성공회대 노동사연구소가 2013년부터 추진하고 있는 "산업변동과 로컬리티 기억의 재구성"을 주제로 한 공동 연구에서 산출된 성과를 수록하고 있다. 저자들은 한국, 중국, 대만, 일본에서 산업구조의 변동이 생활세계에 끼친 영향을 "노동"을 키워드로 삼아 고찰하고 있다. 이들 동아시아 4개국은 국제 분업 체계 내부에서 치밀한 경제적 네트워크를 구성하고 있으며 한 국가에서 발생하는 산업구조 변동은 단시간에 다른 국가로 파급되고 있다. 산업구조 변동은 사회 구조의 변동과 밀접하게 연계되어 있다. 즉, 4개국의 사회를 개별적으로 이해하기 위해서도 동아시아 지역의 산업구조와 사회구조 변동을 거시적 시각에 입각하여 총체적으로 이해하려는 접근이 필요하다.

후발 자본주의 국가인 일본은 19세기말에 산업혁명을 이룩한 이후 동아시아 지역에서 장기간 유일한 공업국가라는 위상을 가지고 있었다. 한국, 대만, 중국은 경제적인 측면에서 일본의 시장과 원료 공급지가 되었으며 정치적으로는 일본 제국주의의 침탈 대상이 되어 식민지와 반식민지 시대를 경험했다. 동아시아 지역에서 성공한 근대화의 모델인 일본의 제도는 비교의 기준이 되었다. 동아시아 지역으로부터 일본으로 선진적인 지식과 문화를 흡수하려는 지식인 집단만이 아니라 일자리를 찾는 노동자들도 모여 들었다. 특히 제2

차 세계대전 기간에 강행된 일본의 전시 노동력 동원의 후유증으로 일본 내부에 대규모의 한국인 집단이 잔류하게 되었다. 일본에서 1950년대 중반부터 본격적으로 추진된 고도 경제성장과 지속적 임금 상승은 성숙 단계에 도달한 일본 산업 부문의 국외 이전을 촉진하는 배경이 되었다. 일본으로부터 이전되는 노동집약적 경공업은 1960년대부터 시작된 한국과 대만의 초기 공업화 과정에 기여하였다. 1970년대 후반부터 신흥공업국의 일원으로 주목을 받기 시작한 한국과 대만이 일본과 형성한 국제분업 관계는 더욱 강화되었다.

특히 1990년대의 탈냉전과 중국의 개혁개방은 동아시아 지역의 국제분업 관계를 재편성하는 계기로 작용하였다. 일본, 한국, 대만은 중국으로 생산 시설을 급속하게 이전하기 시작하였다. 외국 투자 유치에 유리한 해안지대를 중심으로 중국의 경제발전은 가속화되어 세계의 공장이라는 말을 들을 정도가 되었다. 그러나 중국은 내부적으로 지역간 불균등 발전에서 초래되는 갈등과 선발 자본주의 사회가 경험한 고전적인 계급 갈등을 동시에 해결해야 하는 국면에 들어가고 있다. 일본과 한국은 저임금 업종만이 아니라 중화학과 첨단산업 부문까지 중국으로 이전되는 상황 속에서 국내 산업구조를 고도화하고, 이와 관련된 각종 제도와 사회관계를 재편할 수 있도록 정책을 조정해야 하는 과제를 안고 있다. 중국의 공업화, 경제발전, 대외 개방은 내부적으로는 지역간 사회이동을 인위적으로 통제하는 사회주의 시대의 유제와 현실 세계의 노동시장 구조 사이에서 발생하는 모순을 노출시키고 있으며, 외부적으로는 새로운 고용 기회를 해외의 고임금 지역에서 모색하는 이주노동자의 유출을 초래하고 있다. 또한 탈냉전은 한국과 대만에서 반공을 명분으로 내세운 권위주의적 군부 통치가 퇴진하고 민주정부가 정착할 수 있는 환경을 조성하였으나 장기간 억눌린 노동자 집단의 욕구와 불만이 표면화되고 있다. 결국 양국에서는 노동문제를 제도적으로 해결할 수 있는 정책의 형성이 민주화의 실질적 정착을 가늠할 수 있는 중요한 지표로 등장하고 있다. 또한 대만과 중국의 경제적, 사회적 거리도 단축되고 있다. 탈냉전과 세계화의 흐름은 동북아지역에서도 국경을 넘어서는 산업의 재배치와 함께 노동력 이동을 촉진시키는 결과를 가져왔다. 인간의 이동은 결국 국경을 초월하는 사회적 네트워크의 형성과 문화 교류를 활성화시키고 있다. 정보통신기술의 혁신은 이 지역의 사회적 통합을 가속화 시키는 요인으로 작용하고 있다. 반면에 정치적으로는 냉전 질서 속에서 은폐되어 있던 민족주의와 개별 이익을 추구하는 집합행동이 노출되고 있다. 현재와 같은 상황에서 동북아 지역에 관심을 가지고 있는 사회과학자는 개별 국가 내부에서 발생하는 현상을 파악하기 위해서라도 동북아 지역 자체를 이해할 필요가 있다. 여기에 수록된 연구는 기본적으로 각국의 내부 상황에 대한 분석이지만 동북아 지역에서 새로운 경제적, 사회적 네트워크와 통합적 질서가 형성되고 있다는 인식을 준거틀로 하여 추진되었다. 각론의 내용은 다음과 같이 소개할 수 있다.

　"재일동포 집단거주 지역과 새로운 외국인 주민의 형성"을 작성한 이종구는 도쿄 서남부의 중화학공업지대인 카와사키의 사쿠라모토 지역에 형성된 식민지 시대에 일본으로 이주한 재일동포 집단거주 지역의 변화를 고찰하고 있다. 법률적 국적 이전에 지역에서 생활하는 주민의 일원이라는 정체성을 주장하는 재일동포 2세들이 1960년대부터 전개한 인권운동은 제도 개선을 통해 실질적으로 생활 편익을 확보하는데 기여했으며, 1980년대 후반에는 일본인 주민, 행정 당국과 협력하여 후레아이칸이라는 사회교육과 사회복지 기능을 함께 갖춘 공공시설을 건립하는 선구적 업적을 남겼다. 후레아이칸은 시의 조례에 입각해 시 예산으로 만들어진 공공시설이지만 재일동포 인권운동 조직이 위탁 운영하고 있다는 특징이 있다. 일본의 노동운동의 퇴조와 신자유주의적 정책 기조의 정착이라는 흐름 속에서 후레아이칸의 가장 강력한 후원자였던 혁신자치체는 2001년에 정권을 상실했다. 새로 유입되는 이주민이 증가하여 재일동포가 외국인 주민의 절대 다수이던 시대도 끝났으며, 2000년대에는 중국계 주민이 가장 큰 외국인 집단으로 등장했다. 또한 동남아로부터 이주한 다수의 결혼이주 여성이 하층 서비스 노동에 종사하게 되었다. 이러한 상황에서 후레아이칸과 지역 내부에 축적된 재일동포 인권운동의 경험은 새로운 이주민이 권리와 생활 편익을 확보하는 기반으로 작용하고 있다. 공공서비스의 시장화라는 추세에도 불구하고, 후레아이칸이 상징하는 혁신자치체 시대에 이룩한 제도 개혁의 성과는 여전히 중요한 영향력을 발휘하고 있다. 이 작업은 일본 사회의 저변에서 진행되는 사회변동의 양상을 통해 국제화와 동북아 지역의 통합성 확대라는 거시적 변화를 고찰하려는 시도이다.

일본에서 활동하는 중국계 경제학자인 리지에셩(李捷生)은 중국이 개혁개방 정책으로 초래된 태평양 연안과 내륙 지역의 불균형 발전이라는 문제를 해소하기 위하여 구상하고 있는 새로운 지역개발 전략을 고찰하고 있다. 중국은 발전의 중심을 연해 지역으로부터 내륙 지역으로, 경제 정책의 초점을 수출 의존에서 내수 확대로, 정책 과제를 경제 격차와 환경 문제를 비롯한 사회문제의 해소에 전념하는 방향으로 전환하고 있다. 구체적으로 2011년부터 실시된 제12차 5개년 계획은 '신형도시화' 구상을 제시하고 있다. 이는 대·중·소도시군의 협조적 발전과 도시군 간 네트워크화라는 새로운 지역 개발 전략을 실시함으로써, 지역격차의 시정을 추구함과 동시에 새로운 내수연관(内需連関)의 창출과 나아가 지속적인 성장을 실현한다는 의도를 가지고 있다. 연구자는 '신형도시화' 구상은 '징진지경제권'('수도경제권')과 '장강경제삼각주' 개발 사업으로 구체화되고 있으며, 수도 지역과 주변 지역의 제휴, 장강벨트지역 내부의 제휴 및 네트워크화를 촉진하려 시도하는 획기적인 사건이라는 평가를 내리고 있다.

정규식은 중국에서 진행되는 노사관계의 제도화와 노동운동의 전개 과정을 중점적으로 고찰하고 있다. 중국은 거주지 이동을 제한하는 호구제 하에서 비합법적으로 도시에 거주하며 노동력 관리의 수량적 유연성을 제공해 온 농민공과 철밥통으로 상징되는 공식 노동자가 평행적으로 존재하는 노동시장의 이중구조를 개혁하고 새로운 질서를 확립해야 하는 분기점에 서 있다. 이 연구는 권리의식이 강한 '신세대 농민공'의 등장과 노동운동의 영향에 주목하는 시각을 도입함으로써, 현지 정보의 수집과 소개에 치중했던 국내 중국 연구의 분석 수준을 획기적으로 높이는 전환점이 되고 있다. 이러한 작업의 연장선에서 연구자는 "법제도의 정비를 통한 조화로운 노동관계의 수립"을 지향하는 중국 정책 당국의 입장과 지향을 밝히고 있는 최근의 자료를 번역 소개하고 있다. 이 자료는 노동문제만이 아니라 현대 중국이 지향하는 기본적인 정책 기조를 보여주는 나침반의 위상을 가지고 있다고 표현할 수 있다.

대만의 노동운동 활동가이며 연구자인 천리잉은 1987년에 계엄령이 해제된 이후의 대만에서 진행되고 있는 노사관계의 민주화 과정을 고찰하고 있다. 이 연구는 한국 학계에 대만의 노사관계 상황에 대한 기본 자료를 체계적으로 제공하고 있다는 사실 자체에서도 중요한 의미를 가지고 있다. 또한 대만에 투자한 다국적 기업의 노동 문제를 사례로 들어 노동기본권 보장의 중요성을 제시하고 있는 시각도 참신하다.

한국 사례를 다루고 있는 김영은 1987년의 노동자 대투쟁이 초래한 노동현장의 변화를 대기업 사업장의 숙련 형성 기제를 기준으로 고찰하고 있다. 자동차 공장과 조선소의 사례는 강력한 노동조합의 존재가 능력주의 인사관리의 도입을 저지하여 체계적인 교육훈련과 숙련 평가 제도의 구축을 지연시키고 있다는 사실을 보여주고 있다. 즉, 임금과 숙련의 연계 수준이 낮다. 반면에 노동운동의 활성화 수준이 낮은 철강공장과 전자공장의 사례에서는 숙련 형성 기제가 체계화되어 있으며 임금과 숙련의 연계 수준이 높은 것으로 나타났으나, 고용 보장의 수준은 낮았다. 이러한 관찰 결과는 한국의 대기업 노사관계에 대한 논의에서 은폐되어 있는 불편한 진실을 드러내고 있다. 즉 노사의 불신과 대립적 노사관계 때문에 숙련 형성의 체계화가 지연되는 비용을 지불하면서도 기업이 시장에서 차지하는 독점적 지위를 활용하여 거두는 거대한 수익은 전투적 실리주의를 표방하는 대기업 노조를 무마할 수 있었다. 다른 한편에서는 기업은 시장 독점에서 발생하는 이익을 활용하여 온정주의적 노사관계를 유지함으로써 노조를 포섭하거나 무력화할 수 있었다. 이러한 기업에서 고용 조정이 발생할 경우에 기업별 노조의 무기력한 대응도 문제이지만 사용자도 노동자들이 체득한 높은 수준의 숙련의 가치를 인정하지 않았다. 즉, 어느 경우에나 숙련 형성의 가치에 대해 대기업의 노사 모두가 중요성을 인정하지 않으며, 독점 이익을 분배하는 비율에 대한 합의를 도출하는 과정에 주목하고 있다는 판단이 행간에 스며들어 있다. 역설적으로 이러한 분석은 동북아에서 중국이라는 후발 공업국의 성장 앞에서 한국의 노사가 선택할 수 있는 길은 무엇인가라는 새로운 문제를 제기하게 한다. 이 연구의 문제의식을 확장하면 한국 기업보다 먼저 중국으로 생산시설을 대규모로 이전한 일본 기업에서 나타나는 대응 양식과 일본 정부의 산업정책에 대한 비교 연구가 시급하게 요청되고 있다.

이상에서 소개한 개별 연구는 한국, 중국, 일본, 대만을 포괄하는 광역을 단위로 하는 산업노동연구와 사회과학 연구의 중요성을 시사하고 있다. 외국에 대한 연구의 역사가 일천한 한국의 학계 상황에서 아직 실험적인 연구의 성격을 가지고 있는 이와 같은 지적(知的) 작업에 과감하게 참여한 연구자들과 또 연구 과정에 협조를 아끼지 않은 여러 인사들에게 연구 책임자로서 이 자리를 빌려 감사의 뜻을 표명한다. 또한 독자와 학계의 동료 연구자 여러분에게도 이 책에서 앞으로 발견되는 오류에 대한 지적과 비판을 아끼지 말 것을 요청 드리며 발간 인사를 마친다.

2015년 6월 10일
성공회대 노동사연구소장 이종구

# CONTENTS

CHAPTER

1

# 재일동포 집단거주 지역과
# 새로운 외국인 주민의 형성*

이종구

# 1. 서론

  국내에서 재일동포에 대한 연구 관심은 식민지 통치가 남긴 불행한 유산이며 해방 이후에도 일본 사회의 차별에 시달리는 피해자라는 측면에 초점을 맞추고 있었다. 따라서 본인이 직접 일본으로 건너 간 1세가 연구의 대상이 되었다. 또한 이러한 시각에서는 재일동포가 언어, 문화, 풍속 등으로 구성되는 민족성을 유지하고 있는 수준에 대한 고찰이 중요했다.

  그러나 해방 70년이 다가오는 현재 시점에서 재일동포 1세는 다수가 사망했거나 사회활동에서 물러났다. 전후에 출생한 재일동포 2세가 직장에서 정년을 맞이하고 있으며 3세, 4세가 주류를 이루고 있다. 이러한 상황에서 재일동포와 본국의 연계성이나 문화적 동질성에 주목하는 연구의 현실 적합성은 저하되고 있다. 오히려 재일동포 사회 내부에서 진행되고 있는 변화를 객관적으로 인식하고 재일

---

* 이 글은 ["재일동포 인권운동과 다문화 공생의 실현- 카와사키 사쿠라모토 지역의 후레아이칸을 중심으로 -", 『민주사회와 정책연구』 2015 상반기 통권27호, 민주사회정책연구원]을 수정 보완하여 작성되었다.

동포와 일본 사회의 관계를 파악하는 작업이 필요하다. 이는 일본의 다문화 사회 현상을 이해하는 출발점이기도 하다. 일본의 외국인 정책과 제도는 실질적으로 패전 이전의 식민지 시대에 이주한 재일동포와 그 후손을 의미하는 올드카마를 기준으로 형성되었다. 1980년대 이후에 글로벌라이제이션의 흐름을 타고 일본에 유입한 외국인 노동자와 결혼이주여성을 중심으로 구성된 뉴카마를 대상으로 하는 정책, 제도의 성격만이 아니라 이들의 정착을 지원하고 인권을 보호하려는 사회운동을 파악하려면 식민지 시대부터 형성된 올드카마인 재일동포와 일본 사회의 관계에 대한 이해가 선행될 필요가 있다.

재일동포의 세대 교체와 사회 환경의 변화를 감안하면 전후 세대에 속하는 2세 이하의 재일동포들이 일본에 영주한다는 현실을 인정하고 재일한국·조선인의 정체성을 주장하는 1970년대 이후에 등장한 흐름을 주목할 필요가 있다. 이들은 분단된 조국의 어느 한쪽에 대한 정치적 귀속을 거부하고 지역 주민의 일원으로서 일본인과 공생(共生)하며 생활에 필요한 권리를 확보하는 운동을 전개하고 있다. 이 연구의 초점은 도쿄와 인접한 카와사키의 사쿠라모토 지역에 건립된 사회복지 서비스와 사회교육 서비스를 같이 제공하는 기능을 갖춘 복합 시설인 후레아이칸의 사례를 중심으로 재일동포 인권운동 집단이 전개한 사회운동의 성과가 뉴카마 집단으로 확산되는 과정에 대한 경험적 고찰에 놓여 있다. 이러한 접근방법은 일본사회의 거시적 변동과 재일동포의 위상 변화를 종합적으로 파악하려는 시도이기도 하다.

<사진 1 후레아이칸>

## 2. 지역적 특성과 사회적 배경

사례 연구의 대상인 후레아이칸이 자리잡고 있는 카와사키는 도쿄의 서남부와 인접해 있다. 광역 지방자치 단체에 준하는 정령(政令)지정도시1)의 지위를 가지고 있으며 2012년 4월 기준으로 인구는 약 143만 명, 면적은 142.7 ㎢이다. 카와사키는 일본의 대표적인 중화학공업도시이다(島崎稔·安原茂 編). 일본의 수도권 소재 공장이 지방이나 해외로 이전하는 추세에도 불구하고 카와사키는 여전히 제조업의 비중이 높은 도시로 남아있다<표 1>. 그러나 제조업의 내용을 보면 연구개발 및 지식 산업과 연계된 업종을 중심으로 재편되었다(이종구 2012: 350-351).

<표 1> 카와사키의 산업구조 변화(%)

|  | 1975 | 1990 | 2005 | 2008 |
|---|---|---|---|---|
| 제조 | 56.3 | 45.2 | 25.4 | 26.6 |
| 건설 | 6.8 | 6.9 | 5.6 | 4.6 |
| 도소매 | 7.0 | 6.6 | 7.5 | 13.0 |
| 금융보험 | 2.9 | 2.6 | 4.2 | 2.9 |
| 부동산 | 7.4 | 10.9 | 18.1 | 18.8 |
| 운수통신 | 5.6 | 6.3 | 7.6 | 7.0 |
| 서비스 | 6.8 | 13.3 | 23.0 | 18.7 |
| 정부서비스 | 5.4 | 5.3 | 6.3 | 6.1 |
| 기타 | 1.8 | 2.9 | 2.3 | 2,3 |

자료: (1975, 1990, 2005) 田中隆之、「川崎の都市経済構造とその変化—大生産基地
からの転換」、『川崎都市白書 第２版-イノベーション先進都市・川崎を
めざして-』、専修大学都市 政策研究センター、2009、p.31
(2008) 『川崎の」産業 』、川崎市、2011、p.26,

---

1) 지방자치법 252조 19~21에 의해 정령으로 지정된 道府県의 사무권한 가운데 복지, 위생, 도시
계획 등을 비롯한 18개 항목의 사무가 이양되어 있다. 개별법에 의한 국가와 광역 지자체의 권
한도 이양되어 있다. 일반적인 시정촌(市町村)과는 달리 행정, 재정에 대한 특례가 적용되고 있
다. 이러한 규정은 인구 50만 이상의 도시에 적용되지만 실제로는 인구 100만 이상의 도시가
지정되고 있다. 카와사키는 1972년에 지정되었으며 2012년 현재 20개 정령지정도시가 있다.

카와사키는 2차 세계대전 이전부터 노동운동이 활성화된 지역이라는 역사적 배경을 가지고 있다. 이곳은 고도 경제성장 시대에 사회운동 세력과 혁신계 정치세력이 생활환경 개선을 요구하는 주민의 지지를 기반으로 시정의 주도권을 장악해 만들어진 혁신자치체가 가장 최근까지 유지된 지역이기도 하다. 2001년에 실시된 카와사키 시장 선거에서 혁신 진영이 패배한 이후에는 혁신자치체를 유지하는 중요한 세력의 하나인 공무원 노조와 공무원의 정책참가 통로인 지방자치연구센터의 영향력이 축소되었다. 즉, 혁신자치체 시대에 재일동포 인권운동을 유형 무형으로 지원했던 주민운동, 시민운동, 시직원조합, 노동단체 등의 혁신 세력이 시정에 미치는 영향력이 축소되기 시작하였다. 이와 함께 공공부문이 담당하는 복지와 사회교육 부문에서도 시장 원리의 적용을 강조하는 신자유주의적 개혁이 본격화되기 시작했다.

전국 수준에서도 후레아이칸에 영향을 미치는 연관된 제도적 환경이 바뀌고 있었다. 개호보험법의 제정(1997)과 특정영리활동촉진법(NPO법)의 제정(1998)은 복지비용은 공적 재원으로부터 지출하고 서비스의 공급은 민간기업과 NPO에 위탁함으로써 지방자치단체가 직접 서비스를 공급하지 않게 되는 경향이 나타났다(直井道子 :25). 구체적으로 복지와 개호 관련 제도[2]의 변화 기조를 보면 서비스 제공자 중심 시스템으로부터 이용자 중심 시스템으로의 전환이 이루어졌다. 이는 '조치' 방식이 '계약' 방식으로 바뀌어 행정기관이 서비스의 이용을 결정하는 것이 아니라, 이용자가 사업자 또는 서비

---

2) 아동복지법 개정(1997)과 보육소 제도 개혁(1998), 개호보험법의 제정(1997)·실시(2000)·개정(2006), 사회복지법과 신체장해자복지법 개정을 통한 사회복지기초구조개혁, 장해자자립지원법의 제정(2005)과 실시(2006)

스 제공 기관과 계약을 맺고 서비스를 이용하게 되었다는 것을 의미한다. 동시에 제도적으로 사회복지 서비스 공급체제의 다원화와 시장화가 촉진되어 개호 및 장애인 복지에 관련된 재가 서비스 등의 분야에서는 사회복지법인만이 아니라 비영리조직(NPO 법인, 협동조합 등) 및 영리법인의 진입이 가능해졌다. 즉, 이용자가 서비스를 제공하는 사업자를 선택할 수 있게 되었으므로 사업자 사이에 경쟁이 발생하게 되었다(平岡公一:245). 2005년 3월에 발표된 신행정개혁지침에 의해 지방자치단체는 2005년부터 5개년의 집중개혁플랜을 입안해 직원 정원 삭감을 비롯한 개혁에 착수하였으며 공공서비스를 민간위탁 방식으로 제공해 비용을 줄이기 시작했다. 여기에는 민간 사업자가 자금을 조달하여 시설을 건설하고 지방자치단체로부터 시설 관리와 서비스 제공을 장기 위탁받는 PFI(Private Finance Initiative), 민관이 공동 출자한 제3섹터 기업이나 공공단체로 한정된 공공시설 관리를 위탁받을 수 있는 자격을 일반 사업자를 비롯한 민간단체에게도 개방한 지정관리자 제도, 총무 및 사무서비스의 외주화 등이 포함되었다(礒崎初仁 等 :222).

1980년대 후반부터 급속하게 진행된 일본 사회의 국제화 추세를 반영하여 카와사키에 거주하는 외국인 주민의 인종적 배경도 다양화되었다. 이러한 추세는 카와사키의 외국인 주민의 국적 구성에도 반영되어 있다. 중국 국적 주민이 2008년에 한국·조선적 주민보다 많아지기 시작했다. 또한 동남아와 남미 계통 외국인 주민이 1990년대 이후 급증하는 경향이 나타나고 있다<표 2>. 반면에 후레아이칸이 자리 잡고 있는 카와사키구에서는 여전히 재일동포의 비중이 가장 높다<표 3>. 이 지역에서도 뉴카마 집단이 새로운 사회 하층으로 등장하고 있다. 많은 결혼 이주 여성이 일본어를 읽거나 쓰는 능력

이 필요 없는 편의점용 도시락 공장이나 산업폐기물처리 공장에서
일하고 있다는 기록(ふれあい舘 2008: 110)에서 볼 수 있듯이 반면에
조선족, 잔류고아3) 가족, 유학생 출신이 포함된 뉴카마 중국인의 취
업 분야는 IT산업, 중화요리, 번역, 통역 등으로 나타나고 있다4). 여
기에서 IT 종사자가 거론된 사실은 연구개발과 지식산업 중심으로
재편되고 있는 산업구조의 저변을 구성하는 소프트웨어 개발을 비
롯한 노동집약적 정보산업 부문에 뉴카마가 종사하고 있는 현실을
반영하고 있다.

<표 2> 카와사키시의 국적별 외국인 등록자 구성(단위: 명, %)

|  | 1988 | 1990 | 2000 | 2005 | 2008 | 2010 | 2012 |
|---|---|---|---|---|---|---|---|
| 한국・조선 | 8,868 | 9,385 | 9,076 | 9,152 | 9,450 | 9,290 | 8,654 |
| 중국 | 958 | 1,710 | 4,100 | 6,774 | 9,202 | 10,423 | 10,486 |
| 필리핀 | 418 | 718 | 2,142 | 3,319 | 3,863 | 3,891 | 3,852 |
| 브라질 | 45 | 357 | 1,303 | 1,377 | 1,365 | 1,188 | 930 |
| 인도 | 23 | 29 | 212 | 674 | 982 | 1,192 | 1,038 |
| 미국 | 375 | 453 | 584 | 727 | 754 | 797 | 746 |
| 페루 | 57 | 212 | 419 | 603 | 618 | 586 | 553 |
| 태국 | 40 | 59 | 405 | 514 | 586 | 589 | 535 |
| 기타 국적 | 732 | 1,066 | 2,674 | 3,684 | 4,194 | 4,658 | 4,327 |
| 외국인 총수 | 11,516 | 13,989 | 20,915 | 26,824 | 31,014 | 32,614 | 31,121 |
| 주민 총수 (천명) | 1,129 | 1,160 | 1,249 | 1,327 | 1,380 | 1,414 | 1,432 |
| 외국인 비율 (%) | 1.02 | 1.21 | 1.69 | 2.05 | 2.25 | 2.32 | 2.17 |

주: 주민은 4월 1일 기준, 외국인은 3월말 기준
자료:『市勢要覧』、川崎市、2011年版、p.50.『だれもがいっぱい生きていくために-川崎市ふれあい舘2
　0周年事業報告書('８８～０７')』、川崎市ふれあい舘・桜本こども文化センター、2008、105-106.
　「川崎市の国籍別外国人登録者数」、川崎市 市民・こども局人権・男女共同参画室 제공(2012.6.26.)、
　「川崎市の世帯数・人口」(平成24年4月1日現在)、http://www.city.kawasaki.jp/200/page/0000024222.html
　(검색일:2014.5.10.)

---

3) 패전 당시 중국 동북지방에서 귀환한 일본인이 현지에 남겨 놓은 고아를 의미하며 1980년대부터
　가족 찾기 사업을 통해 귀환했다. 이들이 중국에서 형성한 가족도 일본 국적 취득이 가능하다.
4) 2012.6.26. 山田貴夫 裵重度 면담

<표 3> 카와사키시의 구별 국적별 외국인 등록자 (2013.3) (단위: 인)

| | 총수 | 중국 | 한국·조선 | 필리핀 | 인도 | 브라질 | 기타 |
|---|---|---|---|---|---|---|---|
| 전체 | 29,122 | 9,716 | 8,060 | 3,564 | 962 | 774 | 6,046 |
| 카와사키구 | 10,848 | 3,338 | 3,775 | 1,352 | 496 | 473 | 1,414 |
| 사이와이구 | 3,498 | 1,293 | 937 | 405 | 234 | 43 | 586 |
| 나카하라구 | 3,849 | 1,391 | 908 | 403 | 95 | 55 | 997 |
| 타카츠구 | 3,458 | 1,160 | 801 | 517 | 53 | 59 | 868 |
| 미야마에구 | 2,492 | 718 | 595 | 328 | 26 | 60 | 765 |
| 타마구 | 3,142 | 1,124 | 650 | 434 | 39 | 51 | 844 |

자료: http://www.city.kawasaki.jp200page0000009377.html (검색일: 2014.7.25.)

역사적으로 보아도 카와사키는 일본 사회에서 전개된 외국인 주민의 이입과 정착의 과정이 압축되어 있는 곳이다. 카와사키에는 패전 이전부터 조선인 이주자가 다수 거주했다. 2차 세계대전 당시에는 대량으로 강제 동원된 조선인이 군수물자 생산에 종사했다. 패전 직후의 혼란기에는 생활 수단과 안전을 찾아 모여든 조선인들이 사쿠라모토 일대에 대규모 집단 거주 지역을 형성했다. 이와 함께 재일동포가 주도하는 다양한 사회운동이 활성화되었다. 사쿠라모토 지역에는 후레아이칸과 카와사키 교회, 총련계 민족학교와 금융기관이 걸어서 15분 정도 걸리는 거리에 모여 있다. 산업구조 변동으로 카와사키의 지역적 성격 자체가 달라져 단순 육체노동이나 서비스업에 종사하는 재일동포 1세가 집단 거주할 수 있었던 공장 지대와 빈민 지역은 사라지고 있다. 또한 재일동포 2세부터는 교육수준이 높아졌으므로 새로운 경제적 기회를 찾아 집단 거주 지역을 떠날 수 있게 되었다.

출전: 川崎敎會50年史

<사진 2 카와사키 교회>

　카와사키에서 재일동포 세대 구성의 변화 추세를 파악할 수 있는
정밀한 인구통계학적 자료는 입수할 수 없었다. 그러나 "카와사키교
회 50년사"에 수록된 신도의 세대별 분포에 대한 간략한 통계 자료
에 비추어 간접적으로 상황을 유추할 수 있다. 1997년 1월을 기준으
로 작성된 이 자료는 2세, 3세가 재일동포 사회의 주력이 되고 있는
상황을 반영하고 있다. 또한 신1세로 분류된 1975년 이후 일본으로
건너와 정착한 집단, 즉 한국계 뉴카마가 교인의 약 1/5, 일본인이
약 1/10을 차지하고 있다. 여기에서는 한국 국적 보유자와 일본인
사이에 출생한 사람을 한국 국적으로 간주하고 있으므로 법률적인
일본인은 자료 보다 많을 수 있다. 그러나 일본인에는 생업 때문에

일본 국적을 취득한 재일동포가 포함되어 있다는 점을 고려해야 한다<표 4>. "카와사키교회 50년사"는 "교회 청년의 대부분이 3세에 속한다. 더구나 세대적 관점만으로 청년을 파악할 수 없는 복잡한 문제가 있다. 특히 재일한국·조선인과 일본인의 결혼으로 태어난 '더블'(혼혈인) 청년의 정체성 문제를 진지하게 생각하면 이전과 같이 혈연, 민족, 국적, 본명과 통명5)에 대한 통념화된 이해를 초월하는 문제에 직면한다. 재일코리안의 2세도 50대를 바라보는 사람이 많다"고 기술하고 있다(川崎教會歷史編纂委員會 編 101-102, 303). 2012년 6월에 현지 조사를 실시했을 때는 벌써 이 자료가 작성된지 약 15년이 경과했으므로 2세들도 사회활동 일선에서 물러났다고 보아야 한다. 현지 조사 과정에서 카와사키교회와 고령자 프로그램인 도라지회의 집회 현장을 방문했으나 재일동포 1세를 찾아보기 어려웠다. 반면에 2002년 2월에 관찰한 도라지회 집회 참가자들은 대부분 1세였다(이종구 2003).

<표 4> 세대별 카와사키교회 교인(1997년 1월 현재)

|  | 1세 | 2세 | 3세 | 4세 | 신1세 | 일본인 | 합계 |
|---|---|---|---|---|---|---|---|
| 세례교인(소계) | 16 | 41 | 20 | 0 | 30 | 10 | 117 |
| 세례교인(남) | 4 | 22 | 8 | 0 | 4 | 2 | 40 |
| 세례교인(여) | 12 | 19 | 12 | 0 | 26 | 8 | 77 |
| 기타 | 2 | 22 | 40 | 3 | 10 | 12 | 83 |
| 합 계 | 18 | 63 | 60 | 3 | 40 | 22 | 200 |

주(원문):
1) 신1세 – 1975년 이후 입국한 정주자
2) 부부의 세대가 다른 경우, 예를 들어 남편이 1세, 아내가 2세이면 자녀는 3세로 분류,
3) 부부의 국적이 한국과 외국으로 차이가 있으면 자녀는 한국 국적으로 분류,
자료: 川崎教會歷史編纂委員會 編: 303

---

5) 通名, 일상 생활에 사용하는 일본식 이름을 의미한다.

혁신자치체 시대에 카와사키시는 적극적인 외국인 정책을 펼쳐 한편으로 지방과 국가의 대립 구도를 만들어 내고 다른 한편으로는 외국인 주민단체, 시(시민국 국제실), 볼런티어단체의 삼자가 행위 주체로서 정책의 입안과 집행 과정에 개입할 수 있었다. 특히 카와사키시는 재일동포의 인권과 복지를 둘러싼 교섭과 정책 시행을 독자적으로 추진하였다 (宮島喬:13). 우선 카와사키시가 1965년에 체결된 한일기본조약에 의해 특별영주허가를 받은 민단계 재일동포에게만 국민건강보험이 적용(1967.4)되는 문제를 해소하기 위해 1972년도부터 조선적 재일동포를 포함한 외국인에게 국민건강보험 제도 적용의 수혜를 받을 수 있게 하였다(1972.4). 1974년에는 재일동포 대표들이 시영주택 입주 자격에서 국적 조항을 철폐하고 아동수당을 전액 지급할 것을 요구하는 서명 운동을 벌였다. 이를 받아들여 카와사키시는 1975년에 국적 조항을 철폐하였다. 이밖에도 다수의 재일동포가 포함된 생활보호 대상 가구에 대한 장학금과 입학 준비비용 지급(1977), 국민연금 제도에서 배제된 외국인 주민을 위한 외국인 고령자 복지수당 지급(1994) 등의 정책도 카와사키시가 재일동포의 요구를 수용하여 선구적으로 시행하였다, 또한 일본 사회의 국제화는 보편적 인권의 개념을 외국인 주민에 대한 처우에 반영하는 계기가 되었다. 1979년에 국제인권규약을 비준한 일본은 국내법을 개정하게 되었으며 1980년부터 국민건강보험, 공영주택 입주, 국민금융공고(国民金融公庫) 등의 제도를 일본인만 이용할 수 있다는 국적 조항을 철폐하였다. 또한 1982년에는 일본이 비준한 난민조약이 발효되어 사회보장과 복지 영역에서 내국인과 외국인을 평등하게 대우하는 원칙이 확립되었다.(이종구 2003, 4-5). 1986년에 카와사키시는 지문날인을 거부한 외국인을 고발하지 않겠다는 방침을 밝혀 파문을 일으켰으며, 뉴카마를 위해 1989년에는 시에 거주하는 유학생에게 취학 원조금을 지급하였다. 이는 특히 중국인 주민을 증가시키는데 기여한 조치로 평가되고 있다(宮島喬:13).

이상에서 살펴 본 바와 같이 후레아이칸을 둘러 싼 사회 환경의 변화는 산업구조 고도화와 외국인 주민의 다양화, 혁신자치체의 퇴진과 공공부문의 시장화 등으로 요약할 수 있다. 그러나 혁신자치체 시대에 형성된 질서와 사회의식을 내면화한 시민적 주체와 제도는 단절적으로 소멸되지 않았으며 현재도 지속적으로 영향력을 발휘하고 있다. 후레아이칸의 사례는 혁신자치체의 유산만이 아니라 일본 사회의 거시적 변화를 지역 수준에서 파악할 수 있는 관찰창이라고 할 수 있다.

## 3. 시각과 접근방법

재일동포에 관심을 가진 다양한 연구자들은 후레아이칸이 위치한 사쿠라모토를 포함한 카와사키와 카나가와현 지역에 관심을 가져왔다. 이곳은 식민지 시대부터 현재에 이르기까지 재일동포를 비롯한 외국인 집단의 역사 및 현황만이 아니라 이와 관련된 사회문제, 사회운동의 쟁점을 집중적으로 파악할 수 있는 지역이다. 이 곳에 대해서는 국내 학계에서도 일본 연구의 일환으로 지속적인 조사연구가 진행되었다.

조선사 학자인 카지무라 히데키(梶村秀樹) 등이 실시한 연구는 카와사키시 및 인근 카나카와(神奈川)현에 거주하는 재일동포를 중심으로 한 외국인에 대한 사실상 최초의 실증적인 조사연구(梶村秀樹 1986, 등)이다. 이 연구는 가해와 피해 관계에 집중되어 있던 기존 연구 시각을 지양하고 정착하고 있는 외국인 주민의 생활 실태와 문제를 파악하였다는 의의가 있다. 후쿠오카 야스노리(福岡安則)는 1980년대 말에 실시한 재일동포 청년 세대의 정체성에 대한 연구에서 사쿠라모토 지역의 인권운동은 중요하게 다루어졌으며 세이큐샤와 민투련에 모인 활동가들은 공생지향형 정체성을 추구하는 것으로 분석되었다(福岡安則 :108-133; 이종구·장화경:80-89). 카와사키를 대상으로 이시재를 비롯한 사회학과 인류학 분야의 연구자들은 1990년대 전반에 시민 생활에 직접적인 영향을 미치는 행정 서비스의 내용과 함께 지역의 기초적인 생활조직, 사회교육, 시민운동에 대한 조사연구를 실시하였다. 여기에는 사쿠라모토 지역의 재일동포가 전개한 인권운동과 시 당국, 일본인 주민의 관계에 대한 고찰이 포함되어 있다(이시재 외, 1991; 이시재외, 2001). 김윤정(2010)은 후레아이칸의 형성 과정과 활동에 대한 상세한 기록을 남겼다. 한승미(2003)의 연구는 카와사키에서 재일동포가 중심이 된 참정권 운동의 중요한 성과인 외국인시민대표자회의를 다루고 있다. 이종구(2003)는 사회복지 제도에서 배제된 재일동포 1세 고령자의 상황과 카와사키시의 대책, 후레아이칸의 고령자 프로그램을 고찰하였다. 이상과 같은 기존 연구는 혁신자치체 시대를 배경으로 재일동포가 전개한 인권운동이 거둔 성과를 고찰하고 있다. 반면에 카와사키에서도 혁신자치체 시대가 종결될 무렵에는 이미 뉴카마의[6] 이주가 증가하여 외국인 주민의 구성이 다양화되고 있다. 즉, 새로운 현실 속에서 후레아이칸의 위상과 역할을 이해하려는 시각이 필요하다.

다마노 카즈시(玉野和志)가 2003-2005년에 실시한 조사연구에는 카와사키와 요코하마의 혁신 시정이 지역에 남긴 영향에 대한 분석이 포함되어 있다. 그는 고도 경제성장 과정에서 급증한 이주민을 연대 의식을 가진 시민으로 묶는데 기여한 사회교육이 공익적인 사회 활동에 적극적으로 참여하는 시민 집단을 형성하는데 기여했으며 이들은 세대적으로 재생산되고 있다는 사실을 지적하고 있다. 특히 1970년대~1980년대에 걸쳐 고조되었던 육아 및 생활협동조합을 주제로 한 지역 활동에 참가하였던 경력이 있는 지방 출신 여성 활동가들은 조사 당시에 60대 이상이 되었지만 여전히 고령자를 지원하는 지원봉사 조직이나 행정 당국에 설치된 심의회에 참가하여 적극적인 활동을 하고 있다. 30-40대에서도 동일한 경향이 나타나며 일본사회의 국제화 추세를 반영하여 일본어 학습 지원 등 외국인을 돕는 자원봉사가 활성화 되고 있었다(玉野和志: 237-239). 이 사례는 일단 지역에 정착한 주민 내부에 축적된 사회적 경험과 기억이 발휘하는 관성에 주목할 필요가 있다는 사실을 보여주고 있다. 즉, 현재의 사회 상황을 파악하기 위해서는 정권 교대에도 불구하고 혁신자치체 시대에 만들어진 제도와 사회관계의 연속성에 대한 고찰이 여전히 중요한 의미를 가지고 있다.

후레아이칸이 자리잡고 있는 사쿠라모토 지역에 형성된 재일동포

---

6) 한국계 뉴카마에 대한 연구는 희소하다. 도쿄 신주쿠 오쿠보 일대의 한국 음식점과 서비스 업소 종사자에 대한 정진성(2011)의 연구가 있다. 고선휘(1996)는 요코하마 코토부키쵸에서 제주도계 올드카마가 한국계 뉴카마를 노동력으로 공급하는 중개업자의 역할을 하는 실태를 고찰했다(고선휘 1996). 두 연구는 한국계 집단 내부의 상황을 고찰한 것이며 일본 사회 자체와 뉴카마가 맺고 있는 관계에 대한 분석은 희박하다.

집단 거주 지역의 형성 배경은 물론 일본의 침략 전쟁과 전시 노동력 동원이 남긴 유산에서 찾을 수 있다. 그러나 이러한 지역의 형성은 이주노동자가 대량으로 이입하는 선진국의 도시에서 일반적으로 나타나는 현상이기도 하다. 1950년대 끝 무렵부터 서구 각국의 대도시에 유입된 외국인 노동자들은 주택 임대료가 저렴한 지역에 국가나 고향이 같은 사람들끼리 밀집하여 거주하게 되었다. 이러한 지역 내부에서는 모국어만을 사용하고 모국의 예의와 문화가 지배적인 영향력을 행사하였다. 이 지역 내부는 현지 사회와 별도의 세계가 되었다. 집단 거주 지역에 사는 외국인은 생활비를 절약할 수 있고 인종차별의 위협으로부터 비교적 안전했다. 이와 같이 중심부 사회 내부에 형성된 주변부 사회라고 할 수 있는 이민의 집단 거주 지역은 본국에서 가족, 친척, 친지를 불러들이는 교두보가 되었다. 즉, 이곳에 형성된 사회적 네트워크는 국제 노동력 이동을 촉진하는 통로가 되었다. 고도 경제성장 시대가 끝난 1970년대 이후에 외국인 노동자 도입이 정지되었지만 외국인 집단 거주 지역은 자체 증식을 계속하고 있으며 주변부 사회로부터 합법, 비합법 이민을 흡인하는 거점이 되고 있다(真瀬勝康: 262-263; 이종구·임선일: 313).

서구로 이주한 외국인 노동자의 생활상은 식민지 시대에 이주한 재일동포 1세가 주류를 이루고 있었던 시절에 사쿠라모토의 집단거주 지역에서 나타났던 상황과 크게 다르지 않다. 집단 거주 지역 내부에서 재일동포 1세들은 개인과 가족을 위한 생활자원을 확보하고 민족적 정체성을 확인할 수 있었다. 반면에 지역 주민으로서 일본인과 공생하며 생활에 필요한 기본적 권리를 확보하는 일을 중시하는 재일동포 2세의 인권운동은 조례에 입각한 제도의 성격을 가진 후레아이칸을 만들었다. 이는 성인교육을 통한 개인의 사회 적응과 생활 능력 강화 지원, 어린이와 청소년 교육 지원을 포함한 사회적 재생산 과정이 제도 내부에서 이루어지게 되었다는 의미를 가지고 있다. 또한 후레아이칸의 설립은 일본인 주민, 재일동포, 시 당국자가 장기 교섭을 거치며 사회관계를 재형성하는 과정을 거쳐 이루어졌다는 사실에 주목할 필요가 있다.

제도화된 공적 조직인 후레아이칸의 설립과 운영 과정에는 지역의 사회관계가 반영되어 있다. 즉, 조례와 지역의 여론을 주도하는 사회적 주체의 성격이 획기적으로 달라지지 않는 한 후레아이칸의 활동은 연속성을 유지할 가능성이 높다. 반면에 외국인 주민의 구성 성분과 지방 정권의 성격은 급변했다. 즉, 현재 후레아이칸의 활동 내용은 과거와 연속적인가, 단절적인가, 또한 그 이유는 무엇인가를 질문할 필요가 있다. 즉 연구진은 제도가 행위자에게 익숙한 경로를 따라 변화한다고 보는 경로의존성의 개념을 적용하여, 후레아이칸의 성격을 이해하는 작업을 할 필요가 있다. 사회 구성원들이 제도, 규칙, 관행 등으로 구성된 질서에 일단 친숙하게 되면 이를 계속 따르는 경로의존성이 발생한다. 올드카마들이 이미 만들어 놓은 경로를 활용할 수 있으면 뉴카마는 정착에 소요되는 각종 비용을 절약할 수 있는 가능성이 있다.

일반적으로 경로의존성은 기술 변화, 산업 입지의 변화, 제도의 변화를 맥락, 상황 우발성, 역사적 계기의 중요성을 감안하여 분석할 때 유용하게 사용할 수 있는 개념이다. 사회 현상의 발생 원인에는 우연적 요소가 포함되어 있을 수 있다. 그러나 일단 출현한 사회 현상은 자체 유형을 유지하고 재생산하려는 관성을 가지게 되며 변화를 기피하는 속성이 있다. 즉, 창출된 경로가 안정된다는 의미는 변화 가능성이 경로 내부에 잠겨 갇히는(lock-in) 것을 말한다. 경로 의존성을 가진 제도 진화의 기제는 가층(layering), 전환(conversion), 재조합과 경로 창출의 구조화된 다양성으로 구분할 수 있다(심상완: 2012, 27-29).

가층은 새로운 규칙, 절차, 구조가 기존의 제도에 추가되면서 진행되는 변화이다. 새롭게 추가되는 새로운 층이 가져오는 작은 변화가 누적되면 제도 전체가 근본적으로 달라질 수 있다. 전환은 제도가 수행하는 역할과 기능이 달라지는 것이며, 새로운 규칙과 절차를 도입하거나 기존 규칙을 변경할 때 발생한다. 재조합은 행위자가 기존의 구조를 구성하는 자원과 속성을 새로운 것과 결합하여 재조합, 재정의함으로써 새로운 구조가 만들어지는 과정을 의미한다. 이는 전형적으로 동구권의 탈사회주의화 과정에서 볼 수 있다. 또한 자본주의 사회에서 기업과 유사한 기능을 수행하는 협동조합이 사회적으로 정착하고 확산되는 것과 같이 제도가 진화하는 경로는 다양화되어 있다. 제도화 된 경로는 구성 요소로 분해하여 고찰할 수 있으며, 그 내부에는 상호 경쟁적인 다양한 경로가 포함되어 있을 가능성이 있다. 행위자는 구성 요소의 전환과 재조합을 시도할 수 있으며 새로운 경로를 창출하는 실험을 할 수 있다. 특정한 제도적 경로는 다른 제도적 경로에 영향을 미칠 수 있으며, 이와 같이 행위자가 공존하는 복수 제도의 구성 요소를 활용하여 차용, 적응, 학습과 실험, 재조합 등의 행위를 시도하는 교차 경로 효과가 발생할 수 있다(심상완. 2012: 31-37, 41-44). 이와 같이 경로의존성의 개념에 입각하여 제도 변화를 설명하는 시각은 본래 산업 지역의 변동을 분석하는 과정에서 도출되었지만 다양한 사회 현상 분석에도 적용할 수 있다.

경로의존성의 개념을 후레아이칸의 활동을 분석하는 작업에 적용하려면 우선 "경로 내부에 잠겨 갇힘"(lock-in)의 실체를 논의할 필요가 있다. 이는 후레아이칸의 형성 과정, 활동 내용, 활동 주체에 대한 고찰이다. 혁신자치체 시대의 종언 이후 후레아이칸이 걸어 온 경로에 대해 과거와 연속성을 유지하고 있다고 보는 시각은 "가층"의 진행을 인정하는 입장이다. 만일 이를 단절로 파악할 경우에는 경로의 "전환", "재조합", "새로운 경로의 창출"이 논의의 초점이 된다. 즉, 지방 정권이 교체되었고 외국인 주민의 구성이 변화하고 있는 가운데 외형적으로는 연속성을 유지하고 있는 후레아이칸의 활동 내용을 구체적으로 파악할 필요가 있다. 또한 외국인 주민의 구성과 지방 정권의 성격은 급변했지만 후레아이칸의 활동 내용은 과거와 연속적인 모습을 보이고 있다는 사실을 설명하려면 제도의 변화는 지속적 정치적 교섭의 결과라는 시각에서 출발할 필요가 있다. 즉, 사회적 정치적 환경의 변화에도 불구하고 제도가 존속되는 경우에는 제도적 장치들이 의거하고 있는 동맹 기반의 재교섭이 수반되며, 새로 형성되는 제도의 형태와 기능은 재교섭의 결과라고 볼 수 있다(Thelen: 35-36).

연구진은 이상과 같은 시각과 문제의식에 입각하여 현지 조사를 실시하고 사실 발견에 기여할 수 있는 실증적 자료를 수집하였다. 2012년 6월 23-29일에서 걸쳐 실시된 현지 조사는 후레아이칸과 관련 시설을 견학하고 프로그램을 참여 관찰했으며 문서 자료를 수집하는 방식으로 진행되었다. 또한 연구진은 후레아이칸의 실무자와 카와사키시의 외국인 관계 업무 담당자를 면담[7]하였다.

## 4. 후레아이칸의 성격과 역할: 경로의 형성과 안정

외국인 주민이 생활에 필요한 정보와 자원을 획득하고 사회적 관계망과 문화적 정체성을 재생산하는 공간인 후레아이칸의 설립 배경은 카와사키 지역의 재일동포 인권운동의 역사와 연계되어 있다. 이 사례의 의미는 지방자치단체가 재일동포 사회운동 단체의 요청을 받아들여 지역 주민을 설득해가며 조례를 제정하고 외국인과 일본인이 공동으로 이용할 수 있는 최초의 시설을 만들었다는 획기적인 사실 자체에서 찾을 수 있다. 후레아이칸은 노동운동, 주민운동을 비롯한 사회운동의 영향력이 강하게 작용하는 "혁신자치체"라는 카와시키가 남긴 중요한 사회적 업적이기도 하다. 다문화 공생이라는 가치관이 정책으로 실현된 대표적인 사례인 후레아이칸이 걸어온 길은 재일동포와 일본 사회의 관계 설정 과정을 보여주고 있다. 또한 후레아이칸은 재일동포의 인권운동이 이룩한 제도적 성과를 기반으로 하여 일본의 새로운 사회적 하층인 뉴카마의 정착이 진행

---

7) 2014. 6. 24. 대한기독교 카와사키 교회 방문, 예배 참가,
　　 6. 25. 면담 조사 (후레아이칸)
　　　　　 배중도, 후레아이칸 이사장, 1944년생), 재일동포 인권활동가
　　　　　 山田貴夫, 퇴직 시직원, 50대 말), 재직시 외국인 관련 업무 담당, 대학 강사
　　　　　 三浦知人, 후레아이칸 관장, 50대 후반,
　　　　　 나카하라(中原)시민관, HRN하습회 참가(지방공무원 자체 학습회, 재난 대책 논의)
　　 6. 26. 시민아동국 인권남녀공동참획(參劃)실 방문, 외국인 주민 관련 정책자료 조사,
　　　　　 横山陽一(실장), 湯川綠, 佐藤好子(과장) 면담
　　　　　 나카하라(中原) 구청 방문, 板橋洋一(구청장), 石津博子(보건복지센터 부소장, 의사)
　　　　　 真川幸次(보건복지센터 계장, 의사), 면담
　　　　　 나카하라 시민관 방문, 岩瀬正人(소장), 면담
　　　　　 후레아이칸 인권존중학급 참가, 상황 연극 "필리핀 코뮤니티로부터의 문제제기"
　　　　　 관람 6.27. 고령자 모임 도라지회 참가, 지역 답사, 세이큐샤 관련 시설 방문(보육
　　　　　 원, 장애인 자립
　　　　　 그룹홈, 개호센터, 다문화공생센터, 후레아이칸),
　　　　　 사쿠라 소학교 방문, "자이니치(在日)의 기억을 말하는 모임" 참가,

되고 있는 장(場)이라고 볼 수 있다. 이와 같은 후레아이칸의 성격과 역할의 변화는 지역에서 외국인 주민의 사회적 통합이 진행되는 경로의 형성과 안정이 이루어지는 과정을 반영하고 있다.

후레아이칸의 건립 과정은 재일동포 인권운동과 연계되어 있다. 자신의 정체성을 재일한국조선인으로 규정하고 지역에 정착하여 생활하는 주민으로서 생활에 필요한 권리 확보를 중시하며 일본인과 공생하려는 지향을 가진 재일동포 2세 청년들은 카와사키의 사쿠라모토 지역에 있는 카와사키 교회를 중심으로 1960년대 후반부터 인권운동을 전개하고 있었다. 이들은 약 4년에 (1970-1974)걸친 히타치(日立)의 재일동포에 대한 취직 차별 철폐운동을 전개하여 승리하였다. 이 성과는 민투련(민족차별과 투쟁하는 연락협의회[8])의 결성 (1974)으로 이어졌으며 재일동포 사회에서 민단이나 총련과 차별성을 가진 새로운 흐름이 만들어지는 계기가 되었다(김윤정 2010, 105-110). 이 지역의 재일동포 사회에서 중심적 역할을 하는 카와사키교회는 지역 주민의 다수가 맞벌이를 해야 하지만 보육원 시설이 부족한 상황 속에서 1969년에 무인가로 사쿠라모토 보육원을 개설했다. 이와 동시에 보육원을 교회와 제도적으로 분리된 사회복지법인으로 만들기 위한 노력을 기울였다. 1973년에 후생성으로부터 인가를 받은 사회복지법인 세이큐샤(靑丘社)가 사쿠라모토 보육원을 1974년부터 운영하는 체제를 갖추었다(ふれあい舘 2008:27). 제도적으로는 분리되어 있지만 카와사키 교회와 세이큐샤는 공간과 직원을 사실상 공유하고 있으며 실질적으로 하나의 조직이다. 재일동포 아동과 일본

---

8) 民族差別と闘う連絡協議会

인 아동이 상호 교류하며 어울리는 교육을 받은 사쿠라모토 보육원 출신 아동에게 적합한 새로운 시설이 필요하다는 문제의식을 가지게 된 세이큐샤는 1982년 9월에 "지역 청소년이 서로 민족을 인정하고, 민족차별을 허용하지 않도록 자각하는 활동"에 기여 하는 청소년회관을 건립하자는 요망서를 시에 제출하였다. 이를 계기로 하여 시 교육위원회와 민생국의 공무원들은 일본인의 세금을 사용하여 조선인을 위한 시설을 만든다는 등의 이유로 반대하는 지역 주민을 설득하였다. 결국 세이큐샤, 시, 쵸나이카이(町内会)의 삼자 협의를 통해 1987년 7월에 운영방식에 대한 합의가 이루어지고 조례가 제정되었으며 1988년 6월 14일에 후레아이칸이 개관하게 되었다(ふれあい舘 2008, 31-36). 후레아이칸은 사회교육 서비스와 사회복지 서비스를 제공하는 공설 민영 수탁 시설로 출발했으며 세이큐샤가 운영을 맡았다.

또한 사쿠라모토 지역에서 인권운동을 전개하는 재일동포들은 일본인 교육운동 집단과 공동으로 공립학교의 민족차별 문제를 해결하는 운동에 나섰다. 이들은 1982년에 "카와사키 재일 한국·조선인 교육을 발전시키는 모임"(川崎在日韓国·朝鮮人教育をすすめる会)을 결성하고 시교육위원회를 상대로 대화와 교섭을 진행하였다. 시교육위원회는 이들의 요청을 수용하여 "카와사키 재일 외국인교육기본방침 - 재일한국·조선인교육을 중심으로-"(川崎市在日外国人教育基本方針-主として在日韓国·朝鮮人教育)(이하 외국인교육 기본방침)를 발표(1986.3.25.)하였다. 이 방침은 정책으로 구체화되어 사쿠라모토 지역에 있는 사쿠라모토중학교, 사쿠라모토소학교, 히가시사쿠라모토소학교를 인권존중학급에 대한 연구를 위촉하는 학교로 지정하였다. 이들 세학교는 이미 1984년도부터 혁신계 지사가 있던 카나카와현(神奈川県)이 "상호 교류 교육"(ふれあい教育)을 실천하는 학교로 지정한 곳이었다. 외국인 교육 기본방침은 카와사키시 각지에 설치된 사회교육 시설인 시민관의 프로그램에 반영되었다. 1984년도에는 "역사 속의 일본과 조선"이라는 강좌가 성인학급에 설치되었으며 1985년도부터 민족 차별이나 편견을 해소하는 내용을 가진 인권존중학급을 지원하는 예산이 책정되었다(ふれあい舘 2008, 28-29). 1988년 4월에는 외국인 교육방침이 일부 개정되어 부제가 "다문화공생 사회를 지향하여"(多文化共生の社会をめざして)로 바뀌었다. 인권존중학급은 후레아이칸에서도 중요한 사회교육 프로그램으로 운영하고 있다.

이상과 같은 활동을 전개하는 후레아이칸의 실체를 구성하는 요소는 "제도와 규범, "운영 주체", "사업 내용"으로 구분할 수 있다. 후레아이칸의 성격과 역할을 파악하기 위해서는 개별적 요소의 내용과 함께 이들이 상호 연계되는 과정을 살펴볼 필요가 있다. 이 작업은 지역 주민의 생활세계와 후레아이칸의 관계에 대한 고찰이기도 하다. 후레아이칸이 존립하는 일차적인 제도적 근거는 카와사키시의 후레아이칸 조례(1988.3.29.공포, 1988.6.15. 시행)이다. 조례에 규정된 후레아이칸의 설치 목적은 "일본인과 한국·조선인을 위주로 하는 재일 외국인이, 시민으로서 상호 교류하고, 서로의 역사와 문화 등을 이해하고, 보다 기본적인 인권존중의 정신에 입각하여 같이 살아가는 지역사회를 창조하는데 기여하기 위해 카와사키시 후레아이칸을 설치한다"고 되어 있다. 일본에서도 조례에 의거해 설립된 외국인 주민과 일본의 공생을 지원하는 시설은 후레아이칸이 현재까지 사실상 유일한 사례이다. 이는 혁신자치체 시대에 카와사키시가 중앙 정부에 앞서 선구적으로 펼쳤던 외국인 정책의 성과이기도 하다. 또한 카와사키시의 외국인교육 기본방침은 후레아이칸이 수행하는 사회교육 활동의 정당성을 뒷받침하는 사회적 규범을 제시하고 있다. 이 방침은 학교교육과 사회교육의 현장에서 외국인 주민의 인권을 보호하는 내용을 가지고 있으며 "재일 한국·조선인에 대한 차별과 편견"을 해소해야 한다는 문제 의식과 함께 "일본인과 재일 외국인이 함께 손을 잡고 지역사회를 창조하는 활동을 지향"한다는 목표를 제시하고 있다. 후레아이칸 조례와 외국인교육 기본방침은 재일동포를 비롯한 외국인 주민에 대한 차별 배제와 인권 보호를 강조하는 공적 권위를 가진 제도적 장치이다. 즉 이들의 개정이나 폐기는 공적 절차를 거쳐야만 이루어질 수 있으므로 사회교육과 학교교육의 영역에서 외국인 주민에 대한 공공서비스가 안정적으로 제공될 수 있는 환경이 조성되어 있다. 즉 후레아이칸이 활동을 계속할 수 있는 제도적인 경로가 만들어져 있다.

공식적인 제도의 성격을 가진 지자체의 조례와 방침은 유권자의 요구에 의해 변경될 수 있는 가능성이 있다. 설립 과정에서도 시 공무원과 세이큐샤가 일본인 주민조직과 장기간 협의를 거쳐 동의를 이끌어 냈던 배경을 가진 후레아이칸이 장기적으로 존립하며 활동의 일관성을 유지하기 위해서는 지역 주민과 밀접한 연계 관계를 가지고 있을 필요가 있다. 이는 운영협의회와 운영 주체의 성격을 통해 파악할 수 있다. 1988년에 최초의 운영협의회(1988.4.14.)가 열렸을 때 참가한 주체는 후레아이칸 인근의 주민 조직인 쵸카이(町會), 조선학교를 포함한 4개 학교와 PTA, 지역단체, 상점가, 학식 경험

자, 세이큐샤, 시의 행정 담당자였다. 좌장은 시 공무원인 청소년부장이 선출되었다. 다음 회의부터 지역 사회의 어머니 모임(母親クラブ)와 자녀육성 지원 모임(コドモ会)가 추가되었다. 운영협의회 회장은 교육장[9]을 역임한 인사가, 부회장은 인근 사쿠라모토 중학교 교장이 담당했다. 이와 같은 운영협의회의 구성 내용에서 볼 수 있듯이 후레아이칸은 지역주민, 세이큐샤, 카와사키시의 삼자가 공동 운영하는 구조를 가지고 있다. 특히 처음에는 후레아이칸의 관장과 직원 2명, 세이큐샤의 이사 1명을 시가 파견한 공무원이 담당하였다. 개관하고 나서 일 년이 경과한 다음에는 시 파견 공무원은 관장만 남고 세이큐샤가 전체 운영을 담당하게 되었으며 1990년도부터 세이큐샤 직원이며 재일동포 2세인 활동가 배중도가 관장이 되었다. 이와 같이 후레아이칸은 재일동포가 주체로 참가하는 법인이 지자체가 설치한 시설을 위탁받고 한국 국적을 보유하는 재일동포 2세가 관장을 맡는 최초의 사례가 되었다(ふれあい館 2008: 36-37). 이와 같은 운영협의회의 성격은 현재까지 유지되고 있다. 2010년도부터 관장을 맡고 있는 미우라 토모히토 (三浦知人)는 일본인이지만 히타치(日立) 투쟁을 지원하는 학생운동에 참가한 것이 계기가 되어 세이큐샤 초기부터 재일동포 청년들과 같이 활동을 해왔다는 배경을 가지고 있다. 카와사키시로부터 후레아이칸의 운영을 계속 수탁받고 있는 세이큐샤는 사실상 재일동포가 주력인 카와사키교회를 기반으로 한 사회복지 법인이다. 그러나 세이큐샤에 참가하는 재일동포들은 지역 주민의 일원으로서 일본인 주민과 공생하는 것을 선

---

9) 시 교육위원회 수장, 즉 교육감을 의미, 일본에서 사회교육은 교육위원회 관할이다.

택하고 있다. 실제로 후레아이칸이 출범할 당시에도 세이큐샤가 운영한 프로그램을 거친 아동과 청소년의 국적은 일본인이 훨씬 많은 상태였으며<표 5>, 재일동포 만이 아니라 일본인도 같이 이용하는 시설이라는 설득이 가능한 환경이 조성되어 있었다.

<표 5> 국적별 사쿠라모토 보육원 및 학원 프로그램 참가자 (단위: 인)

| | 한국·조선인 아동 | 일본인 아동 |
|---|---|---|
| 사쿠라모토 보육원 수료 아동수(1969-1987) | 132 | 198 |
| 취학아동 보육 당나귀회 아동수(1969-1988) | 140 | 356 |
| 사쿠라모토학원 민들레회(소학생부) 아동수(1976-1988) | 83 | 152 |
| 사쿠라모토학원 중학생부 아동수(1976-1988) | 101 | 155 |

출처: ふれあい館 2008, 31

여기에서 나타나는 바와 같이 후레아이칸 운영협의회와 세이큐샤의 활동에는 지역에 거주하는 일본인 주민과 재일동포들이 같이 참가하고 있다. 즉, 후레아이칸은 국적을 초월하여 지역에 형성된 주민과 학교, 시 당국자의 협력 네트워크를 기반으로 하여 활동하는 시설이라는 성격을 가지고 있다. 후레아이칸은 지역과 밀착된 시설이므로 한편으로는 주민의 의사 확인이 없이는 현상 변경이 어렵다는 측면과 함께 다른 한편으로는 주민이 필요로 하는 활동을 전개하여야 한다는 측면을 같이 가지고 있다.

후레아이칸이 제공하는 프로그램의 내용은 방과후 보육, 청소년 교육을 포함한 차세대 육성, 문해 교육과 한국·조선인의 문화 전승 활동을 포함한 사회교육, 장애인과 고령자를 지원하는 사회복지, 등으로 구분할 수 있다. 이와 같은 활동은 지역적 특성을 반영하고 있

으며 현세대와 차세대를 포함한 사회적 재생산과 재일동포의 문화적 정체성 재생산에 기여하고 있다고 볼 수 있다. 특히 일본어 문해교육은 재일동포 1세 고령자들이 자동화기기가 늘어나고 있는 사회환경에 적응할 수 있도록 돕는 효과가 있다. 후레아이칸은 시에서 위탁받은 사업을 시행 하는 것에 그치지 않고 민족 차별과 장애인 차별 철폐를 호소하는 운동의 거점이 되었다(이종구 2003: 12-14; ふれあい館, 2008, 5, 37-42 ). 후레아이칸의 상근 실무자와 자원봉사자들은 사실상 히타치 취직 차별 철폐 운동, 민투련, 카와사키교회, 세이큐샤에 적극적으로 참가해 온 활동가들로 구성되어 있으며 사쿠라모토 지역에서 사회운동을 선도하는 집단이라고 볼 수 있다.

이상에서 살펴본 바와 같이 재일동포의 인권운동과 혁신자치체의 선구적인 외국인 정책을 기반으로 하여 후레아이칸이 건립되었다. 시의 조례로 규정된 후레아이칸은 제도화 되어 있으며 활동 내용은 일정한 지향성을 유지하고 있다. 후레아이칸은 지역 주민의 생활세계와 결합되어 있으며 사회적으로 외국인 주민과 일본인 주민이 공생할 수 있도록 지원하는 고유의 역할을 가지고 있다. 후레아이칸의 건립과 운영과정에서 만들어진 규칙과 관행은 사회적 정당성을 가진 제도적 경로를 형성하고 있다.


## 5. 환경 변화와 후레아이칸의 새로운 역할: 제도의 연속성과 가층적 변화

현재 후레아이칸이 자리잡고 있는 카와사키의 사쿠라모토 지역에서는 지자체 예산을 사용하는 공공 시설인 후레아이칸의 설립과 운영 과정을 통해 재일동포와 일본인 주민이 공생하는 사회관계를 정당한 것으로 수용하는 질서가 만들어졌다. 재일동포 집단 거주 지역을 기반으로 건립되고 활동을 전개한 후레아이칸은 새로운 위상을 정립해야 하는 과제를 가지게 되었다. 그러나 2000년대에 들어와 후레아이칸은 혁신자치체 시대의 종언과 다양한 민족적 배경을 가진 뉴카마의 증가라는 환경 변화를 맞게 되었다. 이와 같은 환경 변화가 후레아이칸에 미치는 영향에 대한 고찰은 지역 수준에서 뉴카마의 정착 과정을 파악할 수 있는 계기가 될 수 있다.

정치적 환경 변화를 살펴보면 우선 혁신 시정의 퇴조는 공공 부문이 제공하는 서비스의 시장화를 가속시켰다. 후레아이칸의 활동가들은 "카와사키의 노인홈도 이미 민간 위탁 방식으로 전환되었다. 대규모 식사 제공 능력을 갖춘 음식점 체인이 노인홈 운영을 위탁받으려는 움직임도 있다. 도서관은 카와사키에서는 아직 시가 직영하고 있으나 다른 곳에서는 민간에 위탁하고 있으므로 산세이도(三省堂, 기노쿠니야(紀伊国屋)와 같은 대형 서점이 운영에 참가할 가능성이 높다. 시민관 운영은 시에서 구로 이관되었지만 앞으로 위탁 사업화될 것으로 전망한다"는 상황을 말하고 있다. 2006년 4월 1일부터 후레아이칸에도 지정관리자 방식이 적용되었다. 후레아이칸을 위탁 운영해 온 세이큐샤도 형식적으로는 지정관리자 모집에 응모하여 지정을 받게 되었다. 이 제도는 공적 시설의 운영을 법인과 일반 기업을 포함한 민간 단체에게 위탁하고 5년 단위로 공모하는 재계약 방식이다. 5년이 지나면 시설 종사자들의 계속 고용 여부도 보장할 수 없다. 이미 2005년부터 예산이 10% 감액되었으며 원칙적으로 경쟁

업체들과 같이 사업계획을 발표하고 심사를 받아야 하므로 예산이 줄어들 가능성이 있다. 반면에 후레아이칸은 재일동포 인권운동과 결합되어 있다는 특성을 가지고 있다. 어린이문화센터는 보육과 청소년 교육 프로그램을 중심으로 모인 활동가들의 거점이며 실질적으로 시민활동센터의 역할을 하고 있다. 사회복지사업, 고령자 사업, 사회교육 사업은 내용이 복잡하고 이익을 예상할 수 없다. 현재까지는 세이큐샤와 경쟁해 가며 후레아이칸의 지정관리자를 맡겠다고 나서는 일본인 조직이 나타나고 있지 않다. 그러나 앞으로의 일은 알 수 없으므로 후레아이칸의 활동가들은 가급적이면 많은 국제네트워크를 만들어 일본계 기업이나 단체가 지정관리자에 응모할 수 있는 가능성을 줄이려는 구상을 하고 있다[10].

후레아이칸의 활동가들이 제시한 본국 사회와 후레아이칸이 교류관계를 강화해 일본인 사업자의 수탁 가능성을 원천적으로 배제해야 한다는 의견은 시장원리의 관철을 상쇄하기 위한 국경을 초월한 사회적 네트워크의 중요성을 반영하고 있다. 또한 세이큐샤가 장기간에 걸친 지역활동과 인권운동을 통해 축적한 네트워크, 신뢰 관계, 경험과 같은 일종의 비가격 경쟁력이 후레아이칸을 시장으로부터 보호하는 바람막이가 되고 있다는 현실을 보여주고 있다. 반면에 후레아이칸은 공설 민영기관으로 출발하였으므로 공공서비스의 시장화라는 추세에 용이하게 적응할 수 있는 잠재력을 가지고 있었다. 이러한 측면은 아동 보육과 청소년 교육을 담당하는 "어린이문화센터"의 활동에서 나타난다.

---

10) 2012.6.25. 山田貴夫 裵重度 면담

카와사키에서는 후레아이칸의 "어린이문화센터"만 민간 위탁 방식이었고 나머지는 시의 직영이었다. 그러나 2005년부터는 카와사키의 모든 "어린이문화센터"가 민간 위탁 방식으로 바뀌었다. 후레아이칸을 제외한 기타 50여개의 "어린이문화센터"는 제3섹터 방식으로 운영되었다. 이는 관과 민이 공동출자로 설립한 주식회사 형태의 조직이 운영하는 방식을 의미한다. "카와사키시민활동센터"는 시의 "어린이문화센터" 운영을 일괄적으로 위탁 받았으며 단시간 직원이라는 새로운 직제를 만들어 인력을 배치했다. 전체적으로 보아 모든 "어린이문화센터"가 민영화되는 커다란 변화가 일어났지만 후레아이칸의 "어린이문화센터"는 본래 위탁 사업으로 출발했으므로 큰 영향을 받지 않았다. 이보다 앞서 카와사키시는 2003년부터 맞벌이 부부의 자녀를 대상으로 소학교 3학년까지 제공하던 방과후 보육 서비스를 사회변화에 맞추어 6학년까지 수혜를 받을 수 있게 개편하였다. 후레아이칸의 "어린이문화센터"는 설립할 때부터 "학동보육 당나귀회"라는 이름으로 방과후 보육을 제공하고 있었으나 추가로 인근에 있는 4개 학교의 "와쿠와쿠 플라자" 운영을 위탁 받게 되어 사업 현장이 다섯 곳으로 늘어났다(ふれあい舘 2008: 42-44, 53-54). 즉 아동 보육부문에서 후레아이칸의 사업 규모는 확대되었다.

이상과 같이 살펴 본 정치적 환경의 변화는 예산 감축과 경쟁 입찰로 지정관리자를 선정하는 시장 원리의 도입으로 후레아이칸의 운영자인 세이큐샤를 압박하는 요인이 되고 있다. 그러나 사쿠라모토 지역에서 재일동포 인권운동이 축적한 사회적 신뢰와 네트워크가 존재하고 있기 때문에 가격경쟁력을 내세우는 일본인 사업자의 참여가 저지되고 있다. 또한 처음부터 공설 민영 방식으로 운영되어 온 후레아이칸은 사회복지 시설과 사회교육 시설을 민영화하고 있는 시 정책에 적응하여 활동 범위를 넓힐 수 있었다. 즉, 혁신자치체 시대에 형성된 후레아이칸이라는 공적 제도를 인권운동이 활성화된 재일동포 집단 거주 지역의 특수성이라고 할 수 있는 비공식적 사회 질서가 뒷받침하는 기본적인 구도는 재생산되고 있었다.

카와사키의 국적별 외국인 구성에서 재일동포가 차지하는 비중이 감소하고 뉴카마가 증가하는 경향은 후레아이칸의 프로그램에도 변화를 가져왔다. 우선 후레아이칸에서 제공하는 아동 보육, 청소년 교육, 성인교육 프로그램이 뉴카마에게 적합하도록 달라질 필요가 있었다. 또한 후레아이칸이 다문화 공생의 가치를 지향하는 본래의 역할을 수행하기 위해서라도 재일동포, 일본인, 뉴카마를 포함한 다양한 배경을 가진 주민이 지역의 상황과 과제를 공유할 수 있는 장 (場)을 마련할 필요가 있었다.

재일동포의 비중이 저하되고 있는 상황을 반영하여, 사쿠라모토 지역의 고교생들이 주역이 되어 1994년부터 해마다 3월에 열리던 아리랑축제도 2004년 3월 열린 11회 축제를 마지막으로 중단되었다 (ふれあい館 2008: 92). 이 축제는 재일외국인교육기본방침의 정신을 지역에서 구현한다는 취지를 가지고 후레아이칸과 카와사키시 교육위원회가 공동 주최하는 형식으로 조직되었다. 또한 카나가와현 교육위원회, 카와사키시 교직원조합, 카나가와현 교직원조합이 후원하였다. 축제의 내용은 연극, 무용, 태권도 시범, 농악, 등이었다. 교사들이 후레아이칸 인근의 3개 현립 고교에 있는 조선문화연구회에 참가하는 재일동포 학생들에게 적극적으로 권유하여 시작된 축제에는 인근의 소학교, 중학교만이 아니라 총련계의 카와사키 조선초중

급학교, 카나카와 조선고교에 다니는 학생들도 참가하였다. 2000년도에 열린 7회 축제에는 중국, 브라질, 칠레 출신 학생들이 참가하기 시작했다(민단신문 2000.3.15.). 2003년에 10회 축제를 마치고 축제 실행위원장을 맡았던 후레아이칸의 배중도 관장은 "올해는 한국·조선인 아이들이 손꼽을 정도 밖에 없었다. 대부분이 일본 아이들이었다. 아리랑 축제를 통해 재일 한국·조선인 아이들이 사는 모습을 보게 된 일본 아이들이 용기를 얻고 무엇을 생각해야 할지 깨닫게 되었으며, 연대감을 가지고 협동해서 일하는 분위기가 만들어졌다. 재일 한국·조선인 아이들은 줄어들었지만 우리가 추구한 것은 확실히 이벤트 속에 계승되었다."고 말하고 있다[11]. 이는 축제가 민족 배경과는 무관하게 청소년들이 정체성과 사회성을 가지고 성장하는 계기를 만드는데 기여했다는 자체 평가이다.

재일동포 카와사키의 시립학교에 재학 중인 외국 국적 학생에 대한 기본조사(川崎市立学校外国籍児童生徒基本調査)에 나타난 각급 학교에 재적하는 외국 국적 학생의 규모와 비율을 보면 2009년 9월 1일 현재 모두 831명이며, 소학교 541명(0.78%), 중학교 260명(0.96%), 고교는 주간 11명(0.32%), 야간 19명(1.66%)이었다. 그러나 지역별로는 후레아이칸이 있는 카와사키구가 가장 높아 소학교 234명(2.43%), 중학교 149명(3.56%)이었으며, 이들이 시의 전체 외국 국적 학생 가운데 차지하는 비중은 소학교 43.25%, 중학교 57.3%였다. 즉, 외국 국적 아동, 청소년의 절반이 카와사키구에 집중되어 있다. 앞의 <표 3>에 나타난 바와 같이 외국인 등록자 가운

---

11) 2003.3.28. 다민족공생인권센터 강연 내용. www.taminzoku.com/news/kouen/kou0306_bae.htm
   2014.7.23 접속

데 카와사키구 거주자가 차지하는 비중은 37.25%에 불과하다. 즉 시내 다른 지역에 비해 카와사키구는 아동과 청소년 교육 문제를 안고 있는 외국인 주민이 상대적으로 많은 곳이라고 볼 수 있다. 한국·조선 국적 학생의 규모와 이들이 외국 국적 학생 가운데 차지하는 비율을 보면 시 전체 239명(28.76%), 소학교 166명(30.68%), 중학교 66명(25.38%), 주간 고교 4명(36.36%), 야간 고교 3명(15.70%)로 나타났다<표 6>. 사립학교와 총련계 민족학교가 누락된 자료라는 한계는 있지만 아동과 청소년을 기준으로 보아도 외국인 주민 가운데 재일동포가 차지하는 비중은 상대적으로 축소되고 있다.

<표 6> 국적별 초중고교 학생수 (2009.9.1.기준) (단위: 명)

| | 소학교 | 중학교 | 주간 고교 | 야간 고교 | 합계 |
|---|---|---|---|---|---|
| 한국·조선 | 166 | 66 | 4 | 3 | 239 |
| 중국 | 118 | 69 | 2 | 6 | 195 |
| 필리핀 | 116 | 62 | 2 | 7 | 187 |
| 브라질 | 37 | 16 | 0 | 1 | 54 |
| 페루 | 26 | 11 | 0 | 2 | 39 |
| 베트남 | 19 | 7 | 0 | 0 | 26 |
| 미국 | 12 | 1 | 0 | 0 | 13 |
| 아르헨티나 | 4 | 5 | 0 | 0 | 9 |
| 태국 | 5 | 2 | 1 | 0 | 8 |
| 인도네시아 | 8 | 0 | 0 | 0 | 8 |
| 기타 19국, 무국적 | 30 | 21 | 2 | 0 | 53 |
| 총계 | 541 | 260 | 11 | 19 | 831 |

자료: 川崎市教育委員会、"ともに生きる-多文化共生の社会をめざして-"12版. 2011年3月、p.11.

2009년 9월 1일을 기준으로 카와사키의 시립 학교 가운데 외국 국적 학생의 비율이 가장 높은 곳은 후레아이칸 근방에 있는 사쿠라

소학교와 사쿠라모토 중학교였다. 사쿠라 소학교의 상황을 보면 2010년 현재 재적생 가운데 "외국과 관련이 있는" 아동은 13.2%, 외국 국적 아동은 5.2%였다. "한국·조선과 관련이 있는" 아동은 7.5%이며 한국·조선 국적은 2.9%였다. 여기에서 "관련이 있는 아동"[12]에는 일본인과 외국인 사이에 태어난 "하프", "다불"이라고 부르는 혼혈인[13]과 외국 국적 보유자가 포함되어 있다. 즉, 학교에서 실질적인 다문화 교육의 대상으로 배려해야 할 대상은 외국 국적 보유자의 2배 이상이었다. 그러나 이 학교의 전신인[14] 사쿠라모토 소학교의 상황에 대해서는 "2006년 현재 외국 국적 아동은 전체의 18%(일본 국적으로 외국에 뿌리를 갖고 있는 아동을 포함하면 41%) 재적하고 있다. 한국·조선 국적 아동은 11%(일본 국적으로 한국·조선에 뿌리를 갖고 있는 아동을 포함하면 27%)재적하고 있다" 는 기록이 있다. 이 기록은 재일동포를 포함한 외국인 주민이 많은 사쿠라모토 지역의 성격을 반영하고 있다. 사쿠라 소학교에서는 후레아이칸과 협력하여 필리핀과 한국의 문화를 체험하고 도라지회에 나오는 할머니에게서 김치 담그는 방법을 배우며 운동회에서 풍물놀이를 하고 있다. 학생들은 인근의 카와사키 조선초중급학교와 축구도 하고 급식을 체험하는 교류를 하고 있다. 또한 외국계 아동이 일본 전통 문화를 체험할 수 있는 기회를 제공하고 있다. 사쿠라모토 중학교에서도 한국·조선 국적 학생의 비중은 상대화되고

---

12) "관련이 있는 아동"(つながる子ども)

13) 양친 가운데 일본인이 포함된 아동에게는 1985년에 개정된 국적법에 의해 자동적으로 일본 국적이 부여되며 22세가 될 때까지 본인이 국적을 선택할 수 있다.

14) 취학 아동의 감소로 2010년 4월에 사쿠라모토 소학교(외국 국적 12.70%)와 히가시사쿠라모토 소학교(외국 국적 2.09%)를 통합한 사쿠라 소학교가 만들어졌다. 히가시사쿠라모토 소학교는 총련계 민족학교인 카와사키 조선초급학교와 인접하고 있었으며 양교 사이에는 교류가 많았다.

있었으며<표 7>, 뉴카마의 증가를 반영하여 중국, 태국, 필리핀, 볼리비아, 페루, 브라질 국적 학생이 소수 재학하고 있다. 이 지역에서 장기간에 걸쳐 진행된 교육 현장에서 민족차별을 없애는 운동의 성과를 반영해 한국·조선 국적 학생의 약 절반이 본명을 사용하는 것으로 나타났다. 이 학교도 후레아이칸과 협력하여 인권존중 교육을 실시하고 카와사키 조선초중급학교와 학생, 학부모, 교사를 망라한 교류 행사를 가지고 있다. 이와 같이 사쿠라모토 지역에서 외국 국적의 소학생과 중학생 가운데 재일동포가 차지하는 비중은 상대적으로 축소되고 있으나 지역의 학교와 연계하여 다문화공생이라는 가치관을 보급하는 후레아이칸의 역할은 지속되고 있다(川崎市教育委員会 2011: 32, 39-43).

<표 7> 사쿠라모토 중학교의 한국·조선 국적 학생 규모 (단위: 명)

| | 2006.11.1 | | | 2010.11.1 | | | 2012.11.1 | | |
|---|---|---|---|---|---|---|---|---|---|
| | 전체 학생 A | 한국·조선 국적 B | B/A % | 전체 학생 A | 한국·조선 국적 B | B/A % | 전체 학생 A | 한국·조선 국적 B | B/A % |
| 1학년 | 71 | 6 (4) | 8.5 | 51 | 2 (1) | 3.9 | 48 | 3 (2) | 6.3 |
| 2학년 | 77 | 7 (3) | 9.1 | 47 | 2 (0) | 4.3 | 69 | 4 (3) | 5.8 |
| 3학년 | 88 | 7 (4) | 8.0 | 55 | 6 (4) | 10.9 | 52 | 3 (1) | 5.8 |
| 외국 국적 학생 비율 | | 12.18 | 외국 국적 학생 비율 | | 14.4 | 외국 국적 학생 비율 | | | |

자료: 川崎市総合教育センター 編, "かわさき外国人教育推進資料Q&A ともに生きる-多文化共生の社会をめざして-", 川崎市教育委員会. 第 9 版(2008.4.1.)、第12版(2011.3)、第14版(2013.3)에서 작성.

외국인 주민 구성의 다양화가 후레아이칸에 미치는 영향은 우선 성인에게 일본어 문해 교육을 하는 식자학급에서 나타났다. 이미 1990년에 후레아이칸의 식자학급에 뉴카마인 어머니가 중학생 정도

의 자녀와 같이 찾아와 일본어를 배우고 싶다는 이야기를 했다는 사례가 있다. 어머니들은 자녀의 미래에 대해 "이제부터 계속 일본에서 키우겠다, 영주시키겠다"는 생각을 하고 있었다. 자원봉사자를[15] 중심으로 1시간 30분씩 주 2회 강습을 실시하는 식자학급으로는 이러한 요청에 대응할 수 없었다. 후레아이칸의 실무자가 부모와 동행하여 외국 국적 자녀의 학교 편입에 대한 상담 창구가 있는 "총합교육센터"에서 절차를 밟도록 지원했다(ふれあい舘 2008: 104). 후레아이칸은 자원봉사자를 조직하여 뉴카마 중학생의 일본어 학습을 돕기 시작 하였으며 2007년부터 "카와사키시 총합교육센터"와 연계해 언어와 문화의 장벽으로 학교 생활 적응과 고교 진학 준비에 곤란을 겪는 뉴카마 청소년의 학습을 지원하게 되었다. 당시에 후레아이칸은 도쿄가이고대학(東京外語大学)가 추진하는 "다문화협동실천사업"에 참가해 대학생 자원봉사자의 지원을 받게 되었다. 후레아이칸의 활동가들은 재일동포의 경험에 비추어 차별, 빈곤, 생활난 속에서 미래에 대한 희망을 상실하고 학교를 그만 둔 청소년들이 서로 편하게 지낼 수 있는 민족 집단의 또래들끼리 몰려다니다가 비행이나 범죄 생활에 빠질 것을 우려하고 있었다(ふれあい舘 2008: 110-111).

후레아이칸은 교육문화회관과 협력하여 "카와사키 코뮤니케이션 볼런티어"를 일본에 장기 체류하는 외국인의 도움을 받아 뉴카마에게 통역과 번역 서비스를 제공하는 활동을 하였다. 이 서비스는 외

---

15) 안정된 중산층 거주지인 나카하라(中原)구 시민관 관장은 "일본어 학습 지원 볼런티어 희망자 속출하고 있으며 정원을 초과하는 상황이다. 이들 가운데는 해외생활을 경험한 여성이 많다. 볼런티어 지원자의 9할이 여성이며, 40대의 외국어를 말할 수 있고, 외국 생활 경험이 있는 사람이 주류이다. 식자(識者)학급에는 회화는 가능하지만 문자를 읽고 쓰지 못하는 비한자문화권 출신 외국인이 많이 온다."는 증언을 하였다 (2012.6.26.).

국인만이 아니라 병원, 관공서도 이용할 수 있다. 카와사키구도 "통역·번역 뱅크" 사업을 조직하여 세이큐샤에 위탁 운영을 맡겼다. 이 사업 덕분에 카와사키구에 있는 각종 육아 지원 시설(보육원, 학교, 치료센터, 아동상담소, 어린이문화센터, 지역육아지원센터 이 구예산으로 통역과 번역 서비스를 이용할 수 있게 되었다. 영어, 중국어, 한국어, 스페인어, 포르투갈어, 타갈로그어, 타이랜드어를 비롯한 7개 외국어로 제공되고 있는 통역·번역 서비스는 뉴카마의 다양한 구성을 반영하고 있다.(ふれあい舘 2008: 109).

세이큐샤 시절부터 아동들이 한국 문화를 익히는 개나리클럽활동을 하고 있던 후레아이칸에도 1998년부터 필리핀계 아동으로 구성된 "다가트(DAGAT)클럽"이 만들어졌다. 다가트클럽은 어린이들이 필리핀인 어머니로부터 필리핀 문화를 전달받고, 어머니의 언어를 습득해 정체성 문제로 혼란을 겪는 2세들을 도우려는 목적을 가지고 있다. 2004년 연말에는 다가트클럽이 성탄행사를 개최하였다는 (2004.12.12.) 기록이 나타나고 있다(ふれあい舘 2008: 21, 42-44). 후레아이칸이 취학아동 보육지도원으로 필리핀인 여성 로즈마리 시모지를 채용한 시점도 1998년이다. 아동에 대한 고충을 상담하는 과정을 통해 이주 여성들은 언어 장벽, 속마음, 생활 실태, 등의 문제를 필리핀인 상담원에게 털어놓게 되었으며 가정내 폭력, 이혼, 자녀의 국적 취득 절차 등을 비롯한 기본적 생활문제에 대한 심각한 상담이 증가하게 되었다. 가장 전형적인 상담 주제는 본국에서 초청해 온 자녀의 체류 자격에 대한 문제였다. 국적 취득 과정에서는 혈통을 중시하는 창구 실무자의 의식 수준도 문제였지만 체류 기간이나 생활 안정 상태를 평가하는 객관적 기준이 확립되어 있지 않았으므로 형제가 외국 국적 보유자와 일본 국적 보유자로 갈라지는 사례도 나타났다. 한자 문화권이 아닌 지역에서 온 이주 여성은 체류 자격을 유지하는데 필요한 행정 절차를 밟기가 더욱 어려웠다. 결혼 이주 여성들의 상담 내용은 결혼 관계가 원만하게 유지되지 않아 일본인 배우자가 체류자격 연장 절차를 밟지 않았다는 사례가 대부분이었다. 이러한 상황에서 후레아이칸은 비공식적으로 외국인 상담 창구 역할을 수행하게 되었다(ふれあい館 2008: 108-109).

후레아이칸의 지원 활동은 지역에서 뉴카마의 독자적인 조직 형성을 촉진하였다. 2004년에는 후레아이칸이 위치한 카와사키구에서 필리핀 여성들이 "카와얀 그룹"16)을 만들어 스스로 생활 환경을 개선하는 움직임을 보이기 시작했다. 이 조직의 활동 목적을 보면 "필리핀계 어린이들이 사이좋게 지내고, 모국인 필리핀의 뿌리를 잊지 않으며, 그리고 어린이 누구라도 차별을 받지 않고 살아갈 수 있는 환경을 만들 수 있도록 돕는다. 또한 가정 내 폭력 등으로 고통을 받는 동향인들에게 심리적인 버팀목을 제공하고 법률 구조에 대한 필요한 조언을 한다."는 등의 내용이 들어 있다. 2008년 2월에 열린 필리핀인 코뮤니티센터 개소식을 알리는 초대장은 후레아이칸의 로즈마리가 카와얀그룹 대표의 자격으로 발송했다(ふれあい館 2008: 111-112). 여기에서도 아동, 청소년, 부모에 대한 상담 활동이 뉴카마의 독자적인 사회운동 조직 형성으로 이어지는 모습이 나타나고 있다.

현지 조사(2012.6.27.) 당시에 방문한 "다문화화공생센터 카와사

---

16) kawayan. '대나무'라는 의미임. 대나무를 사용한 전통무용을 아동에게 가르치며, 문화적 정체성을 유지하려는 의지를 반영하는 명칭이다.

키"는 뉴카마를 지원하는
다양한 기능을 가진 복합
공간이었다. 결혼 이주 여
성의 직업 교육과 자활을
돕기 위해 빵을 굽는 오븐
을 설치해 놓았으며, 필리
핀 여성들이 매주 수요일
점심 시간에 모여 카와얀그
룹 활동을 하고 있었다. 중
국과 동남아의 식재료를 판

다문화공생센터 가와사키
문의
✉ · TEL·FAX: 044-333-8624
◆소재지
〒210-0851 가나가와켄 가와사키시 가와사키구
하마쵸1-9-14아카즈키빌딩1층
◆교통수단
가와사키역에서 린코버스다이시행,또는 미쯔이후
토행을 타고 요쯔카에서 하차한 후 걸어서 5분
->크게 보기

&lt;사진 3 다문화공생센터 한글 안내문
www.Tabunka-Kawasaki.com&gt;

매하는 "카와얀사리사리스토어", 찻집인 "홋도카페테리아"와 통번
역 서비스를 제공하는 "코뮤니케이션 볼런티어 카와사키구", 청소년
의 공부를 돕는 "학습지원교실 카와사키구", 일본어를 포함해 8개
언어로 작성된 생활정보를 전자메일로 제공하는 "인터콤 카와사키",
생활정보를 인터넷방송으로 내보내는 "카와사키 라디오" 등이 센터
에서 활동하고 있었다. 이 센터는 규모는 작지만 후레아이칸 본체의
축소판과 같은 기능을 하고 있으며, 형식적으로는 세이큐샤가 2012
년 4월부터 운영을 맡고 있지만 실질적으로는 후레아이칸의 활동
범위에 포함되어 있다.

뉴카마는 후레아이칸에서 정착에 필요한 생활 정보와 서비스를
제공받을 수 있었으며 재일동포의 인권운동 경험을 공유하게 되었
다. 연구진은 현지 조사 도중에 2012년 7월 9일부터 시행되는 개정
된[17] 출입국관리법의 내용을 촌극을 통해 교육하는 후레아이칸 인
권존중학급 프로그램을 견학할 수 있었다(2012.6.27.). 촌극의 내용

은 합법적 체류자격을 유지하기 위해 일본인 남편의 횡포를 감내해야 하는 이주 여성이 경찰관과 출입국관리소 직원에게 시달리는 상황을 설정해 놓고 대처 방법을 예시하는 것이었다[18]. 출연자는 경찰관과 출입국관리소 직원을 연기한 일본인 남성을 제외하고는 모두 필리핀 여성이었다. 촌극이 끝난 다음에는 새로운 제도에 대한 이주 노동자 단체[19]와 "카와얀그룹" 활동가의 설명이 있었다. 필리핀 여성들은 공연을 준비하는 과정에서 법과 제도에 대해 많이 알게 되었다는 소감을 얘기하고 있었다. 출연한 일본인 남성은 전직 카와사키시 공무원이며, 재직 시에 재일동포의 권익 향상과 후레아이칸 건립을 위해 기여했으며 퇴직한 이후에도 후레아이칸에서 자원봉사를 하는 인사였으며 혁신자치체 시절에는 행정을 통해 이상을 실현하기 위해 노력하던 활동가형 공무원이었다[20]. 즉 재일동포의 인권운동 과정에서 형성된 기반 위에 뉴카마의 권리 확보를 위한 운동이 전개되고 있었다.

후레아이칸은 재일동포의 경험을 일본인 주민, 뉴카마, 지역의 교사들과 공유하며 진정한 다문화 사회에 대한 대화를 나누는 마당을

---

17) 외국인 관리를 지자체의 기관위임사무로 규정한 외국인등록법이 폐지되고 개정 출입국관리법, 출입국관리특례법, 개정 주민기본대장법을 적용해 외국인주민표를 작성하고 중앙정부가 직접 관리한다. 외국인등록증이 없어지고 올드카마를 의미하는 특별영주자가 아닌 3개월 이상 체류하는 중장기재류자는 취업 자격 여부가 표시된 재류카드를 휴대해야 하므로 자격외 취로자 단속이 용이하게 되었다. 이전에는 외국인등록증을 발급했던 비정규체재자의 외국인주민표는 삭제한다.

18) 결혼 이주 여성은 배우자와 사별, 이혼시 14일 이내에 신고하지 않으면 20만엔 이하의 벌금형을 받으며, 6개월 이상 배우자로서의 활동을 하지 않고 있다고 법무성이 간주하면 강제 퇴거의 대상이 된다.

19) 移住労働者と連帯する全国ネットワーク、事務局次長、鈴木健

20) 山田貴夫는 현직에 있을 때 시작한 한일 시민교류를 발전시키기 위해 한국으로 단체 학습여행을 조직하고 있으며 일본에서는 외국인 인권 문제에 대한 학습 모임을 조직하는 활동을 하고 있다.

제공하고 있었다. 연구진은 후레아이칸이 1995년 2월부터 연 1~2회에 걸쳐 개최하는 "자이니치(在日)의 기억을 말하는 모임(在日の想いに語る会)"의 29차 집회를 관찰할 수 있었다(2014.6.27.). "사쿠라모토 지역의 연결을 확인하자"는 주제를 내걸고 사쿠라(桜)소학교21)에서 열린 집회는 뉴카마 여성들이 만든 페루, 필리핀 등 여러 나라의 음식을 나누는 것으로 시작했다. 처음에는 패전 직후에 재일동포 집단거주지역이 형성된 과정, 생활사, 세이큐샤 운동, 후레아이칸의 설립 과정, 학교에서 본명쓰기 운동의 과정, 지역의 학교에서 하는 다문화 이해 교육의 영향 등에 대한 미우라 후레아이칸 관장의 발표가 있었다. 그는 "자이니치 코리안"이 리더십을 발휘해, 국경을 넘어 새로 이주해 온 외국계 시민과 같이 지역사회에서 진정한 다문화의 가치를 지향할 필요가 있다고 역설하고 있었다. 다음에는 소집단으로 나누어 지역의 소학교와 중학교 교사, 후레아이칸의 실무자, 주민, 지역 활동가들이 토의를 하고, 그 내용을 종합하는 방식으로 진행되었다. 소집단 토의는 각자의 현장에서 발생하는 문제와 실태를 얘기하고 의견을 교환하는 방식으로 진행되었다. 이 집회는 지역에 축적된 역사적 기억과 다문화 공생이라는 가치를 당사자들이 공유하며 연대 의식을 확인하는 사회통합의 과정이기도 했다.

카와사키에서 진행되고 있는 재일동포의 비중이 상대적으로 저하되고 있는 동시에 외국인 주민의 구성이 다양화 되는 흐름은 후레아이칸의 프로그램을 변화시키고 있다. 카와사키 교회와 세이큐샤를 중심으로 모인 재일동포 청년들이 전개한 인권운동의 출발점은 보

---

21) 초등학교

육 시설의 확보와 청소년 교육이었다. 이는 맞벌이 가정의 경제활동과 재일동포의 사회적 재생산, 문화적인 민족 정체성의 확인을 지원하는 활동이었다. 식자(識字)학급은 문해 능력이 없는 재일동포 1세가 일상생활에서 겪는 불편을 해소하려는 목적을 가지고 있었다. 일상 생활에 필요한 권리를 확보하려는 재일동포의 인권운동은 지문 등록 폐지와 같은 제도 개선과 지방 참정권을 요구하는 정치운동으로 나아갔다. 이러한 과정은 뉴카마 집단에서도 재현되고 있었다. 뉴카마 집단은 올드카마가 구축한 후레아이칸을 활용하여 자녀의 교육과 문자 해독 교육을 위한 자원을 확보하고 있다. 뉴카마가 지역에 정착하고 자체 조직화와 인권운동을 시작하는 과정을 보면 사실상 보육 시설을 확보하는 재일동포의 운동에서 시작한 카와사키 교회와 세이큐샤의 초기 역사가 재현하고 있다. 후레아이칸이 수행해온 아동 보육, 청소년 교육, 성인 교육 프로그램과 생활 지원 기능은 뉴카마의 정착을 지원하는 효과를 가져왔다. 이러한 변화는 후레아이칸의 사회적 위상이 재설정되는 과정이라고 할 수 있다.

이상에서 살펴본 바와 같이 혁신 시정의 종언, 지정관리자 제도를 비롯한 사회복지 및 사회교육 서비스의 시장화, 이주자 구성의 다양화 등과 외부 환경의 변화에도 불구하고 후레아이칸은 설립 당시의 운영 기조를 충실하게 유지하고 있으면서 사업 영역과 사회교육 프로그램 참가자의 범위를 확대할 수 있었다. 혁신자치체 시대를 거치며 지역에 형성된 관행, 규범, 가치관, 사회의식과 같은 비공식적 질서는 주민 개인에게 내면화되어 있으며 생활세계의 일부가 되어 있다. 이 사례는 일단 형성된 제도와 관행의 지속성만이 아니라 중요한 이해 당사자들이 의사결정 과정에 참여하여 갈등을 해결하고 질서를 창출하는 거버넌스 체제가 사회적으로 재생산되는 과정을 보여주고 있다. 설립 초기의 기능을 유지하면서 공공부분의 시장화와 글로벌라이제이션이라는 환경 변화에 적응하여 뉴카마의 지역 거점으로 변모하고 있는 후레아이칸은 가층(layering)을 동반한 제도 변화의 경로의존성을 보여 주고 있다. 후레아이칸도 세이큐샤의 위탁 운영 시설에서 경쟁 입찰로 위탁 운영자를 결정하는 지정관리자로 바뀌는 제도의 전환이 발생하였지만 재일동포 집단의 역사적 특수성은 일본인 경쟁자를 원천적으로 배제하는 보호막이 되고 있다. 즉 혁신자치체 시대의 사회교육 운동과 재일 한국조선인의 인권운동은 뉴카마가 기본적 권리를 확보하기 위한 인권운동을 전개할 수 있는 기본틀을 제공하였다는 의미를 가지고 있다고 할 수 있다. 여기에서 제도의 재조합과 함께 경로의존적 변화를 발견할 수 있다.

## 6. 결론: 후레아이칸과 뉴카마의 사회통합

이 연구는 도쿄와 인접한 카와사키의 사쿠라모토 지역에 건립된 사회교육 시설인 후레아이칸의 역할에 대한 실증적 분석이다. 2001년까지 지속된 마지막 혁신자치체인 카와사키의 시정은 전전 식민지 지배의 유산인 한국조선인을 비롯한 외국인 주민의 인권 상황 개선에서도 선구적인 사례가 되고 있었다. 후레아이칸 설립을 비롯한 혁신 자치체 시대에 추진된 외국인 주민에 대한 지원 정책은 정치적, 사회적 환경 변화에도 불구하고 중요한 의미를 가지고 있다. 즉, 외국인 주민의 구성, 외국인 주민에 대한 정책, 외국인 주민과 연관된 사회운동에서 일어나는 변화는 카와사키 만이 아니라 일본 사회가 글로벌라이제이션에 적응하는 과정을 보여주고 있다. 현재 일본에서 뉴카마 집단이 정착 과정에서 겪는 고충과 갈등만이 아니라 선택하게 되는 해결 방법도 완전히 새로운 것이 아니다. 일본 사회 저변에서 진행되고 있는 외국인 주민의 통합 과정을 이해하기 위해서는 후레아이칸을 만들었던 재일동포 인권 운동과 혁신 시정이 남긴 유산을 음미할 필요가 있다. 사실상 올드카마의 실체인 재일동포가 차별을 극복하고 생활에 필요한 기본적 권리를 확보하기 위해 전개해 온 인권운동의 성과는 1980년대 이후에 형성된 새로운 이주민 집단인 뉴카마가 직면하는 사회적 환경의 일부가 되어 있다.

1980년대 이후 일본에서는 신자유주의에 입각한 행정개혁과 규제완화가 추진되었으며 정책의 수립과 집행 과정에서 공공부문의 역할이 축소되고 시장 기제가 강화되었다. 이러한 정책 기조는 시민의 일상 생활과 밀접하게 관련된 행정서비스인 사회교육 부문이나 사회복지 부문에도 적용되었다. 1988년에 설립된 후레아이칸의 활동 내용에는 외국인 주민의 적응과 정착 상황만이 아니라 일본 정부와 지자체의 거시적인 정책 기조의 변화도 반영되어 있다. 후레아이칸의 활동 내용을 통해 일본 사회에서 국제화와 규제완화가 지역 주민의 생활세계에 미치는 영향을 파악할 수 있다. 재일동포의 인권운동을 배경으로 형성된 후레아이칸의 역사적 특수성은 영리추구형 일본인 사업자가 저가 입찰을 통해 지정관리자로 선정될 수 있는 가능성을 원천적으로 봉쇄하고 있다.

다문화공생이라는 가치 지향을 지역 수준에서 실현하려는 재일동포의 인권운동과 혁신시정의 상호 협력 체제가 남긴 가시적 성과물인 후레아이칸과 외국인 정책에 대한 제도, 관행은 혁신 시정의 퇴조라는 환경 변화에도 불구하고 지속적인 영향력을 행사하고 있다. 지역에 축적된 재일동포들의 생활 경험은 뉴카마의 적응과 정착을 지원하는 사회운동의 기반이 되고 있다. 즉 이 지역에는 후레아이칸의 설립과 운영 과정을 통해 외국인 주민과 일본인 주민이 공생하는 사회관계를 정당한 것으로 수용하는 질서가 만들어졌다. 사회 구성원들이 제도, 규칙, 관행 등으로 구성된 질서에 일단 친숙하게 되면 이를 계속 따르는 경로 의존성이 발생하고 있다. 이와 같이 재일동포 연구에도 질서의 변화는 행위자들에게 익숙한 방향으로 전개되는 경로의존성을 가지고 있다는 시각을 적용할 수 있다. 사쿠라모토의 재일동포 집단거주지역에 이미 형성된 경로는 뉴카마의 사회 통합을 촉진하는 결과를 초래하고 있다.

# 참고문헌

김윤정. 2010. 『다문화교육과 공생의 실현-재일한국인을 통해 본 다문화시대의 교육-』, 일조각

심상완. 2012. "지역 산업 진화의 경로의존모델: 잠겨갖힘을 넘어", 성공회대학교 노동사연구소, 『디지털 시대의 구로공단』. 한국학술정보

이시재 외. 1991. 『주민생활과 지방자치』. 형성사.

이시재 외. 2001. 『일본의 도시사회』. 서울대학교출판부.

이종구・장화경. 2000, 「재일동포의 사회운동과 아이덴티티-이쿠노(生野)지역의 사례를 중심으로-」, 『성공회대학논총』제14호, 성공회대학교출판부

이종구. 2003. "재일동포 고령자의 복지와 지역운동". 『국제・지역연구』제12권 제3호, 2003년 여름호. 서울대학교 국제지역원

이종구, 임선일. 2011. "재중동포의 국내 정착과 취업네트워크", 『산업노동연구』17-2, 한국산업노동학회.

이종구. 2012. "카와사키의 산업구조 전환과 지역산업정책", 『산업노동연구』18-1, 한국산업노동학회.

정진성. 2011. "재일한국인 뉴커머 형성과정과 집주지역의 특성", 한국사회사학회 편, 『사회와 역사』2011여름 통권 제90집. 문학과 지성사

한승미. 2003. "일본의 '내향적 국제화'와 다문화주의의 실험: 가와사키 시 및 가나가와현의 외국인 대표자 회의를 중심으로'. 한국문화인류학회. 『한국문화인류학』36-1.

高鮮徽. 1996. "横浜市A町の濟州島人と韓國人勞動者"、駒井洋 편, 『日本のエスニック社會』. 明石書店

宮島喬、1996、"序章 外国人勞働者から市民へ-滞在の長期化と中期的施策の必要-"、梶田孝道・宮島喬 編, 『外国人勞働者から市民へ-地域社会の視点と課題から-』, 有斐閣

宮本光晴. 2009, "川崎イノベーション・クラスター: 工業都市の再生と進化". 『新産業政策研究かわさき 第7号』. 川崎市産業振興財団 新産業政策

研究所.

島崎稔・安原茂 編. 1987. 『重化学工業都市の構造分析』. 東京大学出版会

梶村秀樹・金原左門・石田玲子・田中宏・小澤有作・三橋修(神奈川縣内在住外國人實態調査委員會).

_____1986. 『日本のなかの韓國・朝鮮・中國人-神奈川縣內在住外國人實態調査より-』.明石書店.

福岡安則, 1993, 『在日韓国・朝鮮人-若い世代のアイデンティティ-』, 中央公論社

玉野和志, 2006, '研究の成果とその意義', 玉野和志, "都市の構造転換とコミュニティの変容に関する実証的研究"(課題番号: 15330101, 平成15年度～平成17年度科学研究費補助金、基盤研究C 研究成果報告書、平成18年1月)、

原田誠司. 2007, "川崎の産業政策と都市政策を考える"、『川崎都市白書』、専修大学都市政策研究センター

礒崎初仁・金井利之・伊藤正次. 2012, 『ホーンブック 地方自治』(改訂版), 北樹出版

直井道子. 2010, 「総論 戦後日本の社会変化と福祉の変化」, 直井道子・平岡公一編, 『講座社会学 11福祉』、東京大学出版会

竹内敦彦 編. 2008, 『日本経済地理読本』第8版, 東洋経済新報社

真瀬勝康、1987, "西欧における外国人労働者とその送り出しの構造-西ドイツとトルコを中心にして-"、森田桐郎 編, 『国際労働力移動』, 東京大学出版会

川崎教會歷史編纂委員會 編, 1997, "川崎教會50年史", 在日大韓基督教會川崎教會 川崎市総合教育センター編, "かわさき外国人教育推進資料Q&Aともに生きる-多文化共生の社会をめざして-", 川崎市教育委員会. 9版(2008.4.1.)、第12版(2011.3)、第14版(2013.3)

川崎市ふれあい舘・桜本こども文化センター. 2008. 『だれもがいっぱい生きていくために-川崎市ふれあい舘２０周年事業報告書('８８～０７')』、川崎: 川崎市ふれあい舘・桜本こども文化センター

平尾光司 宮本光晴 青木成樹 松田順. 2009, "川崎イノベーションクラスターの４つのモデル"、『川崎都市白書 第２版-イノベーション先進都市・川崎をめざして-』(2009年3月)、79-147. 川崎: 専修大学都市政策研究センター

下村恭広. 2006, "東京大都市圏の空間構造"、玉野和志 等、『都市の構造転換とコミュニティの変容に関する実証的研究』、(課題番号:15330101、平

成15年度～平成17年度科学研究費補助金、基礎研究C，研究成果報告
書 、平成18年1月)

平岡公一. 2010,「近年の社会保障政策の動向と制度改革の展開」、直井道子・
平岡公一編、『講座社会学 11 福祉』、東京大学出版会

Thelen, Kathleen. 2004. How Institutions Evolve: The Political Economy of
Skills in Germany, Britain, the United States, and Japan. Cambridge:
Cambridge University Press

# 중국의 지역개발전략 전환

리지에셩(李捷生) 번역: 김양태

# 1. 서론

최근 중국경제가 거대한 전환기에 접어들고 있다. 수출지향형 공업화의 촉진으로 특징지어지는 종래의 발전방식은, 2008년부터 세계금융위기로 인한 연해지역 수출산업 부진과 노동자보호를 목표로 하는 '노동계약법' 도입으로 인한 임금상승에 영향을 받아 그 존립기반이 크게 흔들렸다. 이후 발전방식의 중심을 연해지역을 우선시하던 것에서 내륙지역을 중시하는 쪽으로 그리고 수출의존에서 내수확대 중시로 전환하면서, 경제격차나 환경문제 같은 사회문제의 해소에 전념하는 것이 중요하다는 인식이 확산되게 되었다. 이에 따라 내수확대의 원천을 어디서 찾을 것인가, 그리고 경제격차의 해소를 어떻게 실현할 것인가 하는 문제가 새로운 발전방식을 모색함에 있어 중요하게 제기되고 있다.

특히 새로운 발전방식의 모색과 관련하여 주목해야 할 것은, <제12차 5개년 계획>에서 '신형도시화' 구상이 제시되었다는 점이다. 이 구상은 대·중·소도시군의 협조적 발전과 도시군 간 네트워크화를 새로운 지역개발전략으로 내걸고 그것을 실시함으로써, 지역격차의 시정을 추구함과 동시에 새로운 내수연관(內需連関)의 창출과 나아가 지속적인 성장을 실현하고자 하는 것이었다. 2014년 3월 전국인민대회를 통해 <국가신형도시화계획>(2014~2020년)이 정식으로 채택되었고, 격차시정·내륙중시·내수확대라는 방침이 지역개발에 관한 장기적인 국가전략으로 확고해졌다. 본 글에서는 중국 지역개발 전략의 전환이라는 측면에서 지역의 협조적 발전과 내수확대를 목표로 하는 '신형도시화' 구상을 '징진지경제권'(京津冀, '수도경제권'이라고도 불린다)과 '장강(長江)경제삼각주' 개발 사례에 기초하여 검토해 보고자 한다.

## 2. '신형도시화'의 제기

2010년에 공표된 <제12차 5개년(2011~2015년) 계획>에서는 '2횡3종'을 중심으로 하는 '신형도시화' 전략이 제기되었다. 이는 지역개발정책의 변화를 보여주는 획기적인 전략이었다. '2횡'이란 동서로 유라시아대륙횡단철도변 루트와 장강변 루트를 가로축으로 하여 구축되는 대·중·소도시군 네트워크를 가리킨다. '3종'이란 남북으로 연해벨트지대, 광저우~베이징~하얼빈, 쿤밍~바오터우 등의 철도·도로망을 세로축으로 하여 구축되는 대·소도시군을 가리킨다. <그림 1>은 '2횡3종'을 이미지화한 것이다. '신형도시화'의 '신新'은 대도시 일극 집중이라는 종래의 도시화를 부정하고 '대·중·소도시' 간, 도시-농촌 간 협조적 발전을 지향하는 것으로 간주되었다. 다시 말해, 근린지역에 분포되어있는 '대·중·소도시의 인프라 일체화 건설 및 네트워크화 발전'을 촉진하며, '대도시를 거점으로 삼고 중소도시를 중점으로 삼아 큰 파급작용을 갖는 도시 군을 순차적으로 형성하고 대 · 중 · 소도시와 읍('진鎭')의 균형 잡힌 발전을 촉진하는' 것이 '신형도시화'의 틀로 제기되었다. 이러 한 도시화전략은 근린도시 간의 인프라 일체화 및 네트워크화를 추 진함으로써 새로운 내수연관을 창출함과 동시에 환경문제와 지역격 차를 완화해나간다는 목적을 가졌다.

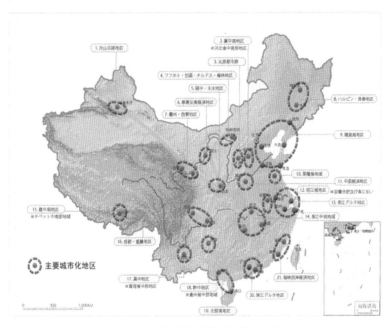

출처 : 과학기술진흥기구 HP (<제12차 5개년 계획> 일본어본, 제3편 20장)
http://www.spc.jst.go.jp/policy/national_policy/plan125/chapter05/5_20.html

<그림 1> '2횡3종' 도시화 전략의 얼개

이러한 '신형도시화' 계획의 구체적인 목표는, 연해도시−내륙도시 간 제휴와 '대ㆍ중ㆍ소도시' 간 제휴를 강화하기 위해 '인프라 일체화 건설'이라는 목표 및 계획을 제시했다. 이 점에 대해서는 다음 절에서 검토해 볼 것이다. 또 하나의 목표는 도시화율을 높이고 농촌 인구의 도시로의 이동을 촉진하는 것이었다. 이와 관련해서는, 2014년 3월 16일에 공표된 <국가신형도시화계획(2014~2020년)>이 대도시와 중소도시의 협조적 발전을 통한 도시화율 상승을 목표로 내걸었다. 이 계획에 따르면, 호적등록자를 근거로 한 도시화율은 2012년 35.3%에서 2020년 45% 전후로, 상주인구의 도시화율은 2012년 52.6%에서 2020년 60% 전후로 상승한다. 목표를 달성하면, 약 1억 명에게 도시호적이 부여되게 된다. 도시화계획의 수행은 앞으로 농촌에서 도시로의 노동력 이동 양상에 큰 영향을 줄 것으로 보인다.

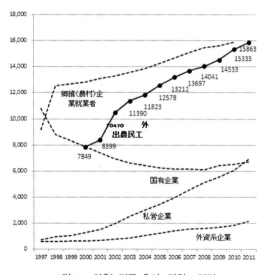

<그림 2> 외출농민공 추이 (단위 : 만명)

특히 농민공(農民工)의 도시 정주를 촉진하기 위해, 노동이동에 제약을 가하는 호적제도 제한(농촌호적 이주에 대한 제한) 해제 · 완화 방침이 정해졌는데, 그 내용은 구체적으로 다음과 같다. 20만 명 이하의 소도시와 20~50만 명 규모의 중형도시에서는 호적제한이 지난 몇 년간 철폐되어왔으며, 50~100만 명 규모의 중대형도시에서는 단계적으로 철폐되고 있다. 그리고 100~300만 명, 300~ 500만 명 규모의 거대도시에서는 목표를 합리적으로 정해도 좋다고 간주되고 있으며, 500만 명 이상의 초대형도시에서는 호적제한이 여전히 엄격하게 유지되고 있다. 특히 2000년 이후 농민공의 수는 급증하여 외출농민공(外出農民工)과 농촌기업 취업자를 포함하면 이미 3억 명 이상에 이르고 있다(<그림 2>참조). 이러한 추세대로 앞으로 몇 년 사이에 농촌 주위의 중소도시 호적제한이 해제되면, 도시로 진출하여 정착하는 농민공이 급속하게 증가할 것으로 예상되며, 인력 면에서 농민공에 의존하는 산업 · 업종의 중소도시로의 이전이 더욱 가속화될 것으로 보인다.

<표 1> 향진(농촌)기업 취업자, 외출농민공, 국유기업, 사영기업, 외자계기업(단위 만명)

| 연도 | 외출농민공 | 향진기업 종업원 | 국유기업 종업원 | 사영기업 | 외자계기업 종업원 |
|------|-----------|----------------|----------------|----------|------------------|
| 1997 |           | 9158           | 10766          | 750      | 581              |
| 1998 |           | 12536          | 8809           | 973      | 587              |
| 1999 |           | 12704          | 8336           | 1053     | 612              |
| 2000 | 7849      | 12819          | 7878           | 1268     | 642              |
| 2001 | 8399      | 13085          | 7409           | 1527     | 671              |
| 2002 | 10470     | 13287          | 6924           | 1999     | 758              |
| 2003 | 11390     | 13573          | 6621           | 2545     | 863              |
| 2004 | 11823     | 13866          | 6438           | 2994     | 1033             |

| 2005 | 12578 | 14272 | 6232 | 3458 | 1245 |
|------|-------|-------|------|------|------|
| 2006 | 13212 | 14680 | 6170 | 3954 | 1407 |
| 2007 | 13697 | 15090 | 6148 | 4581 | 1583 |
| 2008 | 14041 | 15450 | 6126 | 5124 | 1622 |
| 2009 | 14533 | 15588 | 6420 | 5544 | 1699 |
| 2010 | 15335 | 15893 | 6516 | 6071 | 1832 |
| 2011 | 15863 |       | 6704 | 6912 | 2149 |

| 연도 | 도시 취업자 수에 대한<br>외출농민공의 비율 | 농촌 취업자 수에 대한<br>향진기업 노동자 비율 |
|------|------|------|
| 2000 | 33.9 | 26.2 |
| 2010 | 44.2 | 33.9 |

주 : (1) 농민공은 '외출농민공'(타지로 이주한 노동자)
(2) 향진기업 종업원은 타지역에서 온 노동자를 포함한다.
(3) 사영기업 종업원은 도시지역만 해당되며, 농촌 사영기업은 포함되지 않는다.
(4) 외자계기업 종업원은 홍콩·마카오·대만계 기업을 포함한다.
(출처 : 외출농촌공 수는 『중국 농촌주호조사 연감』, 「2010년도 인력자원·사회보장사업발전 공보」 참조. 그 외에 『중국 통계연감』 참조.

이러한 '도시화계획'의 의의와 관련하여, 공산당 중앙·국무원의 공식발표는 그것이 전국의 도시화를 추진하는 "거시적·전략적·기초적 계획"이라고 규정함과 동시에 '신형도시화'가 "농업·농촌·농민문제를 해결하는 경로"이자 "지역의 협조와 발전을 지탱하는 강력한 힘"이며 나아가 "내수를 확대하고 산업의 고도화를 촉진하기 위한 중요한 실마리"이기도 하다고 강조하고 있다. 그렇다면 '도시화계획'은 구체적으로 어떻게 실시되고 있는가? 이와 관련하여 주목해야 할 것은 2014년에 '국가전략'으로 제기된 '징진지 협조 발전' 계획과 '장강경제벨트' 개발 구상이다. 이제 이 두 프로젝트의 개요와 의의를 살펴보도록 하자.

## 3. '징진지 협조 발전' 계획

'수도경제권'이라고도 불리는 '징진지' 지역에는 중핵도시인 베이징
시와 톈진시를 비롯해, 허베이성 산하의 바오딩(保定), 탕산(唐山), 스
좌장(石家庄), 한단(邯鄲), 싱타이(邢台), 헝쉐이(衡水), 창저우(滄州),
친황다오(秦皇島), 랑팡(廊坊), 장자커우(張家口), 청더(承德) 등과 같은

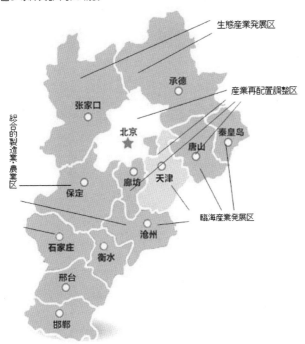

図3 京津冀都市群の概要

[오른쪽 위부터 시계방향으로] 생태산업 발전구, 산업재배치 조정구, 임해산업발전구, 종합
제조업 · 농업구(출처 : 런민왕 2014년 2월 28일, 일부 수정
http://bj.people.com.cn/n/2014/0228/c233086-20667896.html)

<그림 3> 징진지 도시군의 개요

지방도시를 포함한 13개의 주요도시가 있으며, 80여 개의 현(県)이 포함된다(<그림 3>참조). 면적은 12만 평방킬로미터에 달하며, 이중 허베이성이 전체면적의 87%를 차지하고 있다. 인구는 1억 9백만 명에 달한다.

특히 시진핑 국가주석은 2014년 2월 26일 '징진지'(베이징시, 텐진시, 허베이성)의 협조 발전에 관한 관계자회의를 주최하여 징진지의 협조적 발전을 중요한 국가전략으로 삼는다는 것을 밝히면서, 그 의의에 대해 다음과 같이 말했다. "징진지의 협조적 발전은, 미래를 위해 새로운 수도경제권을 구축하고 지역발전 메커니즘의 혁신을 추진하는 데 필수불가결하며 또한 도시군 구축의 합리화를 모색하고 지역개발의 대표사례를 확립하기 위해서도 필요하다. 나아가 생태문명건설의 방책을 탐구하고 인구·경제·자원·환경의 협조를 촉진하는 데도 도움이 되며, 징진지 지역의 우위성 상호보완, 환발해(環渤海)경제권 발전 촉진, 북부 내륙지구 발전을 견인하기 위해서도 중요하다. 그러므로 징진지 협조 발전은 중요한 국가전략이다." 그리고 징진지 협조적 발전의 요점과 관련하여, 시진핑은 '① 종합설계플랜 작성, ② 협조발전 추진, ③ 산업배치 조정, ④ 도시의 공간적 배치 조정, ⑤ 환경용량 및 에코공간 확대, ⑥ 근대적 교통시스템 구축, ⑦ 시장일체화 추진'이라는 7가지 사항을 특히 강조했다.[1]

현재까지 중국에는 지역의 폐쇄성과 지역보호주의가 횡행하고 있고 지역발전의 현저한 불균형, 무질서한 개발 붐, 이에 동반되는 격차의 확대, 환경오염 및 주거환경 악화 등 심각한 도시문제가 부상

---

[1] 런민왕 2014년 2월 28일 기사 「関心京津冀協同発展, 習近平十個月内赴三地考察」
http://bj.people.com.cn/n/2014/0228/c233086-20667896.html

하고 있으며, 이것이 협조적 발전을 키워드로 징진지를 신형도시화의 대표사례로 만들고자 하는 배경을 이룬다. 유효한 대응책을 강구하기 위해서는, 베이징·톈진·허베이 이 세 지역의 협력체제가 필수불가결하기 때문이다. 이에 따라 2004년 국가발전개혁위원회는 '징진지 일체화 개념'을 제시했고, 그 후 '제11차 5개년 계획'(2006~2010년)과 '제12차 5개년 계획'(2011~2015년)에서는 '징진지' 협동 발전의 방침도 제출되었다. 그러나 지역주의가 뿌리 깊게 존재하는 탓에 '징진지' 세 지역의 조정 및 합의가 달성되지 못했다. 그 결과 심각한 도시문제는 계속 악화되기만 했다.

예컨대 지역발전 불균형의 경우, 자금·인력·기술의 측면에서 혜택을 받은 베이징·톈진에서는 하이테크산업과 근대적인 제조업 및 서비스업이 발달하고 국유대기업과 다국적기업이 역내에 집적되어 교통·통신 등의 인프라도 정비되고 있다. 이에 반해 허베이성은 광대한 농지와 수많은 중소도시들이 있지만 자금·인력·기술이 현저히 부족해 산업의 근대화가 뒤쳐져 있고, 에너지를 많이 소비하는 저능률 소형공장, 특히 소형제철소, 소형시멘트공장, 소형제지공장이 난립해있으며, 교통·통신 등의 인프라도 정비되지 않은 상태이다. 1980년대 '개혁개방' 이후, 베이징·톈진의 고도성장은 주변지역(허베이성 등)으로의 파급효과를 갖지 못했다. 지역발전의 불균형은 심각한 도시문제를 낳는 중요한 요인이었다. 먼저 환경오염의 경우, '징진지'지역의 오염물질 배출량(이산화황 SO2, 질소화합물 NOx, 분진 등의 지표)은 중국의 도시지역에서 상위 레벨에 속한다. 베이징 시내에서 PM 2.5[초미세먼지]의 관측치가 700㎍을 초과(중국 환경기준치의 약 10배, 일본 환경기준치의 약 20배)하는 날이 드물지 않았다. 대량의 오염물질이 장시간에 걸쳐 대기에 축적·체류하는 일이 잦으며, 그로 인한 스모그가 빈번히 발생하고 있다. 자동차의 급격한 증가에 따른 차량배기가스가 오염을 가져오는 원인 중 하나이지만, 주변지역에 난립해있는 소형 제철소와 시멘트공장에서 오염물질이 다량으로 배출되는 것 또한 큰 원인이다.2) 농촌지역에 들어서있는 소형 제철소와 시멘트 공장은, 농촌의 과잉노동력을 흡수하여 고용 유지의 역할을 함과 동시에 지방재정을 지탱하는 기능을 갖고 있다. 중앙정부는 이미 소형제철소 및 시멘트공장 정리·폐쇄 정책을 내놓았지만, 지역보호주의로 인해 큰 진전은 보이지 못했다.

또한 지역 간 경제격차의 경우, 2013년 1인당 GDP를 예로 들면 베이징시는 93,213위안, 톈진시는 99,607위안, 허베이성은 38,716위안으로, 베이징시·톈진시와 허베이성 간 격차가 크게 벌어져 있다. 도시화율 또한 베이징시(86.3%)와 톈진시(83.0%)가 8할을 넘는 데 반해, 허베이성은 48.0%로 전국 평균인 53.7%를 밑돈다.3) 이외에 학교교육, 사회보장, 최저임금, 공공서비스 수준 등의 측면에서도 베이징시·톈진시와 허베이성 간에 큰 격차가 존재한다.

지금까지 다룬 지역발전 불균형 문제와 지역격차 및 환경오염을

---

2) 철강산업의 경우, 중국의 철강생산이 베이징에 인접한 환발해지역(허베이, 톈진, 산둥 등)에 집중되어있어 이 지역의 조강 생산능력이 4억 톤 이상이 되었다. 2011년 허베이성 단독으로 조강 1억 6천 5백만 톤, 강재 1억 9천만 톤을 생산했으며, 각각 국내 시장점유율의 24%, 22%를 차지했다. 소형 제조사의 난립은 환경문제 심화와 전력공급 부담을 유발하는 큰 요인이다. 세계금융위기가 발생하기 1년 전인 2006년 허베이성에는 철강제조사가 202개나 존재했는데, 이중 제강능력을 가진 제조사는 88개밖에 없었고 조강 평균생산량은 연간 84만 톤에 불과했다. 제강능력이 없는 제조사 중 다수는 선철만 생산하는 소형고로제조사였다. 국가발전개혁위원회는, 허베이성의 제선능력 45%와 제강능력 27%가 노후·소형 설비를 통해 유지되고 있는 것으로 보고 모두 폐기 대상으로 간주하고 있다.

3) 허베이일보(인터넷판) 2014년 4월 10일

해소하기 위해서는 지역의 폐쇄성과 보호주의를 타파할 필요가 있으며, 이를 위해서는 유력한 지도기관이 필수불가결하다. 2014년 8월 '징진지 협조적 발전' 지도팀과 사무국이 지역을 아우르는 지도기관으로서 베이징에서 발족했으며, 장가오리 부총리 겸 정치국 상무위원이 지도팀의 책임자로 취임했다. 이 지도팀의 주요 구성원으로 베이징·톈진·허베이 세 지역의 부성시장(副省市長)이 합류해있다. 지도팀에는 강력한 권한이 주어지며, 각 지역의 이해관계 조정 및 종합적 관리를 추진하는 역할이 부여되어있다. 첫 번째 시도로서, 교통·생태·산업 3가지 중점분야의 '교통 일체화', '환경보호', '산업이전' 통합을 가속화하기로 정해졌다.

먼저 교통 일체화의 경우, 요점은 다음 세 가지이다. ① 베이징을 중심으로 톈진·허베이의 일부지역까지 포괄하는 대환상선(大環狀線)과 6개의 방사상 도로를 건설한다. ② 기존 베이징국제공항을 확장하는 것 외에, 베이징 남부 중 허베이성에 인접해있는 지역에 신공항을 건설하고 신공항에서 베이징·톈진·허베이성 바오딩에 이르는 고속철도·전차 네트워크를 만든다.[4] ③ 톈진항, 친황다오항, 차오페이뎬항, 징탕항, 황화항 등 5개의 항구를 확장한다. 한편 물류와 관련하여 2014년 7월 10일 '징진지 세관구역 통관 일체화에 관한 개혁방안'이 공표되었다.[5] 이에 따르면 징진지를 하나의 관세지역으로 간주하여 업자와 기업이 직접 통관지를 선택할 수 있다.

다음으로 '산업이전'의 경우, '징진지' 전역이 국가발전개혁위원회

---

[4] 런민왕 2014년 4월 9일 「京津冀編与交通協同発展計画」
http://cpc.people.com.cn/BIG5/n/2014/0409/c64387-24855161.html

[5] 중국 상무부 HP. 2014년 7월 23일 「北京市推進京津冀区域通关一体化改革実施方案」
http://www.mofcom.gov.cn/article/difang/beijing/201407/20140700671567.shtml

에 의해 4대 기능구(四大機能区)로 구분되게 되었다.6) 서북부의 청더와 장자커우가 생태보호 및 생태산업 발전구로, 중부의 베이징·톈진·랑팡·탕산이 산업재배치 조정구로, 남부의 스좌장, 바오딩, 창저우가 종합 제조업·농업구로, 동부의 친황다오, 탕산, 톈진(빈하이신구 賓海新区), 창저우가 임해산업 발전구로 각각 구분되었다. 4대기능구 건설을 토대로, 징진지의 경제구조도 '2핵, 3축, 1대, 3중점'의 형태로 구축된다. '2핵'이란 베이징과 톈진을 가리킨다. '3축'이란 베이징·톈진·탕산을 주축으로 하여 베이징·바오딩·스좌장과 베이징·탕산·친황다오를 각각 개척축으로 삼는 것이다. '1대'란 연해경제벨트를 가리키며, 3중점 개발구는 중관춘(中関村), 톈진 빈하이신구, 차오페이뎬 공업구를 포함한다. 위와 같은 구분은 지역산업 재배치, 대규모 인프라 건설, 인력이동을 필요로 한다. 베이징은 이미 허베이성으로 각종 산업·상업·교육시설을 포함한 60개 업종을 이전하기로 확정했다. 앞으로 베이징은 문화·연구개발·과학기술을, 톈진은 물류와 금융·정보기술 산업을, 허베이성은 근대적 제조업의 집적과 행정 부도심 기능을 강화하게 될 것으로 보인다.

위와 같은 방침에 기초하여 징진지경제권 통합이 달성되면 장강삼각주경제권, 주강삼각주경제권과 함께 1조 달러(중국 GDP의 약 10%)가 넘는 거대경제권이 탄생하고, 수도기능의 광역화, 대규모 산업이전, 인구이동, 인프라 확장과 더불어 방대한 내수가 생겨날 뿐만 아니라 지역발전 불균형 및 격차 문제와 환경문제가 개선될 것으로 기대된다.

---

6) 신화왕 기사 http://jp.xinhuanet.com/2014-06/06/c_133387956.htm

## 4. '장강경제벨트' 개발

내수확대 촉진과 지역격차 완화를 꾀하는 시도로서, 연해지역에서 내륙지역에 이르는 광대한 지역과 인구를 포괄하는 '장강경제벨트' 개발 계획이 제시되어 큰 사회적 관심을 모았다. 2014년 9월 25일 국무원은 <장강골든수로를 통한 장강경제벨트 발전 관련 지도의견>(이하 <의견>)과 <장강경제벨트 종합입체교통회랑계획>을 공표했다.[7] 리커창 총리는, 골든수로(水路)가 장강경제벨트 건설의 거점이며 중국경제의 지속적인 발전을 지탱하는 데 필수불가결하다고 강조했다. 그리고 장강경제벨트 개발의 의의에 대해 다음과 같이 말했다.[8] "장강경제벨트 건설에 관한 국무원의 중대한 책정과 방책의 실행은, 효과적으로 내수를 확대하고 경제의 안정적인 성장을 촉진하며 지역의 경제구조를 조정하고 중국경제의 업그레이드를 실현시키는 데 있어 중요한 의의를 갖는다." 또한 다음과 같이 말하기도 한다. "장강삼각주지역에서는 … 중서부가 경제발전을 최대한 선회시킬 여지가 있다. 장강경제벨트 건설은 연해지역과 중서부의 상호지원과 긍정적(良性的)인 상호작용의 새로운 국면을 구축하고 개혁개방과 일련의 중대한 프로젝트를 실시해야 한다. 그럼으로써 장강삼각주, 장강 중류 도시군, 청위(청두·충칭)경제구, 이 세 '구역'의 산업 및 인프라를 연동시키고 생산요소를 유동시키고 시장통합을 촉진하고 질서 있는 산업이전·업그레이드·신형도시집약 발전을

---

7) 중국정부망 http://www.gov.cn/zhengce/content/2014-09/25/content_9092.htm

8) 2014년 4월 28일, 리커창 총리는 충칭에서 토론회를 주최하고 장강경제삼각주 개발에 대한 담화를 발표했다. 신화왕 기사 http://jp.xinhuanet.com/2014-04/29/c_133298491.htm

촉진하고 1/5이 넘는 국토와 약 6억 명을 직접 추동하는, 크고 강력한 발전을 위한 새로운 원동력을 형성해야 한다."

장강벨트란, 횡으로 동중서(동부, 중부, 서부)를 관통하며 중국 중심지대인 동부 연해지역에서부터 광대한 내륙지역을 횡단하는 장강 유역을 가리킨다. 그 범위는 상하이시부터 장쑤성(江蘇省), 저장성(浙江省), 안후이성(安徽省), 장시성(江西省), 후베이성(湖北省), 후난성(湖南省), 충칭시(重慶市), 구이저우성(貴州省), 쓰촨성(四川省), 윈난성(雲南省) 등 9개의 성과 2개의 직할시에 걸쳐 있다. 전면적은 국토의 21.4%에 이르는 2백 5만 킬로미터에 달하며, GDP는 전국의 45.4%(2012년)를 점하고 인구는 6억 이상이다. 역내 경제의 중심지

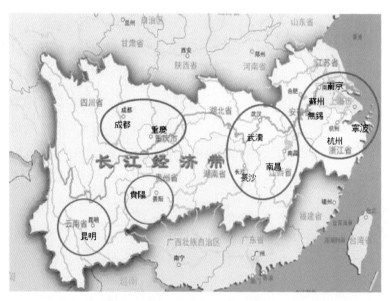

(출처 : 중국정부망 2014년 9월 25일 「国务院关于依托黄金水道推动长江经济带发展的指导意见」, 일부 수정 http://www.gov.cn/zhengce/content/2014-09/25/content_9092.htm)

<그림 4> 장강경제벨트 지역과 5대 도시군

로 3대 도시권—개발이 가장 많이 진행되고 있는 장강삼각주 도시
군(상하이, 난징南京, 쑤저우蘇州, 우시無錫, 항저우杭州, 닝보寧波
등), 동서를 잇는 추축인 중류 도시군(우한시武漢市, 창샤시長沙市
등), 서부 개발의 중심지인 상류 도시군(청두成都, 충칭重慶)—이 채
택되고, 여기에 2개의 지방도시군(쿤밍昆明, 구이양貴陽) 더해진다.
(<그림 4>)

한편 장강벨트지역 동북부는 경제개발 선진지역인 환발해경제권
(베이징, 톈진, 칭다오, 다롄 등)에 접해있고, 서북부는 신장(新疆),
간쑤(甘肅), 시안(西安) 등 실크로드와 연결되며, 동남부는 주강삼각
주(광저우, 선전深圳 등)에 인접해있고, 서남부는 윈난성과 동남아시
아의 베트남, 미얀마와 연결되어, 중국대륙의 동서남북을 잇는 교통
망의 중심지대로 위치지어진다. <표 2>는 <의견>에 기초하여 '장강
경제벨트' 개발의 중점프로젝트를 정리한 것이다. <의견>에 따르면,
이 개발의 요점은 다음과 같다. 우선 장강벨트의 운항·교통망과
인프라 정비를 제일 먼저 진행한다.(①과 ②) 그 다음 교통망 정비를
지렛대 삼아 하류발달지역 도시군에서 상류후발지역으로의 산업이
전 및 기술이전을 촉진함(③)과 동시에, 장강변의 여러 대·중도시
군 형성을 가속화한다.(④) 하류지역인 상하이가 금융·무역 중심
지 역할을 하고 있지만, 상류지역 역시 동남아시아와 중앙아시아에
대한 대외 개방의 창구로서 중요한 역할을 한다.(⑤)

문제점으로 언급되는 것은 다음과 같다. 즉 지역 간 환경보전체제
구축(⑥)과 지역 간 협조적 발전(⑦)이 중요한 것으로 간주되고 있지
만, 징진지경제권 같은 성/시를 초월한 지도기관이 아직 존재하지
않으며 지역 이해관계의 조정 및 합의 형성을 어떻게 진전시켜 나갈
지가 불투명하다는 점이다.

<표 12> 『장강경제벨트』 개발 주요항목 및 개요

| | 항목 | 개요 |
|---|---|---|
| 1 | 장강골든수로 기능 향상 | 통항능력 증대, 부두 배치 최적화, 화물 집적 및 유통의 합리화 등 |
| 2 | 종합적인 입체교통회로 건설 | 장강변 철도통로·고속도로망·공항 정비, 석유·천연가스 파이프라인 건설, 종합교통허브 설치 등 |
| 3 | 혁신을 통한 산업구조 전환 및 고도화 | 자주적 혁신 강화, 역내 산업의 협조적 발전 및 역내 기술이전 촉진, 국제적 산업집적지 육성, 서비스산업의 근대화, 청정에너지벨트 구축, 근대적 농업의 발전 등 |
| 4 | 신형도시화의 전면적 추진 | 장강삼각주 도시군의 국제경쟁력 강화, 중류지역 도시군의 발전, 충칭·청두 등 하류지역 도시군의 일체화, 구이저우와 윈난에서 각각 지역적 도시군 육성 등, 5대 도시군 형성을 촉진한다. |
| 5 | 전방위적 대외 개방의 새로운 경쟁 우위 창출 | 벨트역내 경제성장에서 상하이의 선도역할 강화, 서남부 지역 대외개방에서 윈난성의 교두보 기능 강화, 실크로드경제벨트*와의 협동관계 촉진, 역내 통일적 통관체제 구축 |
| 6 | 그린·에코 회랑(回廊) 구축 | 장강 수자원의 효과적인 이용과 환경보전, 장강변 생태환경의 회복 및 유지 등 |
| 7 | 지역 간 협조적 발전의 보장체제 및 메커니즘 창출 | 지역 간 협력체제의 구축, 역내 시장 일체화 촉진, 금융분야 협력 및 혁신 촉진, 협동적인 생태환경 보전체제 구축, 공공서비스 및 사회 관리 협력체제 건설 등 |

* 주 : 실크로드 경제벨트는 시진핑 국가주석이 2013년 9월 카자흐스탄을 방문했을 때 내놓은 구상이다. 즉, 중국 서부~중앙아시아·러시아~유럽 서해안을 육상에서 철도·도로로 잇는 '실크로드 경제대(帶)'가 건설되는 것이다. 같은 지역을 관통하는 기존 또는 신설예정인 아시아-유럽 육로교통망(철도·도로 등)을 가로축으로 했을 때, 실크로드경제벨트의 동쪽으로는 중국의 황하유역과 장강삼각주가 있으며 서쪽으로는 중국의 신장, 중앙아시아, 러시아, 서아시아지구가 있고 그 끝은 유럽 서해안이다. 동서는 약 1만 km, 남북은 3백~4천 km이다. 이 구상에 따르면, 지금까지 '개혁·개방' 우대정책과 거리가 멀었던 서부지역은 대외개방의 최전선으로서 중국과 중앙아시아를 이어주는 주축지대가 되며 충칭, 간쑤, 칭하이(青海)는 중요한 거점이 된다. 반면 동부 연해지역은 후방기지 역할을 하게 된다.
(출처 : 국무원의 <장강골든수로를 통한 장강경제벨트 발전 관련 지도의견>(2014년 5월 25일)에 기초하여 작성.)


# 5. 결론

본 보고서에서는 '징진지 협조적 발전' 계획과 '장강경제벨트' 개발의 기본적인 구상을 검토했다. 연해지역 개발과 대도시 발전을 우선시하는 종래의 지역개발전략이 지역 간 불균형, 지역격차, 환경문제의 심화를 초래해 대대적으로 재검토되고 있다. 그 대신 지역 간 '협조적 발전', 격차 시정, 환경개선 추진을 기조로 하는 전략적 전환이 일어나기 시작하고 있다. 이를 배경으로, '징진지 협조적 발전' 계획과 '장강경제벨트' 개발은 새로운 전략의 첫 번째 물결로서 막을 열었다. 이 두 지역개발 프로젝트가 포괄하는 인구는 약 7억 명에 달하며, 연해지역의 중핵도시에서부터 내륙지역의 중요도시와 수많은 중소도시까지 광범한 지역에 걸쳐 있다. 프로젝트가 성공할 경우, 연해지역과 내륙지역, 대도시와 중소도시, 도시와 농촌 간의 심각한 격차 문제가 크게 개선되고 새로운 내수연관(인프라 수요)의 창출과 지속적인 발전이 이루어질 것으로 기대된다. 이 두 프로젝트는 이제 막 본격적으로 발족되었으며 구체적으로 어떤 진전이 있었는지 그 실태는 아직 불분명하다. 그러나 수도지역－주변지역 간 제휴 증진과 장강벨트지역 제휴 및 네트워크화를 촉진해나가고자 하는 시도는, 21세기 중국의 지역개발전략의 새로운 전개를 보여주는 획기적인 사건이라고 말해도 좋을 것이다.

# 중국 노동정책의 제도적 특성과
# 노동자 저항의 정치[1)]

## 정규식

# 1. 서론

사회주의 시기 30년, 개혁개방 이후 35년의 시기를 경과한 중국
은 오늘날 우리에게 두 가지 모순적 현실의 조합으로 그 모습을 드
러내고 있다. 그 하나는 놀라운 속도의 경제성장을 바탕으로 한 전
세계의 정치와 경제에서 차지하는 영향력의 급속한 증대이고, 또 다
른 하나는 이러한 경제성장의 이면에 존재하는 사회적 양극화의 심
화이다.[2] 그리고 이러한 두 가지 모순적 현실의 원인과 전망을 해석
하는 다양한 관점들이 '중국에 대한 환상과 환멸'이라는 중심축을
따라 각축하고 있는 양상이다. 그러나 미조구치 유조가 지적하듯이
사회주의 중국에 대한 환상과 환멸, 이 둘 사이에 단절은 없다(溝口

---

1) 이 논문은 지난 2014년 춘계 비판사회학에서 발표한 것을 대폭 수정한 것이며, 이후 중국 노동
운동에 대한 구체적인 사례분석과 이론적·방법론적 보완을 통해 박사학위 논문으로 발전시킬
계획을 가지고 있다.

2) 중국의 지난 10년간 평균 GDP(국내총생산) 성장률은 두 자릿수(10.3%)로, 이는 미국의 6배에
해당한다. 1980년대 중국의 GDP는 2,020억 달러에 불과했으나, 2010년에는 무려 30배 증가한
5조 8,000억 달러를 기록하면서 세계 2위 경제대국으로 부상하였다(문진영, 김병철, 2012). 세계
적 경제 불황의 여파로 2013년에는 약간 주춤했지만, 여전히 7.7%라는 높은 경제성장률을 유지
하고 있다. 그리고 이러한 경제성장을 바탕으로 전 세계의 각종 현안에 중요한 영향력을 행사
하고 있으며, 이러한 세계체제 속 중국의 위상 변화는 'G2'나 '차이메리카', 혹은 '베이징컨센서
스'라는 표현에서 집약적으로 드러난다. 한편 이러한 경제성장의 이면에 극심한 소득불평등이
존재하고 있는데, 개혁개방 정책이 시작되던 시점인 1978의 0.15에 불과했던 지니계수가 2013
년 중국 국가통계국이 공식 발표한 바에 의하면 0.473으로 집계되어 개혁개방 35년 만에 세계
에서 소득불평등이 가장 심각한 국가로 변화되었다.

雄三, 2009). 중국에 대한 '환상'과 '환멸'은 대체로 서구와의 비교라고 하는 하나의 축을 중심으로 이어져 왔으며, 이렇게 구성된 역사인식 틀에서는 역사적 현실 속에서 끊임없이 변화하며 발전해 온 '역사적 사회주의'로서의 중국은 포착되지 않는다. 더구나 무수한 역사적 변곡점을 경유하면서 굴절되고 변용되어 형성된 제도적 진화의 과정과 이를 둘러싼 다양한 집단들의 행위적 실천은 사상(捨象)되어 버린다. 특히 이러한 인식론 상의 맹점은 오늘날 중국의 현실적 모순이 가장 첨예하게 드러나고 있는 '노동' 문제를 이해하는 데 무엇보다 가장 큰 어려움을 초래한다.

주지하듯이 2007~2008년의 세계적 금융위기를 지나면서 경제적 측면의 부상만이 아니라, 중국식 정치사회 모델 자체에 대한 논의들이 활발하게 전개되고 있다. 미국을 중심으로 하는 서구 신자유주의 시스템과 그 헤게모니에 대한 의문이 제기되면서 미국식 경제구조(높은 부채, 낮은 생산성, 과잉소비)와 상반되는 특성을 보이는 '중국모델'(미국 국채보유, 높은 생산능력, 높은 저축률)로 이목이 과잉 집중 되었고, 이러한 현상이 다시 중국 정치사회 시스템에 대한 논의들로 확산되고 있는 것이다(정규식, 2014). 이러한 논의들의 흐름을 따라 한편에서는 중국의 부상을 서구문명을 대체할 '새로운 문명'의 창출로 인식하려는 시도들과 개혁개방 이전 30년간의 마오주의적 발전 시기의 유산, 즉 마오쩌둥 시기에 형성된 공산주의적 당국가체제가 개혁 시기 중국의 경제성장에 제약이 아니라, 오히려 이득이 되었다는 주장으로 전개되고 있다(Arrighi, 2012; So, 2012). 그리고 다른 한편에서는 중국의 성장모델은 동아시아 '발전국가모델'의 극단적 형태일 뿐이라는 시각과 심지어 저임금과 노동착취,

노동유연화에 기반한 신자유주의적 경제체제의 하나일 뿐이라는 비판도 제기되고 있다(Hofung, 2011; Harvey, 2007; 李民騏, 2010).

그러나 무엇보다 중요한 사실은 이러한 모순적 현실에 대한 논쟁이 단순히 이론적인 차원의 문제만으로 끝나는 것이 아니라, '노동'이라는 쟁점을 둘러싼 현실문제로 격화되고 있다는 것이다. 따라서 중국 발전모델의 모순과 향후 전망을 관측하는데 있어서 중요한 측면이 바로 노동운동 및 사회운동의 도전과 이를 둘러싼 노동정치의 전개과정이다. 현재 중국에서 하강노동자, 농민공, 도시빈민 등이 주체가 된 다양한 형태의 권리수호 운동들이 전개되고 있으며, 또한 중화전국총공회(中华全国总工会)가 기업의 사용자들과 밀착되어 있거나 사용자들이 통제하는 조직으로 전락한 것을 비판하면서, 현장 노동자들의 자주적인 '독립노동조합결성' 및 공회의 개혁을 촉구하는 운동도 꾸준히 전개되고 있다(王侃, 2010).[3] 특히 인터넷 기술의 발달은 이러한 민간의 요구를 표현하고 역량을 동원할 새로운 공간의 창출 가능성을 더욱 높이고 있으며, 비정부조직 이른바 'NGO' 조직의 활동도 활발하게 전개되고 있다(정규식, 2014). 그리고 신세대 농민공들의 집단적 조직화 추세가 급증하면서 독립적인 노동자 조직의 발전을 촉진시키고 있으며, 공회의 민주적 개혁과 임금단체 협상제도의 개선 등 정부의 노동제도 개혁을 적극 추동하고 있다.

---

[3] 중국에서 유일하게 승인된 전국노동조합조직이 중화전국총공회이며 그 산하에 각 성이나 현급의 공회가 있고, 기업공회가 존재한다. 관방 조직답게 높은 조직율을 보이는 겉모습과는 달리, 총공회와 산하 조직들은 현장 노동자들의 요구나 정서를 대변하기보다는 기업의 사용자들과 밀착되어 있거나 사용자들이 통제하는 조직으로 전락한 것으로 평가된다. 2010년 6월 현재, 중국에는 이미 100여개의 독립된 노동자 조직이 있고, 2천명 이상이 '노동분쟁 공민 대리인'으로 활동하고 있다. 공회의 개혁, 특히 광둥 지역에서의 의미 있는 변화와 그 한계에 대해서는 왕칸(王侃, 2010)의 논의를 참조. 이후 국가 및 기층 노동자와의 관계 속에서 공회의 역할이나 권한, 그리고 조직체계가 어떻게 변화해 나갈 것인지 자체가 하나의 중요한 연구주제라고 할 수 있다.

이처럼 역동적으로 전개되고 있는 중국 내부의 현실적 상황은 중국 노동시장 및 노동정책의 특성, 그리고 중국 노동자 계급의식의 변화에 따른 노동자 저항의 정치적 동학을 보다 면밀히 분석할 필요를 제기한다.

본 논문은 이러한 문제의식을 바탕으로 먼저 2장에서 중국 체제 전환 및 노동문제에 대한 선행연구들을 간략하게 검토한 후, 중국 노동정책의 변화과정과 이를 둘러싼 다양한 행위자들의 정치적 경합과정을 '제도의 진화와 변동'이라는 관점에서 분석할 필요가 있음을 제안한다. 3장에서는 역사적으로 축적되어 고착화된 중국 노동체제의 특성을 이원적 노동력 관리방식과 이에 따른 분절적 노동시장의 형성이라는 관점으로 고찰해 본다. 그리고 이렇게 형성된 노동체제에서 발생하고 있는 '비공식경제'(informal economy) 고용의 문제와 쟁점들을 살펴본다. 그리고 4장에서는 중국 노동자 계급의식의 변화와 신세대 농민공의 문제를 다룬다. 특히 '신세대 농민공'들의 생활세계적 특징과 점증하고 있는 집단적 조직화의 특성을 검토해 본다. 마지막 결론에서는 '국가(당)-자본-노동조직(공회 및 NGO)-기층 노동자'들의 경합과 저항, 적응에 의한 중국 노동정책 및 제도의 변화를 최근 중국공산당 중앙위원회와 국무원이 발표한 <조화로운 노동관계 수립에 관한 의견>의 핵심내용들을 중심으로 검토해 본다. 신세대 농민공을 주축으로 한 노동자들의 집단행동과 '조화로운 노동관계의 수립'이라는 정부정책이 구체적으로 어떻게 전개될 것인지가 향후 중국 노동정치를 전망하는데 있어 중요한 요소가 될 것이다.

## 2. 중국 체제전환 및 노동문제에 대한 선행연구 검토와 방법론적 시각

### 1) 중국 체제전환에 관한 연구

중국 노동정책의 제도적 특성과 노동자 저항의 정치적 동학을 이해하기 위해서는 우선 좀 더 넓은 시야에서 중국 체제전환의 과정과 발전양식에 관한 논의들을 살펴 볼 필요가 있다. 왜냐하면 중국에서 노동문제는 이중적 의미의 체제전환, 즉 계획경제에서 시장경제 체제로의 이행, 그리고 농업사회에서 공업사회로의 이행과정 전반에 걸쳐 형성되었고, 중국 발전전략 전반을 포괄하는 광범위한 문제이기 때문이다.

중국의 체제전환 과정과 경제성장의 성공원인에 대한 기존 연구들의 시각은 대체로 개혁의 속도에 주목한 '점진-급진' 접근법, 개혁의 주체에 따른 '국가-시장' 접근법의 두 가지로 크게 구분된다. 먼저 개혁의 속도와 관련해서 대부분의 중국 연구자들은 중국의 체제전환을 소련의 급진적 개혁과 비교해서 보다 점진적인 과정이었다고 이해한다(Naughton, 2010b; 黃德北, 2008). 즉 과거의 지령적 계획경제 체제로부터 시장경제 체제로의 전환과정에서 전면적 사유화나 민영화를 추진하기보다는 사회주의 시기의 유산인 공유제를 유지하면서 점진적으로 소유제 구조의 조정을 해나갔다는 것이다. 또한 도시-농촌에 대한 발전전략의 분리를 통해 시장가격과 계획가격이 병존하는 '이중가격제'를 상당기간 유지한 후 점차적으로 단일화 해나갔다는 사실도 중국의 점진적 체제전환 전략을 보여주는 주요근거로 제시된다. 전반적으로 소련이나 동유럽의 충격요법식 (shock therapy) 급진적 개혁전략이 초래한 체제붕괴를 목격하면서 이를 피하기 위한 전략으로 사회주의 시기의 유산을 제한적으로 유지하는 가운데 시장경제 체제와 지구적 경제체제에 점차 적응해 나가는 조절적 이행을 추진해 나갔다는 것이다(Naughton, 2010b; 백승욱, 2001). 이러한 시각들은 사회주의 시기에 가지고 있었던 제도적 유산들이 완전히 단절된 것이 아니라, 이후 개혁을 위한 토대가 되었다는 사실을 보여준다는 점에서 무엇보다 큰 의미가 있다. 그러나 이러한 제도적 조건들이 존재했다는 사실만으로는 중국이 왜 점진적인 개혁을 선택했는지, 그리고 이후의 개혁과정에서 다양한 행위자들의 갈등과 전략적 상호작용을 통한 제도의 변화과정은 어떠했는지를 설명하기에는 어려움이 있다. 따라서 이후의 소유제 구조의 변화와 국유기업 개혁, 노동정책 변화의 동학을 제대로 이해하기 위해서는 단순히 체제전환의 속도만이 아니라, 정치적 경합과정 속에서 이루어진 체제전환의 맥락을 파악함으로써 그 실체적 내용이 어떻게 변화해 나갔는지를 분석하는 것이 더욱 중요한 과제로 남아있다.

두 번째로 개혁의 주체와 관련된 '국가－시장' 접근법에 대한 논의를 살펴보자. 이러한 시각은 체제전환 과정에서 국가와 시장의 역할을 각각 강조하는 것으로 구분된다. 먼저 중국이 시장주도적인 신자유주의 모델을 따르고 있다는 주장이 있다. 특히 리페이린(李培林)은 "시장은 가장 효과적인 자원배분 기제로서 중국의 경제발전을 추진하는 기초적인 원리"로 적용되었다고 주장한다. 또한 린이푸(林毅夫) 역시 시장의 역할을 강조하면서 중국경제에 대해 "1978년부터 시작된 개혁은 노동인센티브 제도의 도입을 통한 노동자의 적극성을 유발하여 생산효율을 높였고, 시장화의 심화에 따라 자원배분 효율성을 생산가능성 곡선에 근접시켜 억압되었던 생산력을 해방시켰다"고 말한다(남윤복, 2011에서 재인용). 다른 한편 국가의 역할을 강조하는 입장에서는 중국 정부의 자본 및 금융통제와 국가주도적 거시경제 정책이 중국의 경제발전에 큰 영향을 주었다고 본다(Stiglitz, 2002). 이러한 입장은 중국의 경제발전 원인을 "국가의 자율성을 바탕으로 한 전면적이고 효과적인 개입, 선택과 집중화된 경제정책, 구체적인 목표설정" 등에서 찾으며, 따라서 국가가 체제전환 과정에서 주요한 행위자로서 "사회경제적 자원을 일정한 목표를 위해 의식적으로 조정할 뿐만 아니라, 사회저항을 효과적으로 관리하는 기능을 담당"한 것으로 인식한다(남윤복, 2011: 11).

한편 장윤미는 사회주의 국가에서 시장경제로의 체제전환 과정을 국가 대 시장 구도라는 시각에서 논의하는 것은 자유주의적 시각의 반영일 뿐이라고 지적한다. 따라서 중국의 체제전환은 자본주의적 정치경제의 쟁점인 국가와 시장의 문제가 아니라, 사회주의적 쟁점인 계획과 시장의 문제로 이해해야 한다고 주장한다(장윤미, 2007: 146). 즉 개혁과정에서 중요한 쟁점은 어떻게 사회주의적인 국가가 시장을 관리하고 성장시킬 것인가의 문제였으며, 이러한 관점에서 보다 더 설명되어야 할 것은 전환기의 정치적 과정이라는 것이다. 또한 백승욱은 시장을 국가의 반대편에 놓거나 또는 계획의 반대편에 두고서 '계획=사회주의', '시장=자본주의'라는 등식을 제시하는 논지에 대해서 비판적 관점을 취한다. "자본주의에서든 사회주의에서든 계획은 시장의 조절을 배제하지 못하였고, 시장은 그 형성에서부터 국가의 개입과 국가의 계획을 배제하지 않았다"는 것이다. 따

라서 국가는 시장의 형성과 유지, 그리고 위기조절의 내부와 외부에
서 개입하며, 다양한 차원의 정책과 계획을 수반하기 때문에 오히려
계획 일반과 시장 일반의 대립이 아니라 어떤 성격의 계획인가가 중
요한 문제라는 것이다(백승욱, 2001: 27).4) 중국의 시장화와 국가의
노동력 관리 방식의 변화를 분석한 김영진 역시 중국의 체제전환 과
정을 정치적 현상으로 이해한다. 시장은 스스로 자기조절 기능을 갖
지 않으며, 시장제도의 형성은 국가의 의식적인 행위의 결과라는 것
이다(김영진, 1998).

사실상 이들의 논의는 이미 '국가-시장'의 구분에 기초한 접근법
을 넘어서기 위한 시도의 단초를 제공해 주었다고 할 수 있다. 왜냐
하면 국가의 개입은 정책의 형태를 취하기 마련인데(법률, 법령, 지
침, 계도 등), 이러한 정책을 둘러싼 다양한 행위자들의 정치적 경합
을 피할 수 없기 때문이다. 예컨대 2008년에 시행된 <노동계약법>
을 포함한 노동의 법제화는 노동, 자본, 국가의 이해관계와 전략적
선택에 영향을 받을 수밖에 없었으며, 이에 따라 다양한 굴절과 변
용의 과정을 거쳐 형성되었다고 할 수 있다.5) 따라서 체제전환기를
거쳐 현재에도 지속되고 있는 중국 노동정책의 형성과 변화의 과정
을 좀 더 세밀하게 이해하기 위해서는 변화된 '국가-자본-노동'의
역학관계를 살펴보아야 한다. 왜냐하면 시장경제로의 체제전환 과

---

4) 폴라니에 따르면 근대 세계경제의 출현에서부터 이미 자본주의는 그 본질상 국가의 개입을 배
   제하기보다는 시장에 대한 국가의 개입을 필연화 했고, 그런 점에서 시장의 질서에 대한 폭력적
   침해일 수밖에 없었다(polany, 2009). 또한 베텔렘(Bettelheim)은 사회주의 아래에서 계획과 시장
   의 이분법은 허구적이라고 지적하는데, 그에 따르면 계획과 시장의 이분법은 국가권력의 성격
   이라는 더 근본적인 문제를 은폐하는 이데올로기적 은유에 불과한 것이다(백승욱, 2001: 28에서
   재인용).

5) 2006년 3월 초안이 공표된 노동계약법이 2008년 1월에 최종 시행되기까지 이를 둘러싼 각 사회
   세력들의 정치적 경합과 의견대립에 대해서는 장영석(2006)과 백승욱(2008)을 참조할 수 있다.

정, 즉 시장화는 정치적인 과정이며 기본적으로 제도확립의 과정이기 때문이다. 더욱이 이러한 과정은 노동자를 포함한 사회관계 전반의 근본적인 변화를 수반하는 것이다.

## 2) 중국 노동문제에 관한 연구

개혁개방 이후 중국의 시장화에 따른 노동력의 상품화, 사회복지의 시장화, 고용불안정 등으로 인한 노동소요가 급증하면서 중국 노동문제에 관한 연구들도 많이 나오고 있다. 특히 중국 경제체제의 대외 의존적 구조를 유지하기 위한 노동정책, 즉 대규모의 저렴한 노동력, 용이한 착취구조, 노동조합의 무기력화가 빚어낸 노동문제와 쟁점들을 점증하는 노동운동과 노동자 계급의식의 변화를 중심으로 분석한 연구들이 중국 내외에서 점차 증가하고 있다(常凯, 2013; 汪建华, 孟泉, 2013; 潘毅 等, 2011; 黃宗智, 2013; 黃德北, 2008; 孟捷, 李怡乐, 2013; 백승욱, 2008; 장윤미, 2012a; 장영석, 2011; Chen, 2007; Lee, ChingKwan, 2007; Silver & 張璐, 2012). 여기서는 이러한 기존연구들을 크게 노동자 계급의 형성, 노동자 집단행동, 노동법 제도의 변천, 자본주의적 세계경제와의 관련성 등으로 나누어 간략하게 검토하고자 한다.

먼저 황더베이(黃德北)에 의하면 중국에서 노동자 '계급'에 관한 연구는 국가당국의 억압에 의해 오랫동안 금지되어 왔으며, 따라서 중국 내 사회학 연구자들은 계층연구로 이를 대체하여 사회계층 분화에 관한 분석들을 주로 해왔다(黃德北, 2008: 14). 그러다가 최근에 이르러 몇몇 학자들에 의해 마르크스 이론에 기초한 노동자연구로 돌아갈 것을 요구하는 주장들이 제기되었고, 이에 따라 중국 노동자의 계급형성에 관한 논의는 마르크스가 구분한 '즉자적 계급'(自在阶级, class in-itself)과 '대자적 계급'(自为阶级, class for-itself)이라는 분석틀을 중심으로 논의가 전개되었다.[6] 대표적으로 창카이(常凯)는 1995년의 연구에서 중국의 고용노동자들은 아직까지 대자적 계급으로 발전하지 못한 채, 즉자적 계급에 머물러 있는 것으로 보았다(常凯, 1995). 한편 판이(潘毅)는 새로운 노동계급 주체인 농민공을 주목하면서 이들은 일상생활의 실천과 경험 속에서 이미 노동자로서의 '계급의식'을 형성했다고 주장한다(潘毅, 卢晖临, 2009). 즉 마르크스의 계급이론에 대한 비판으로서 톰슨(E. P. Thompson)의 계급형성 이론을 받아들여 계급을 어떤 구조나 범주로 보지 않고, 인간관계에서 일어나는 역사적 현상으로 파악해야 한다는 것이다. 이러한 시각에 입각해서 중국 노동자들의 계급형성을 전통, 가치체계, 사상, 제도적 형식들 속에서 구현되는 이른바 '문화'적 요소를 중시하고, 노동자의 주체성을 강조한다(潘毅, 卢晖临, 2009).[7] 이러한 시도는 실제 점증하는 중국 노동자들의 집단행동, 특히 팍스콘과 혼다 자동차 파업사건의 주역인 '신세대 농민공'(농촌호구를 갖고 도시지역 비농업 부문에 종사하고 있는 1980년과 1990년 이후 출생한 농민공)들의 저항운동과 맞물려 이들의 계급의식 형성, 저항

---

[6] 중국 노동계급 형성과정을 '즉자적 계급'과 '대자적 계급'이라는 관점에서 논의한 연구들로는 황더베이(黃德北, 2008), 판이(潘毅, 卢晖临, 2009), 창카이(常凯, 1995) 등의 논의를 참조.

[7] 사실 자본-노동의 관계에서 노동자들의 계급의식의 형성, 그리고 저항 및 주체화에 관한 논의는 근대 이후 사회과학의 오래된 쟁점 가운데 하나이다. 자본주의 사회에서 노동자의 계급적 주체로서의 등장은 노동자의 자기정체성, 즉 계급정체성의 자각, 자본과 노동의 관계에 대한 인식, 자신과 세계의 관계에 대한 감각의 형성을 수반한다. 한편 사회주의 국가에서 노동자 계급의 형성과 굴절 및 변용의 과정은 또 다른 측면의 분석을 요구한다고 할 수 있다.

의 배경과 동력, 사회구조적 문제인 농민공의 처우 등에 관한 연구로 이어지고 있다.

특히 장윤미는 최근 급증하는 농민공 집단행동은 이익침해에 대한 권리의식 증대뿐 아니라, 세대적 특징, 세계생산체계의 변화에 따른 협상력 제고, 사회불평등을 야기한 구조적 원인 등이 모두 반영되어 나타난 것으로 이해하며, 이들의 공동체 의식 및 집단적 정체성 자각으로 인한 주체화 과정을 분석하고 있다(장윤미, 2012a). 중국 내부에서도 비공식경제 취업인구 및 파견노동 인구의 대다수를 차지하는 '신세대 농민공'들의 기본현황과 특징, 그리고 이들의 강한 집단의식과 단체 행동력의 배경 등에 대한 연구가 구체적 집단항쟁 사례를 통해 시도되고 있다(汪建华, 孟泉, 2013). 또한 노동자들의 집단행동에 따른 노동정책의 변화, 특히 노동법제도의 변천과정, 노동쟁의 현황 및 처리 제도를 분석한 연구들도 꾸준히 증가하고 있다(하현수, 2010; 정선욱, 황경진, 2013; 장영석, 2011; 백승욱, 2013; 黄宗智, 2013; 常凯, 2006; 常凯, 2013). 그리고 중국 노동운동의 역사와 유산을 좀 더 긴 시간적 틀에서 고찰하기 위한 시도들도 전개되고 있는데, 이에 대해서는 장윤미의 연구가 특히 주목할 만하다. 그녀는 문혁시기 등장했던 임시공들의 투쟁의 역사를 '전국홍색노동자조반총단'(全国红色劳动者造反总团, 약칭 전홍총)을 중심으로 논의하면서 이를 현재의 농민공 투쟁과 연결하여 노동운동의 주체화 과정을 새로운 시각에서 접근한다(장윤미, 2012b). 이러한 시도는 무엇보다 공식적인 역사적 기억을 독점하고 있는 중국 공산당의 역사서술 구조로부터 탈피하여 아래로부터의 노동운동 역사를 복원하고자 시도했다는 점에서 큰 의미가 있는 연구라고 할 수 있다. 마찬가지로 '89운동과 독립노조운동'을 중국 사회주의의 역사적 맥락에서 살펴봄으로써, 이 과정에서 형성된 자발적 조직화, 새로운 의식의 분출, 독립적인 노조의 출현과정에 대해 '베이징노동자자치연합회'(北京工人自治联合会, 약칭 공자련)를 중심으로 분석한 연구(장윤미, 2012c)도 현재의 공회(工会) 개혁에 대한 논의들과 실천적 사례들을 검토할 때 중요한 참고가 되는 연구라고 할 수 있다.

한편 자본주의적 세계경제의 틀 속에서 중국의 발전모델 및 노동문제를 인식할 필요성도 더욱 제기되고 있다. 중국내부의 경제발전전략과 노동정책, 그리고 점증하는 노동분쟁을 비롯한 노동문제들은 단지 중국만의 문제로 그치는 것이 아니라 새로운 국제 분업 체계의 형성과 중국 노동자 계급의 의식 변화가 지구적인 노동운동에 미치게 될 영향력으로 인해 전 세계에 주어진 공통의 문제이기 때문이다. 특히 '세계체계 분석'의 시각에서 자본주의 세계경제와 중국의 노동정책 및 노동운동의 함의를 분석하려는 시도들이 전개되고 있다. 이러한 세계체계 분석의 가장 큰 특징은 사회주의 문제를 자본주의 체계와 뗄 수 없는 것으로 보고, 현실 사회주의 국가들의 문제를 세계체계라는 틀 속에서 제기한 것이다. 즉 사회주의의 역사를 자본주의 세계체계의 궤도에서 이탈했다가 다시 이 궤도에 재진입하는 과정으로 인식한다(백승욱, 2006). 이러한 시각에서 중국내 거대한 초국적 하청업체의 출현과 중국 산업고도화로 인한 지구적 노동분업 체계의 변화, 그리고 이에 대응한 지구적 노동자 연대의 새로운 모색을 시도하는 연구들이 진행되고 있다(Arrighi, 2012; Hung Hofung, 2012; Silver & 张璐, 2012; Luce & Bonacich, 2012; Appelbaum, 2012). 국내에서도 세계화 시대와 중국의 노동관계에 대해 주목한 연구들이 진행된 바 있다(장영석, 2007; 백승욱, 2008).

이처럼 중국 노동문제에 대한 연구의 양적 증가와 질적 변화를 통해서도 알 수 있듯이 중국에서 노동문제는 협소한 의미의 '노동'문제에 그치는 것이 아니라 중국의 통치전략 전반을 포괄하는 광범위한 문제라고 할 수 있다. 왜냐하면 중국에서 노동문제는 이중적 의미의 체제전환, 즉 계획경제에서 시장경제 체제로의 이행, 그리고 농업사회에서 공업사회로의 이행과정 전반에 걸쳐 형성되었기 때문이다. 무엇보다 중국에서 노동문제는 사회주의 시기의 유산과 개혁개방 이후 변화된 노동-자본의 관계가 중첩되면서 더욱 복잡한 궤도를 그리고 있다. 특히 첸리췬(錢理群)의 경우 통치 합법성의 위기로까지 치달을 수 있는 체제적 성격의 정치위기와 권력과 자본을 독점한 '권력귀족' 자본계층의 출현이 인민대중의 공정과 사회적 평등에 대한 강렬한 요구와 부딪히면서 발생하고 있는 계층모순과 노동운동을 비롯한 권리보호운동(维权运动)을 향후 중국의 미래를 좌우할 중요한 요소라고 강조한다(錢理群, 2012b). 따라서 역사적으로 축적되어 고착화된 중국 노동체제의 특성과 노동시장의 분절적 구조, 노동자 세대교체와 이에 따른 계급의식의 변화는 중국 노동문제를 이해하는데 여전히 중요한 요소라고 할 수 있다.

## 3) 방법론적 시각의 제언: 역사적 제도주의와 제도의 진화

앞서보았듯이 중국의 노동문제는 협소한 의미의 '노동'문제에 그치는 것이 아니라 중국의 통치전략 전반을 포괄하는 광범위한 문제이며, 사회주의 시기와 개혁개방 시기를 잇는 중요한 가교라고 할 수 있다. 실제로 사회주의 시기의 유산과 개혁개방 이후 변화된 노동-자본의 관계가 현재 중국의 사회구조를 특징짓고 있으며, 이후의 변화를 추동하는데도 지속적으로 핵심적 고리로 작용하고 있다. 따라서 사회주의 혁명으로 성립된 중국 노동정책의 제도적 변천과 이에 대한 노동자 저항의 정치적 동학을 좀 더 구체적으로 다룰 필요가 있다.8) 이데올로기적으로 '노동자 국가'를 표방한 혁명 이후의 중국은 선진 자본주의 국가와의 경쟁 속에서 생산력의 급진적 확대를 목표로 하는 산업주의 혹은 발전주의라는 과제와 사회주의 국가 건설이라는 이중적 과제에 직면했다. 이러한 이중과제를 수행하는 과정에서 중국의 노동자 계급과 노동정책은 무수한 굴절과 변용을 겪어왔다. 그리고 이렇게 형성된 중국 노동체제가 바로 오늘날 발생하고 있는 다양한 중국 노동 문제들의 기원이라고 할 수 있다.

따라서 중국 노동정책의 변화과정과 이를 둘러싼 다양한 행위자들의 정치적 경합과정을 '제도의 진화와 변동'이라는 관점에서 분석할 필요성이 제기된다. 특히 '역사적 제도주의' 시각에서 제도는 구체적인 시간적 과정과 정치투쟁의 산물이다.9) 따라서 "한 제도의 발생을 설명해주는 과정은 그 제도의 재생산을 설명해주는 과정과는

---

8) 여기서의 노동정책은 노사관계, 노동시장, 노동복지 등의 영역을 포괄하며, 노동기본권, 노동력 관리, 노동조합, 단체교섭 및 노동법 규정, 사회보장체제 등의 전반적인 국가 노동정책을 말한다.

9) '역사적 제도주의'는 합리적 선택 제도주의, 사회학적 제도주의와 함께 신제도주의 이론의 한 분파이다. 신제도주의는 정치, 경제, 사회현상을 설명하는데 있어서 '맥락'의 중요성을 강조하는 데 그 특징이 있는데, 이러한 맥락이 곧 제도를 의미하는 것이다. 보다 구체적으로 제도란 개인 행위에 영향을 미치는 구조적 제약요인(structural constraints)이라는 의미를 지닌다. 그리고 이러한 제도의 영향력 하에서 이루어지는 인간행위는 안정성(stability)과 규칙성(regularity)을 띤다고 본다. 그러나 제도에 대한 이러한 기본적인 인식의 공통점을 제외하면, 각 분파간의 차이점과 이론적 쟁점이 훨씬 많고 다양한 측면에서 전개되고 있다고 할 수 있다. 신제도주의 분파 중에서도 역사적 제도주의는 거시적 맥락에 초점을 맞추는 동시에 역사적 과정을 분석한다는 특징을 지니고 있다. 이들 신제도주의 세 분파들의 이론적 발전과정, 주요주장, 이론적 한계에 대한 보다 자세한 설명은 하연섭(2002)을 참조.

구분된다"고 본다. 제도의 재생산은 결코 자동적인 것이 아니다. 제도가 일단 작동되면 내부에 존재하는 행위자들의 전략과 계산, 그리고 행위자들 간의 상호작용에 강력한 영향을 미치게 된다. 하지만 제도는 또한 지속적인 정치적 대결의 대상이며, 제도의 기반이 되는 정치적 동맹관계가 변화하면 제도가 취하는 형태와 함께 제도가 담당하는 정치적·사회적 기능에 변화가 일어나게 된다. 따라서 제도 발전의 경합적 속성과, 그 과정에서 제도의 형성, 재생산, 변화를 추진하는 정치적 동학을 정교하게 분석할 필요가 있다(Thelen, 2011). 무엇보다 "역사적 제도주의의 핵심개념은 '역사'와 '맥락'이다. 즉 역사적 제도주의에서는 맥락에 대한 적절한 이해 없이 사회현상 혹은 정책을 설명하기란 불가능 하며, 이러한 맥락을 형성하는 것이 다름 아닌 역사"라고 본다(하연섭, 2002: 37). 역사적 제도주의의 가장 큰 특징은 행위와 구조적 맥락의 상호작용(the interplay of meaningful acts and structural contexts)에 초점을 맞춘다는 데 있다. 즉 행위자를 역사의 객체로서 뿐만 아니라, 역사의 주체로서 개념화한다. 이는 곧 역사적 산물로서 제도가 행위를 제약하긴 하지만, 동시에 제도 자체가 의도적 혹은 의도적이지 않은 전략, 갈등, 선택의 산물이라는 것을 뜻한다. 이처럼 역사적 제도주의에 있어서 제도와 행위의 관계는 일방향적·결정론적으로만 개념화되지 않는다. 역사적 제도주의에서 제도는 종속변수인 동시에 독립변수인 것이다. 즉, 역사적으로 형성되는 국가와 사회의 거시적인 제도적 구조가 개인과 집단의 이해와 능력을 형성하고 제약할 뿐만 아니라, 개인과 집단의 선택과 행위에 의해 제도가 또한 변화하게 된다는 것이다. 이에 따라 씰렌은 지배적인 제도의 논리에 순응하여 행위자들의 전략이 결정된다는 '고착'(lock in)을 강조하는 경로의존 이론들과 견해를 달리한다. 그녀에 의하면 "제도는 일단 자리를 잡으면 실제로 다양한 집단의 이해관계와 가능한 전략적 선택에 영향을 미친다. 하지만 일부 결정론적인 논법과는 달리, 제도는 여전히 계속 진행되는 정치적 대결의 대상으로 남아있고, 시간이 흐르면서 제도가 취하고 있는 형태와 제도의 정치적·사회적 기능이 크게 변화하는 것을 이해하려면 제도가 의존하고 있는 정치적 동맹의 변화라는 열쇠를 이해"해야 한다(Thelen, 2011). 이러한 측면에서 중국 노동정책 및 제도의 변천 과정을 분석할 때 각 행위자들의 전략적 선택과 저항, 적응의 과정에 보다 주목할 필요가 있다. 왜냐하면 "제도는 단순히 긍정적 피드백만을 발생시키는 것이 아니고, 불만을 만들어내며 그리고 불만을 갖고 있지만 회유되지 않는 행위자들이 제도변화에 대한 압력의 중요한 원천이기 때문"이다(Thelen, 2011: 469). 따라서 좀 더 광범위한 정치적·경제적·사회적 환경의 변화와 각 행위자들의 이해관계 변화에 따라 제도가 점진적으로 발전해 나가는 양식과 메커니즘을 분석하는 것이 중요하며, 또 어떠한 제도가 안정적으로 재생산되고 어떤 것은 변화하게 되는지, 그 이유는 무엇인지 등을 좀 더 정교하게 해명할 수 있는 '제도의 진화'에 대한 방법론적 시각을 적극적으로 분석에 도입할 필요가 있다고 생각된다. 이하에서는 이러한 방법론적 시각을 통해 중국 노동시장 및 노동정책의 특성, 그리고 중국 노동자 계급의식의 변화에 따른 노동자 저항의 정치를 간략하게 검토해 보고자 한다.

## 3. 중국 노동시장의 특성과 비공식경제 고용문제

### 1) 이원적 노동력 관리방식과 분절적 노동시장의 형성

기존의 많은 연구에서 지적되듯이 중국의 고용체제는 지속적으로 두 종류의 노동자가 병존하는 '쌍궤제'(双轨制, dual track system)라는 이원적 고용체제를 유지해 왔다(백승욱, 2013; 장영석, 2009; 장윤미, 2013). 백승욱에 의하면 사회주의 시기부터 개혁개방 초기까지의 쌍궤제는 '단위체제'(单位体制)[10]라고 부르는 특징을 띠었고, 단위 내의 고정공(주로 국유부문)과 단위 외부의 고용이 차별화되는 특성이 고착화되었다. 이후의 개혁개방은 단위체제가 지니는 종신고용과 안정적 고용에 대한 부담을 단위 외부로 전가하는 방식의 전환을 추진했지만, 이러한 고용체제의 전환은 다시 도시 호구 여부에 따라 도시노동자와 농민공을 가르는 이원적 고용체제를 강화하는 방향으로 이어졌다. 그러다가 농민공과 관련된 사회문제가 심화되고, 도시-농민 이원적 고용체제에 대한 불만의 목소리가 커지면서 이에 대한 정책적 대응으로 2008년부터 <노동계약법>을 시행해 농민공을 포함한 모든 노동자의 고용을 법률적 제도의 틀 속으로 통합함으로써 적어도 법률상으로는 이러한 불평등 구조를 해소하려는 노력이 있어왔다. 하지만 2008년 세계 경제위기의 여파로 인한 기업

---

10) 단위체제는 비단 노동력의 관리뿐만 아니라 노동자들의 주거와 교육, 일상생활에서의 노동력 재생산 등을 비교적 안정적으로 보장하려는 일종의 복지 시스템이었다. 개혁개방 이전까지 이러한 단위체제는 노동자들에게 일자리의 보장과 생활상의 안정을 보전해주는 중요한 기능을 하였다. 그러나 개혁개방 이후 이러한 단위체제가 해체되기 시작하면서, 중국은 도-농 간의 지역 불평등 및 노-노 간의 양극화, 그리고 사회적 불평등이 심화되기 시작했다(백승욱, 2008).

의 인력수요 감소와 <노동계약법>에 대한 기업들의 대응 전략으로 또 다른 형태의 불안정 노동이라고 할 수 있는 파견노동이 급증하고 있는 상황이다(백승욱, 2013:178-180).[11] 이에 백승욱은 파견노동자의 대부분이 농민공으로 충원되고 있는 현실을 지적하면서 농민공이 단일한 노동시장의 틀로 통합되는 것이 아니라, 오히려 '포스트-농민공'적 고용 이원체제로 다시 편입되는 것은 아닌지 우려한다. 이처럼 파견노동 시장이 확대되고 파견업체들이 급증하면서 기업들의 파견노동 남용과 파견노동자의 권익이 침해되는 등의 문제가 사회적 이슈로 부각되기 시작했다. 그리고 이에 대한 정부의 대책으로 전국인민대표대회 상무위원회는 2012년 12월 28일 <노동계약법>의 파견노동 관련 규정을 개정해서 2013년 7월부터 시행하고 있으며, 이에 호응하여 인력자원과사회보장부는 2013년 8월 7일 파견노동을 한층 더 규범화하기 위해 <노무파견 약간규정>을 제정하여 그 전문을 공개했다.[12] 이러한 정책적 조치들이 현실에서 어떠한 영향력을 발휘할 것인지, 그리고 이를 바탕으로 파견노동 문제를 어떻게 해결해 나갈 것인지가 중국 노동관계의 핵심쟁점 가운데 하나로 부각되고 있다.

한편 개혁 이후 중국의 노동시장은 도시와 농촌 간의 이원적 분할

---

11) '중화전국총공회'가 발표한 통계자료에 따르면, 2010년 말 현재 파견노동자 수는 6,000만 명이고, 이는 중국 전체 노동자의 20%에 해당하는 규모로 2008년 <노동계약법> 시행 3년 만에 무려 4,000만 명이 증가했다(황경진, 2013).

12) 2013년 7월에 시행된 파견노동에 관한 <노동계약법> 개정안은 파견업체 설립 기준의 강화, 동일노동 동일임금 기준의 명확화, 노무파견 가능 직무(임시성, 보조성, 대체성 직무)에 대한 관련규정의 명확화, 파견업체에 대한 법률적 책임의 강화를 핵심내용으로 한다(백승욱, 2013; 황경진, 2013a). 그리고 인력자원과사회보장부의 <노무파견 약간규정>은 파견노동의 적용범위, 노동계약의 체결 및 이행, 노동계약의 해지 및 종료, 지역간 원거리 파견노동, 감독관리, 법률책임, 부칙 등 총 8장 44개 조문으로 구성되어있다(황경진, 2013b).

구조가 유지되는 가운데, 국유기업과 비국유기업에 대한 이중적 정책으로 인해 분절적 형태의 노동시장이 고착화되었다. 즉 시장화 개혁이라는 전체적인 흐름에서 노동력 관리 방식도 점차 시장기제에 따라 배치되게 되는데, 이러한 개혁방식이 모든 부문의 기업과 노동자들에게 일괄적으로 적용된 것이 아니라 국유부문은 '계획'방식을 비국유부문은 '시장'방식을 적용하는 이중적 형태로 진행되었다. 이에 따라 중국의 노동시장은 전통적인 도농 이원적 구조와 더불어 부문별, 지역별, 소유제별로 차이가 나는 도시 내부의 분절적 구조를 형성하게 된다. 그러나 1992년 '사회주의 시장경제체제'의 확립 이후, 국영기업에서 소유와 경영을 분리하는 현대기업제도가 시행되고 동시에 민영경제가 급속도로 발전하게 되면서 국영기업도 구조조정이 불가피해지게 되었다. 이로 인해 그동안 단위체제에서 종신고용과 안정적 고용제도를 보장받았던 국유기업 노동자들의 대규모 하강(下崗) 및 실업이 발생했다.[13] 이에 따라 중국 노동정책의 가장 중심적인 이슈로 국유기업 하강 및 실업 노동자의 재취업 문제가 부각된다. 그리고 이러한 과정에서 이 문제를 해결하기 위한 방법으로 파견노동, 시간제근로, 임시직, 일용직, 계절직 등 각종 유연한 형태의 불안정 노동과 비공식경제(非正規经济, informal economy)로의 취업이 국가정책에 의해 장려되었다. 특히 이들 퇴출 노동자들의 재취업 문제가 지방 정치지도자에 대한 중요한 정치적 업적으로 평가

---

13) 국유기업에서 퇴출된 노동자들은 완전한 실업이 아닌 해당 기업과의 노동관계를 유지하고 기본생활비를 지급받는 하강(下崗)이라는 과도기적 지위를 3년간 부여받았다. 그러나 2001년부터 하강과 실업의 궤도가 통합되면서 하강 역시 완전한 실업상태로 전락하게 되었으며, 상대적으로 고용안정을 보장받았던 국유기업 노동자 역시 유연한 노동시장에 직면하게 되었다(장윤미, 2005:332-333).

되었기 때문에 비공식경제와 비정규직으로의 취업이 더욱 적극적으로 추진되었다. 1999년의 한 조사에서는 하강 노동자의 92.8%가 비정규직으로 진입했고, 6.8%의 노동자만 기한이 고정된 안정적인 노동계약을 맺은 것으로 나타났다(장윤미, 2005). 이처럼 이원적 노동력 관리방식과 분절적 노동시장의 형성을 특징으로 하는 중국 노동정책과 시장화 개혁의 진전에 따라 절대 다수의 도시 실직자들과 농민공들은 국가의 통제와 시장논리의 이중구조 속에서 점점 더 불안정 노동과 비공식경제로 흡수되어갔다.

## 2) 중국 '비공식경제' 문제와 관련쟁점

장호준에 의하면 개혁개방 이후 중국에서 '비공식부문/경제' 개념이 학계와 사회에서 주목을 받게 된 계기는 1996년 상하이시 정부가 국유기업 하강 노동자들을 대상으로 재취업사업을 실시하면서부터이다.[14] 이 사업은 '상하이모델'로 잘 알려져 있으며, 상하이시 재취업공정영도소조가 1996년 국제노동기구(ILO)의 비공식부문에 대한 정책적 권고를 수용하여 그 해 9월 하강 노동자를 대상으로 비공식부문취업 장려정책으로 실시한 것이다. ILO는 1999년까지 "저비용을 통한 고용창출"이라는 목적으로 제3세계 국가들에게 비공식부문을 지속적으로 장려하고 발전시킬 것을 권고하였는데, 이러한 정책노선이 바로 '상하이모델'이라는 형식으로 중국에 수용된 것이다.

---

14) 상하이시 정부는 1996년 9월부터 '상하이모델'로 불리는 재취업 사업을 통해 2001년 9월까지 5년 동안 약 1만1천개의 비공식취업노동조직을 설립하였고, 약 15만 5천명의 국유기업 하강노동자들이 이 사업을 통해 재취업했으며, 2005년 말에는 약 36만 명의 실업노동자가 약 3만4천 개의 조직에 재취업하게 되었다(장호준, 2011).

그러나 ILO는 1999년 제87차 회의에서 기존의 입장으로부터 선회하여 비공식부문에서의 노동권 보호와 작업환경 개선, 그리고 '좋은 일자리'(Decent Work) 창출을 최우선 목표로 천명했다. 또한 '공식' 부문에서의 열악한 노동환경 및 불안정한 고용형태에도 주목하게 되면서 "경제행위의 공간적 분리와 구조적 분화"를 전제하고 있는 비공식부문(informal sector)이라는 용어를 폐기하고, 비공식경제(informal economy)라는 개념으로 대체했다.15) 이에 따라 비공식경제에 관한 중국 학계의 관심도 더욱 높아졌고, 이에 대한 시각 역시 다변화되었다.16) 특히 후안강(胡鞍钢)을 필두로 하는 일군의 학자들은 비공식부문/경제에 대한 논의를 재취업/고용의 문제를 넘어 1990년대 이후 중국의 사회경제적 변화과정을 설명하는 개념으로 확장하여 사용하기 시작했으며, 이들에 따르면 비공식경제는 개체호 등과 같은 개체경제, 사영경제, 농민공 및 하강노동자 등의 개별 노동주체에 의한 미통계경제로 구성된다(胡鞍钢, 赵黎, 2006). 무엇보다 2000년대 초반부터 비공식경제 담론이 사회정치적으로 승인되어 확대·재생산될 수 있었던 가장 중요한 배경은 이 기간 동안 급속하게 진행된 경제 비공식화 현상이 국가에 의해 기획되고 추동되었다는

---

15) 국제노동기구(ILO)는 '비공식 고용'을 "불법은 아니지만 법적·제도적 틀에 의해 등록·규정되거나 보호받지 못하는, 보수를 받는 모든 일자리를 의미"한다고 폭넓게 정의하고 있다(ILO, 2003, 'Guidelines concerning a statistical definition of informal emploment'). 한편 ILO는 1999년 87차 국제노동회의(International Labour Conference 87th Session)의 사무총장 보고서에서 "남녀노소에 관계없이 모든 사람들이 자유, 평등, 안전, 인권 등의 보편적 조건 하에서 보다 일답고 생산적인 일을 제공하는 것이 ILO의 당면 최우선 목표"라고 주장함으로써 모든 사람들에게 좋은 일자리(decent work)를 보장하는 것이 ILO의 최종목표임을 분명히 했다. 이러한 ILO의 좋은 일자리 개념은 불공평한 세계화에 대한 노동의 대응이 지금까지 적절치 못하다는 비판으로부터 출발하여 지금까지 ILO의 다양한 노력들을 포괄하는 개념으로 제시된 것이다. 즉 고용의 양적 성장에 초점을 맞추는 정책만으로는 노동자대중의 전반적 삶의 질 향상에 도움이 되지 않으며, 노동의 질을 고려하는 국면으로 가야 한다는 문제의식이 담겨있다고 할 수 있다.

16) 중국에서의 비공식경제론에 관한 논의와 그 사회정치적 함의에 대해서는 장호준(2011)을 참조.

사실 때문이다. 이에 대해 솔린저(Solinger)는 "국가의 명령에 의한 경제 비공식화"라고 요약한다. 즉 '국유기업의 지속적인 개혁'과 '사회안정을 위협할 수 있을 정도로 심각한 수준으로 증가하는 도시실업 문제의 해소'라는 이중과제를 동시에 해결해야 했던 중국정부로서는 사회복지 문제에 대해서 책임을 져야할 필요가 없는 비공식부문/경제의 성장을 방임 또는 지원하는 것이 상당히 효율적이고 매력적인 대안으로 인식되었다는 것이다(Solinger, 2002: 장호준, 2011:136에서 재인용).

한편 중국 노동시장의 이원적 구조라는 시각에서 비공식경제 고용의 확산을 분석하고 있는 황쫑즈(黃宗智)의 논의는 중국 노동시장의 이원적 고용구조가 훨씬 더 심원한 역사적 기원을 가지고 있으며, 그 규모와 차별성이 갈수록 심각해지고 있다는 것을 잘 보여준다. 그에 의하면 오늘날 중국 절대다수의 노동인민이 전통적 의미의 산업노동자도 아니고 농민도 아닌, '반공반농'(半工半農)의 가정 혹은 농한기에는 공장에서 노동을 하고 농번기에는 농사를 짓는(亦工亦農) 농촌 호적을 가진 노동인민이다. 그리고 이들 대부분이 노동법률 보호의 범위 외부에 존재하며, 임시성의 '노무(勞務)'인원으로 간주됨으로써 노무관계에 처해있지 결코 노동(勞動)관계의 범주에 속하지 않는다. 이들 '비공식경제'에 고용된 노동인민과 중산계급을 포함한 공식경제 고용인원은 권리와 생활조건의 측면에서 두 개의 서로 다른 세계로 구분된다. 그에 의하면 오늘날 중산계급을 포함하여 노동법의 보호를 받는 '공식경제'에 속하는 인원은 총 취업인구에서 단지 16.8%에 불과하며, 반면 노동법의 보호를 받지 않는 반공반농의 '비공식경제'에 속한 노동인민은 83.2%에 달한다.[17]

<표 1> 1980년~2010년 전국 공식 및 비공식경제 취업인원수와 비율(단위: 만 명)[18]

| 년도 | 총취업<br>인원수 | 공식경제 +<br>집체취업<br>인원수 | 공식경제와<br>집체경제<br>취업인원 비율 | 도시<br>비공식경제취<br>업인원수 | 향촌<br>비공식경제<br>취업인원수 | 비공식경제<br>취업인원 비율 |
|---|---|---|---|---|---|---|
| 1978 | 40,152 | 40,152 | 100 % | / | / | / |
| 1990 | 64,749 | 14,057 | 21.7 % | 2,984 | 47,708 | 78.3 % |
| 1995 | 68,065 | 15,291 | 22.5 % | 3,749 | 49,025 | 77.5 % |
| 2000 | 72,085 | 11,584 | 16.1 % | 11,567 | 48,934 | 83.9 % |
| 2005 | 74,647 | 11,225 | 15.0 % | 17,164 | 46,258 | 85.0 % |
| 2010 | 76,105 | 12,765 | 16.8 % | 21,922 | 41,418 | 83.2 % |

자료: 국가통계국(편), <중국통계연감 2011>, 표4-2, 黃宗智, 2013에서 재인용

사실 2008년에 <노동계약법>이 시행되면서 법률적으로는 농민공도 노동자에 포함됨으로써 단일한 노동시장이 형성되었다고 볼 수 있다. 그러나 실제 농민공의 노동계약 체결률은 현저히 낮은 수준에 머물러 있으며, 더구나 대부분이 단기계약의 형태로 이루어지고 있다는 점에서 여전히 이원체제가 유지되고 있다고 할 수 있다. 특히 <노동계약법>이 시행된 이듬해인 2009년을 기준으로 농민공 중 노

17) 황쭝즈는 중국 '비공식경제' 취업인구를 도시의 미등록고용인원(주로 농민공으로 보모, 파출부, 경비, 식당종업원, 배달직 등의 임시성 직원), 소규모 사영기업 및 소자영업, 그리고 향촌의 향진기업과 사영기업 및 자영업에 종사하는 인원으로 정의한다. 한편 '공식경제'의 범주에는 정식 등록된 법인신분을 갖춘 국유단위(50%이상을 차지)와 집체단위, 주식합작단위, 연합경영단위, 유한책임회사, 주식유한회사, 홍콩, 마카오, 대만 및 외국계 투자단위가 포함된다(黃宗智, 2013). 그리고 여기서의 '반공반농' 가정이 의미하는 것은 오늘날 2억6천에 달하는 농민공이 존재하는 현실에서 절대다수의 농촌가구 가족구성원 중에 1명 이상의 농민공이 포함되어 있기에, 반은 공업 반은 농업인 가정을 지칭하는 것으로 '반(半)프롤레타리아화'된 가정이라고 말할 수 있다. 역공역농(亦工亦農)은 문자 그대로 노동자 겸 농민을 의미하는 것으로 농한기에는 공장에서 임시직 혹은 계절직으로 노동을 하고 농번기에는 농사를 짓는 농촌호적 노동인민을 지칭한다. 이러한 개념정의에서 알 수 있듯이 황쭝즈는 중국내외의 다른 연구자들에 비해 비공식경제 범위를 상당히 넓게 규정하고 있음에 주의할 필요가 있다. 다만 비공식경제 고용문제의 심각성과 그 함의를 드러낸다는 측면에서 참고할 필요가 있다.

18) 2005년과 비교해서 2010년의 비공식경제 인원이 감소했는데, 이는 최근 몇 년간 국유기업을 비롯한 대기업의 확충 및 비공식경제고용인원에 대한 장기계약 체결비율의 증가로 인한 것이다. 한편 이러한 현상의 원인을 2004년부터 발생하고 있는 노동력 부족현상(민공황, 民工慌)에서 찾고 있는 논의들도 존재한다(孟捷, 李怡乐, 2013).

동계약을 체결하지 않은 비중이 63%나 되며, 노동계약을 체결한 농민공 중에서도 장기계약은 15%에 불과하고 임시계약이 22%를 차지한다. 또한 농민공들이 재계약을 맺을 때 파견고용 형태로 전환될 가능성이 매우 높다는 점에서도 중국 노동시장의 이원화가 더욱 강화될 가능성을 무시할 수 없다(백승욱, 2013:199-200).

이들 비공식경제의 취업성원과 정규직원과의 사회보장 수준의 차별은 매우 극명하다. 특히 농민공의 입장에서 보면 농촌의 합작의료 보험 수준이 너무 낮아 그 효용성이 상대적으로 제한적이고, 여전히 도시주민의 수준에 이르지 못하고 있다. 게다가 자녀 의무교육에 대한 권리와 마찬가지로 기본적으로 호적 소재지에서만 그 효력이 있으며, 직장 소재지에서는 실질적인 혜택을 받을 수 없거나 상당히 제한적이다. 당연히 비공식경제 고용신분은 국가 법규정의 '노동관계'라는 범주에 속하지 못한다는 것을 의미하기에 노동법률의 보호도 받을 수 없다.[19] 전반적인 제도에서 분명한 것은 서로 다른 두 개 등급의 경제와 사회로 구분된다는 것이다. 따라서 황쫑즈는 오늘날 중국사회의 주요 차별은 이미 더 이상 공업과 농업, 비농업직업과 농업으로 단순하지 않으며, 심지어 도시와 농촌간의 차별로도 단순화되지 않는다고 본다. 오히려 주요차별은 법적신분과 복리조건을 가지고 있는 '도시의 공식경제 성원'과 이것을 갖추지 못한 '도시 및 농촌 비공식경제 성원' 간의 차별이라고 강조한다(黃宗智, 2013).

---

19) 1995년에 반포된 노동법은 법적으로 규정된 '노동관계'의 함의에 대해 매우 명확하게 규정하고 있다. 즉 정규적인 '노동관계'는 '법인신분'을 갖춘 고용단위와 그 정식 직공 간의 관계로 확정되었다. 특히 법인신분을 갖춘 고용단위를 정규기업 이외에도 '국가기관'(国家机关), '사업단위'(事業單位) 및 '사회단체'(社会团体)의 직공도 포함한다고 설명하고 있다. 이처럼 '노동법'은 단지 이들 법정(法定)단위의 '노동관계'에만 적용되는 것으로, 현실적으로 정규 '법인신분'을 갖지 않은 고용단위와 그 직원 간의 관계에는 적용되지 않는 것으로 여겨졌다. 또한 임시공 및 특정 프로젝트의 노무를 위해 고용된 노동자들에게도 적용되지 않았다(黃宗智, 2013).

분명한 것은 오늘날의 노동법규는 이미 혁명전통 중의 '노동인민' 혹은 '공농(工農)계급'의 대다수를 그 외부로 배제하고 있다는 사실이고, 실질적으로 이미 특권적 신분과 자본가 계층의 기득권을 유지하고 보호하기 위한 법규가 되었으며, 혁명전통 중의 노동입법과는 매우 달라졌다는 것이다. 특히 공식 노조 및 법률의 보호를 받을 수 없는 비공식경제 고용의 문제는 노동운동의 전망과 관련해서도 중요한 의미를 가진다. 즉 자신들의 요구를 합법적으로 제시하고 협상할 수 있는 법적수단을 갖추지 못한 파편화된 노동자들의 권리보호 운동이 점점 더 폭동에 의한 단체교섭(Collective Bargaining by Riot), 혹은 공식노조의 참여 없는 파업(wildcat strike)의 형태로 표출되고 있는 것이다. 그리고 이러한 현상 자체가 민주적인 노조개혁 및 노동법제도의 제도혁신에 대한 시급성을 드러내 준다고 할 수 있다.


## 4. 중국 노동자 계급의식의 변화와 신세대 농민공

### 1) 중국 노동자 계급의식의 변화

주지하듯이 1990년대 중반 이후 중국으로의 자본 및 투자집중과 노동 상품화의 가속화로 인해 중국에서 노동분쟁 및 노동소요가 꾸준히 발생하고 있다.[20] 특히 2010년 중국 팍스콘 노동자 연쇄 투신

---

20) 특히 세계금융위기 이후 중국 각지에서 노동자들의 시위가 급증했다. 중국 최고인민법원에 따르면 2008년 민사법원은 28만 건의 노사분규 안건을 접수했는데, 이는 전년도 대비 93.93% 상승한 수치였다. 2009년 상반기에는 17만 건을 접수, 동기대비 30%이상 증가했다. 노사갈등으로 인한 '군체성사건(群體性事件)'은 2009년 더욱 격화되고 폭력적인 형식을 띠게 되었고 노

자살과 혼다자동차 파업에서 나타났듯이 '세계의 공장'으로 불리는 중국에서 지난 30년 동안 중국 경제성장의 기적을 만들어 냈던 온순하고 근면한 노동자들이 최근 들어 파업, 투신자살, 폭동 등 극단적인 방법으로 자신들의 요구를 제기하고 있는데, 노동분쟁의 주요 쟁점은 주로 임금인상과 연장근로 축소 등 근로조건과 복지처우에 관련된 것이며, 고용관계의 불안정성, 국유기업 노동자 해고에 따른 보상금 문제 등이 중요하게 제기되었다.[21] 이 두 파업 사건은 그 형식의 급진성이나 중국 전역에서 연쇄적 파업효과를 일으켰다는 것 뿐만 아니라, 노사분쟁을 처리하는 중국 노동정책의 한계를 드러내었다는 점에서 무엇보다 큰 의미를 가진다. 즉 개혁개방 이후 중국 당−국가에서 구축한 개별 노동자 중심의 법적 틀은 이미 집단적 형태로 표출되는 노사분쟁을 해소하는데 실패했음이 분명하게 드러난 것이다.[22] 중국에서 개별적 권리를 보호하기 위한 법제도로서 <노동쟁의조정중재법>과 <노동계약법>이 2008년에 시행되었지만, 이들 법이 공포된 이후에도 집단분쟁은 사라지지 않았고 파업이 계속 확산되었다. 특히 혼다자동차 파업사건은 개별적 권리 중심의 법적

---

사갈등은 이미 중국사회의 주요한 모순으로 등장했다. 2010년에는 18만 건의 군체성사건이 발생했는데, 이는 10년 전보다 3배 이상 증가된 수치이다. 또한 2009년 한 해 동안 8만 건, 2010년에는 10만 건의 파업이 발생했다(장윤미, 2012a: 85). 한편 중국노공통신(中国劳工通讯, China labor bulletin)이 최근 발표한 내용에 따르면, 2014년 1분기에 전년대비 31% 증가한 202건의 파업 및 단체행동이 발생했다.

21) 황경진에 의하면 최근 중국에서 발생하고 있는 노동자 파업은 네 가지 '집중'이라는 특징을 보이고 있다. 첫째, 지역집중으로 주로 주강삼각주 지역에 집중되고 있다. 둘째 기업유형 집중으로 주로 외자기업이나 홍콩, 대만계 기업에 집중되어 있다. 셋째, 계층집중으로 주로 신세대 농민공에 집중되어 있다. 넷째, 요구집중으로 절반이상이 임금인상을 요구하고 있고 나머지는 열악한 작업환경, 장시간 노동시간, 기업 구조조정 등으로 발생하고 있다(황경진, 2012: 69).

22) 개혁개방 이후 중국의 노동규제 제도는 최저임금, 사회보험, 시간외수당, 해고 보상 등에 대한 노동자 개인의 권리에 중점을 두는 개별권 중심의 제도이며, 노동자들의 단체교섭, 조직화, 파업에 대한 집단적 권리는 주목받지 못했다(Chen, 2007).

틀과 집단이익 중심의 노사분쟁 사이의 괴리를 단적으로 보여주고 있는데, 혼다자동차의 노동자들이 파업 과정에서 제시한 800위안 임금인상이나 민주적인 노조개혁 등의 요구사항은 모두 집단이익에 기반한 것이었다(정선욱, 황경진, 2013). 그리고 이러한 집단이익에 기초한 집단행동이 노동자들의 연대의식과 집단적 정체성을 더욱 고취시키고 있다.

얼핏 보면 이처럼 중국에서 점증하고 있는 노동소요는 저임금을 향한 자본의 초이동성과 생산조직 및 노동과정의 '포스트 포드주의적' 전환으로 인해 이른바 '노동의 종말' 혹은 '노동운동의 위기'가 도래했다는 주장들에 대해 '자본이 가는 곳에 갈등이 따라 간다'라는 테제를 중심으로 반박하고 있는 실버(Beverly J. Silver)의 논의에 더욱 힘을 실어주는 것처럼 보인다(Silver, 2005). 실버의 핵심 주장은 저렴하고 규율 잡힌 저임금 노동이라는 신기루를 찾아 전 세계를 떠돌던 대량생산 자본은 결국 새로운 장소에서도 전투적 노동운동을 계속 재창출한다는 것이다. 이들의 예상대로 최근 산업화와 프롤레타리아트화가 급속히 진행되고 있는 중국에서 강력한 노동운동이 출현하고 있다는 것은 분명한 사실이다. 다시 말해 현재 중국에서는 일정하게 노동의 허구적 상품화와 사회의 자기방어 운동이라는 이중적 운동에 관계되는 폴라니식 노동소요(특히 국유기업 및 도시 노동자 계급의 고용안정을 지칭하던 '철밥통'(铁饭碗)과 '단위체제'(单位体制)라는 사회보장 체제의 해체에 대한 저항)와 수익성의 위기를 해결하고자 하는 역사적 자본주의의 재정립(공간·기술·조직·제품·금융적 재정립)들이 새로운 노동계급(특히 신세대농민공)을 형성하고 강화시킴에 따라 맑스식 노동소요가 동시에 발생하고 있다. 그리고 이러한 측면에서 중국의 시장화에 따른 노동력의 상품화, 사회복지의 사회화, 고용관계의 변화에 따른 고용불안정 문제 등이 노동분쟁의 주요원인이 되고 있다(孟捷, 李怡乐, 2013).

그러나 중국이 세계적 현상으로서의 '노동위기'를 넘어서서 지구적 노동운동의 새로운 진원지가 될 것인가 하는 문제는 훨씬 더 다층적이고 역사적인 맥락에서 분석해야 할 '열린 과제'라고 할 수 있다. 무엇보다 중국은 사회주의 혁명으로 국가를 성립한 이후 진행된 약 30년간의 사회주의 시기와 78년 개혁개방 이후 사회주의적 시장경제를 표방하고 자본주의 세계체제에 재편입한 35년의 시기가 중첩되어 있다. 이 과정에서 역사적으로 축적되어 고착화된 노동체제의 특성과 '국가(당)-자본-노동조직(공회)-기층노동자' 등 각 행위자들의 경합에 의한 노동정치의 전개과정을 보다 면밀히 살펴볼 필요가 있다. 더욱이 신자유주의적 노동체제의 일반적 특징인 노동계층 내부의 분화(정규직/비정규직 등) 이외에도 중국 특유의 국가통제 시스템 및 지방정부와 기업의 유착, 노동시장의 분절적 구조, 그리고 노동자 세대 간의 교체로 인한 생활세계의 차이는 중국 노동운동에 대한 전망을 더욱 복잡하게 만들고 있다. 무엇보다 노동법제의 실행과 노동자 권리의식 및 집단의식의 형성은 밀접한 상관관계를 가지는데 비록 중국의 법률제도가 노동자의 개별적 노동권리 보호에 노력을 기울이고 있지만 중국정부는 아래로부터 위로의 운동, 그리고 공식적인 공회체제 이외의 노동자 집단의식과 단체행동에 대해 기본적으로 경각심을 가지고 있다. 단적으로 2008년에 발효된 <노동쟁의조정중재법>은 노동자들의 집단행위를 저지하기 위해 강압적 조취를 취하는 동시에 조정수단을 활용함으로써, 사회적 저항을 억압하는 기제로도 이용되는 측면이 있다(Kinglun Ngok, 2012). 그러나 앞선 파업사태에서 드러났듯이 기존의 노사관계 시스템으로는 노동자들의 높아진 권리요구 및 평등에 대한 기대를 제어할 수 없다는 것이 점점 분명해지고 있다. 따라서 집단행동 과정 중에 배양된 중국 노동자의 단결의식과 조직능력은 계속해서 성장할 것이고, 특히 신세대 농민공의 집단의식에 대한 자각은 독립적인 노동자 조직의 발전을 촉진시키고 있으며, 공회와 정부의 노동제도 개혁에도 계속해서 압박을 가할 것으로 보인다.

## 2) 신세대 농민공의 생활세계와 집단적 조직화의 특성

특히 팍스콘 및 혼다자동차 파업 등 중국내 주요 노동분쟁을 주도하고 있는 주체들이 바로 신세대 농민공이기에 이들의 기본현황과 특징, 그리고 강한 집단의식과 단체 행동력의 배경 등을 파악하는 것이 무엇보다 중요하다. 우선 <표 2>에서 볼 수 있듯이 농민공의 전체규모는 2012년 현재 대략 2억6천만 명 정도인 것으로 파악된다. 그리고 이중에 '농업에 종사하지 않고 농촌도 떠난'(离土离乡) '외출 농민공'은 약 1억6천만 명으로 이들이 도시지역 비공식경제 취업의 절대적 비율을 점하고 있다. 또한 '농업을 그만두었지만 농촌을 떠나지는 않은'(离土不离乡) '본지농민공'은 약 1억 명으로, 이들의 절대다수가 향촌의 '향진기업'과 '사영기업'에 취업하고 있다.[23]

---

23) 2006년의 <중국농민공문제연구총보고>에 의하면 농민공 가운데 30.3%(0.364억 명)가 제조업 부문에 종사하고 있고, 22.9%(0.275억 명)가 건축업에 종사하는 것으로 나타났다. 이밖에 약 0.56억 명이 '3차 산업'에 취업하고 있는데, 그중 10.4%(0.125억)가 보모, 청소부, 환경미화차량운행, 경비, 이발사, 택배 및 배달 등의 사회서비스업에 종사하고 있으며, 6.7%(0.08억)는 숙

|  | 2008년 | 2009년 | 2010년 | 2011년 | 2012년 |
|---|---|---|---|---|---|
| 전체농민공 수 | 22,542 | 22,978 | 24,223 | 25,278 | 26,261 |
| 1. 외출 농민공 | 14,041 | 14,533 | 15,335 | 15,863 | 16,336 |
| (1) 단신 외출농민공 | 11,182 | 11,567 | 12,264 | 12,584 | 12,961 |
| (2) 가족동반 외출농민공 | 2,859 | 2,966 | 3,071 | 3,279 | 3,375 |
| 2. 본지 농민공 | 8,501 | 8,445 | 8,888 | 9,415 | 9,925 |

자료: 중국국가통계국, &lt;2012年全国农民工监测调查报告&gt;

중국내에서 만이 아니라, 국내외의 많은 학자들이 이미 농민공 신분의 이중성, 주변성, 모순성에 대해 주목한 연구를 진행한 바 있는데, 도시에서 노동하는 농민공은 시민 혹은 공민 신분을 갖춘 존재로 간주되지 않기에 제도적으로 기본적 권익을 보장받지 못한다. 비정규 취업에 따른 불안정한 일자리와 낮은 임금 및 높은 노동강도에 처해 있으며, 사회보장의 제한성과 불평등도 심각한 수준이다. 농민공 사회보장에서 나타나는 주요 문제는 이미 기본적인 법제의 정비를 통해 농민공에 대한 사회보험의 적용을 명확히 하였음에도 불구하고, 보험가입률이 현저히 낮고, 보장수준이 높지 않으며, 산재와 의료보험이 심각하게 결핍되어 있다는 점이다. 게다가 실업보험이 거의 없고, 양로보험은 동일직장 근무년한 제한(15년)으로 인해 가입의 문턱이 높아 혜택을 받기가 쉽지 않다. 또한 농민공은 기본적으로 도시에서의 사회생활과 정치과정에서 배제되어 있으며, 노동조합을 통한 이익 추구 역시 제한되어 있다. 그리고 도시 주택 계획에서도 배제되어 있기 때문에 그들의 주거양식은 주로 도시 내외부에

---

박 및 요식업 종업원, 그리고 4.6%(0.005억)는 소상점, 영세상인, 백화점 진열대 판매원 등과 같은 도매 및 판매업에 종사하고 있다(黃宗智, 2013).

집단 거주촌을 형성하거나 공장 기숙사 혹은 공사현장 가건물의 형태로 되어 있다(劉爱玉, 2013).

<표 3> 농민공의 지역별 사회보장 가입현황(2009년)

| | 양로보험 | 산재보험 | 의료보험 | 실업보험 | 출산보험 |
|---|---|---|---|---|---|
| 전국 | 7.6% | 21.8% | 12.2% | 3.9% | 2.3% |
| 동부 | 8.8% | 24.6% | 13.9% | 4.6% | 2.8% |
| 중부 | 5.2% | 14.3% | 8.6% | 2.6% | 1.4% |
| 서부 | 4.2% | 15.7% | 7.4% | 2.0% | 1.0% |

자료: 중국국가통계국, <2009년 농민공모니터링조사보고>; 김병철, 2010에서 재인용

한편 2010년 노동자 파업이 확산되기 전까지만 해도 중국 농민공들은 일반적으로 집단적 저항의식과 권리의식이 매우 낮은 것으로 인식되었으며, 실제로 2006년 광동 중산대학에서 실시한 조사에 의하면 사회제도가 자신들의 합법적인 권익을 보장할 수 없는 상황에서 대부분의 농민공은 저항이 아니라 해당 지역을 떠나는 쪽을 선택해왔다(王侃, 2010). 이러한 측면에서 일부 연구자들은 농민공을 '계급실어증'에 빠진 존재로 분석하기도 했으며(Pun & Lu, 2010), 농민이기도 하고 노동자이기도 한 농민공의 '유동적 정체성'이 오히려 중국 사회의 안정성을 창출하는 구조적 기능을 담지 한다고 보는 시각도 존재했다. 그러나 2000년대에 접어들면서 농민공의 세대구성이 전환되기 시작하고, '신세대농민공'들이 점차 농민공의 주요 구성부분이자 노동운동의 주체로 자리매김하면서 이들의 새로운 특성에 주목한 연구들과 정책마련이 시급히 요구되고 있다. 기존 연구들을 토대로 신세대농민공들의 주요 특징을 개괄하면 다음과 같다. 첫째, 대부분 농사의 경험이 없기에 귀향정책을 통해 농촌으로 되돌아

가기 어려운 집단으로 도시에 정착해서 생활을 영위하고자 한다. 둘째, 이전 세대들에 비해 학력수준과 직업훈련 수준이 높고 인터넷 공간에서의 의사소통이 자유로우며, 인터넷을 통해 입수한 정보와 지식을 기반으로 노동자 권리의식이 높은 편이다. 셋째, 급속한 경제성장과 가족계획 시기에 성장했기에 물질적으로 비교적 풍부한 생활을 경험했고, 따라서 소비에 대한 욕구와 발전에 대한 기대가 높다. 넷째, 이전 세대에 비해 노동자로서의 자의식이 강하다(황경진, 2010a; 김병철, 2010).

<표 4> 연령대별 농민공 구성비율

| 연령 | 16~25세 | 26~30세 | 31~40세 | 41~50세 | 51세 이상 |
|------|---------|---------|---------|---------|-----------|
| 비율 | 41.6% | 20.0% | 22.3% | 11.9% | 4.2% |

자료: 중국국가통계국, <2009년 농민공모니터링조사보고>; 황경진, 2010에서 재인용

이처럼 이전 세대에 비해 상대적으로 교육수준이 높고 권리의식도 강한 신세대농민공이 최근 중국 노동시장 및 노사관계 그리고 노동분쟁의 중심이슈로 부상하면서, 이들의 강한 집단의식과 단체 행동의 배경에 주목한 연구들도 많이 나오고 있다.[24] 특히 이와 관련해서 2014년 12월 6일에 중국 청화대학교 사회학과에서 발표한 <신세대 농민공의 조직화 추세>(新生代农民工的组织化趋势)라는 연구

---

[24] 특히 왕건화(汪建华)와 맹천(孟泉)은 신세대농민공들의 항쟁모델 분석을 통해, 부라보이(M. Burawoy)의 '생산정치'(the polotics of production)개념을 비판적으로 보완하고 이를 '생활정치'라는 개념과 결합하여 '생산체제' 그 자체의 규제와 작용 이외에 신세대 농민공의 독특한 생활경험과 사회적 특징이 서로 다른 생산체제에 대한 체험을 재구조화한다는 것을 보여준다. 특히 신세대 농민공들의 성장배경, 소비방식, 거주형태, 교육수준, 사회적 관계망, 정보기술 사용능력, 발전에 대한 기대가 각각의 공장체제적 특성과 결합했을 때, 서로 다른 연대와 동원방식을 주조해낸다는 것을 잘 보여준다(汪建华, 孟泉, 2013).

보고서를 주목할 필요가 있다.25) 이 보고서는 주로 공회, 노동 NGO, 비공식집단(非正式群体)이라는 세 가지 측면에서 신세대 농민공 집단의 조직화 추세에 대해 분석하고 있는데, 이들의 보고서에 의하면 현재 중국에서 진행되고 있는 '농민공 생산체제' 하에서 농민공은 단지 세계공장의 염가 노동력으로만 존재할 뿐, 도시와 기업에서 안정적이고 장기적인 발전전망을 찾기 어려운 상황이다. 또한 이들은 보고서를 통해 이미 최근 몇 년간 신세대 농민공의 집단적 조직화 추세가 출현했으며, 이러한 추세는 과거와 비교해서 다음과 같은 중요한 변화를 보인다고 지적한다. 첫째, 농민공의 조직화에 대한 요구가 점점 강화되고 있다. 특히 기업공회의 민주적 선거와 독립적 활동을 쟁취하는 것이 점점 더 농민공 집단행동의 주요한 요구조건이 되고 있다. 둘째, 현재 신세대 농민공 조직화의 경로에 변화가 발생하고 있는 중이다. 즉 농민공들은 더 이상 이전처럼 지연이나 친족관계로부터 도움을 받는 것에 만족하지 않으며, 오히려 직업네트워크가 이들 생활에서 점점 더 중요한 위치를 차지하고 있다. 또한 이들은 더 이상 비공식적인 조직으로부터 자원을 얻기 위해 호소하는 것에 머무르지 않고, 노동 NGO를 찾아가 도움을 요청하거나 혹은 민주적인 공회의 건설을 직접적으로 요구하기 시작했다. 셋째, 농민공 요구의 변화와 집단적 저항행동의 증가는 기업공회와 노동 NGO 등 공식적인 조직의 변화를 추동하고 있다. 실제로 일부 기업

---

25) 이 프로젝트는 중국청소년발전기금회의 지원으로 시행되었으며, 청화대학 사회학과 주임교수인 심원(沈原) 교수의 주도하에 여러 신진 학자들이 대거 참여하였다. 모든 분석은 연구 구성원들의 지역조사를 통해 이루어졌으며, 노동NGO, 공회, 그리고 공장내외 비공식단체들과의 장기적인 교류를 통해 이루어졌다. 조사지역은 주로 심천(深圳), 광주(广州), 북경(北京), 대련(大连), 정주(郑州) 등 주강 삼각주 지역으로 집중되었으며, 인터뷰와 좌담회 등 다양한 형식을 통해 자료들을 수집했다. 인터뷰는 지방공회 간부와 기업공회 간부, 그리고 보통 농민공 등 다양한 인원을 대상으로 진행되었다.

공회들은 민주적인 선거제도의 시행을 이미 시작했으며, 노동자를 대표해서 자본 측과의 단체협상을 진행하고 있다.26) 또한 일부 노동 NGO 조직들은 노동자들의 변화된 특성에 기초해서 자신들의 활동 역할을 능동적으로 조정하기 시작했다. 즉 활동의 중심을 기존의 산업재해 권리보호나 지역사회 서비스로부터 농민공의 집단적 권리보호의 추동, 농민공 연대의식의 배양 등의 방면으로 전환하고 있다. 넷째, 농민공 중에서 적극적인 활동가와 노동NGO, 변호사, 학자, 대학생 등의 사회적 역량들 사이에 초계급적인 연대 네트워크가 현재 초보적이나마 형성되고 있는 중이며, 더욱 광범위한 영역에서 노동자 권리보호를 위한 항쟁이 추진되고 있다. 이들은 결론에서 신세대 농민공들의 집단화 추세를 돌이킬 수 없는 사실로 인정하고, 농민공들의 변화와 요구를 존중하는 것만이 노동자 권리를 보호하고 노사충돌을 예방하는 유일한 길이라고 말한다. 또한 그렇게 해야만 현재 정부가 추진하고 있는 '신형도시화계획'27)을 순조롭게 추동할 수 있고, 사회의 장기적인 발전과 안정을 실현할 수 있을 것이라고 제안

---

26) 물론 신세대 농민공들의 저항 및 조직화 추세에 따른 노사관계의 변화가 모든 지역에서 동일한 방식으로 전개되고 있는 것은 아니다. 따라서 지역별로 전개되고 있는 변화의 동학을 좀 더 면밀하게 분석할 필요도 제기되고 있다. 특히 이러한 측면에서 임금단체협상제도를 중심으로 광동성과 저장성의 노사관계 해결모델을 비교하고 있는 장윤미의 논문은 중요한 의미가 있다고 할 수 있다. 그녀에 의하면 광동지역은 단체협상의 압력수단으로 집단행동을 이용하는 '소요에 의한 단체협상'(collective bargaining by riot)이라고 할 수 있고, 반면 저장지역의 경우는 현지 자본과 기업형태, 노동자 정체성의 낮은 의식, 정부의 주도적 역할 등의 요인으로 정부가 사전에 단체협상을 이끌면서 안정적인 노동시장을 조성하는 '정부에 의한 단체협상'(collective bargaining by state)에 가깝다고 할 수 있다(장윤미, 2014: 43).

27) 2010년에 공표된 <12차 5개년 계획>에서 제시된 '신형도시화' 전략을 말한다. 이 전략의 구체적인 목표는 연해도시-내륙도시간 제휴와 '대·중·소도시'간 제휴를 강화하기 위한 '인프라 일체화 건설' 계획, 그리고 도시화율의 제고와 농촌인구의 도시로의 이동을 촉진하는 것으로 제시되었다. 중국 공산당 중앙위원회와 국무원은 이러한 '신형도시화계획'의 의의에 대해서 "거시적·전략적·기초적 계획"이라고 규정함과 동시에 "농업, 농촌, 농민문제를 해결하는 경로"이자 "지역의 협조 발전을 지탱하는 강력한 힘"이며, 나아가 "내수를 확대하고 산업의 고도화를 촉진하기 위한 중요한 실마리"라고 강조한다.

한다(沈原, 郑广怀, 周潇, 孟泉, 汪建华 等, 2014).

물론 신세대 농민공들의 조직화 과정에서 드러난 한계들도 결코 적지 않다. 특히 지역적 차원에서 보면 기업공회와 노동 NGO들의 긍정적 변화는 주로 연해지역, 특히 주강삼각 지역에만 집중되어있다. 또한 규모의 측면에서도 기업공회와 노동NGO의 활동범위가 아직 매우 제한적인 상황이다. 그리고 농민공의 조직화에 대한 의식이라는 측면에서 보면, 아직도 많은 수의 농민공들이 기업공회나 노동 NGO에 대해 여전히 실용적이고 도구적인 태도를 견지하고 있다. 특히 가장 중요한 것은 농민공의 조직화 추세가 직면한 제도적 환경에 여전히 큰 변화가 없다는 것이고, 권력기구들은 여전히 기층공회와 노동NGO들을 그들의 엄격한 통제 하에 두려고 시도하고 있다는 것이다. 그러나 '남아 있을 수 없는 도시'와 '돌아갈 수 없는 농촌' 사이에서 진퇴양난에 처한 신세대 농민공들이 노동과정의 소외, 전제적 관리방식, 도시 지역커뮤니티에서의 배제, 그리고 차별적인 이등시민 신분에 대해 어떠한 '저항의 정치'를 만들어갈 것인지, 그리고 이에 대한 정부 당국의 정책변화는 어떠한 양상을 보일 것인지가 중국 노동정치의 동학을 이해하는데 있어 더욱 중요한 요소가 되리라는 것은 분명해 보인다.


## 5. 결론

주지하듯이 개혁개방 이후 중국의 경제발전 모델은 '외국인 직접투자(FDI) 유치 및 수출주도형 경제발전'으로 특징지을 수 있는데,

이러한 발전전략에 따라 중국의 경제체제는 심각한 대외 의존적인 형태를 갖게 되었으며, 이러한 경제구조를 유지하기 위한 노동정책, 즉 이원적 노동력 관리방식과 분절적 노동시장의 형성으로 인해 다양한 형태의 노동문제들이 발생하고 있다. 특히 기존에 많이 논의되었던 도-농간의 지역격차 이외에도 비공식경제 부문의 확산에 따른 노동시장의 분절화 및 다층화, 그리고 노동자 세대전환에 따른 문화적 충돌 및 노동운동의 도전 등이 향후 중국 발전모델의 전환을 추동하고 있다. 한편 극심한 양극화가 날로 격해지는 계층 모순과 충돌을 야기하고 있으며, 이것이 통치 합법성의 위기로까지 이어질 수 있다는 위기감과 기존의 고투자, 고수출, 저소비라는 성장모델이 글로벌 경제위기로 서구 소비시장이 대폭 위축된 상황에서 더 이상 지속되기 어렵다는 것을 당국가도 인식하고 있으며, 이에 따른 정책 변화를 강구하고 있다. 예컨대 농촌에 대한 투자 증가와 소득재분배 정책, 그리고 사회보장시스템의 개선이 꾸준히 진행되고 있으며, 각 지역의 최저임금도 지속적으로 상승하고 있는 추세이다.[28] 또한 중국경제의 지속적인 성장을 위해 고부가가치 산업으로의 산업구조 전환, 신형도시화 전략, 내수 소비시장의 활성화 등 경제구조의 전환을 추진하고 있다. 특히 이러한 경제구조의 전환을 실현가능하게 하기 위해 '농민공의 시민화' 정책과 임금인상 시스템의 완비, 임금 단체 협상제도의 확대 등 다양한 정책과 제도적 조치들을 시행하고 있다.

---

28) 중국은 각 지역마다 최저임금기준이 상이한데, 2011년 한 해 동안 북경, 천진, 산시 등 24개 지역에서 최저임금기준을 평균 22% 인상했다(황경진, 2012: 68). 이처럼 중국은 지역별로 최저임금 기준을 비롯한 경제구조, 생산체제, 사회적 갈등의 해결방식 등이 큰 차이가 있기에 중국 노동문제에 대한 연구를 진행할 때 이에 대한 보다 세밀한 분석이 요구된다.

무엇보다 이제까지 살펴보았던 것처럼 중국의 국가적 노동정책은 일관적인 방식으로 이어져온 것이 아니었으며, 다른 행위자들과의 관계 속에서 늘 전략적 선택을 강요받았다고 할 수 있다. 또한 개혁개방 이후 시장화가 진전됨에 따라 새로운 행위자로 등장한 '자본가계급'도 노동정책 및 노동제도의 변화에 큰 영향을 미치고 있다. 한편 중국에서 유일한 공식노동조합인 중화전국총공회(이하 전총) 및 그 산하 지역공회는 그동안 당-국가에 종속된 준(準)국가조직으로서 단순히 당과 노동자의 연결이라는 역할만을 수행하는 '전달벨트'(transmission belt) 혹은 '매개'(intermediation)로서 인식되어 큰 중요성을 갖지 못하는 것으로 무시되어 왔다. 그러나 역사적 맥락에서 보면 중국의 노조 역시 당-국가의 통제에 따라 일관적인 역할을 수행해 온 것이 아니라, 국가와 경영자와의 관계, 그리고 기층 노동자와의 관계 속에서 저항, 협조, 순응 등의 다양한 행위양식을 통해 변화 발전해 왔다고 할 수 있다. 그리고 노동자들의 저항도 정부의 노동정책 기조의 변화와 법제도의 발전을 지속적으로 추동하고 있다. 실제로 1993~1994년 파업은 노동법의 출범을, 2004~2005년 파업은 2007년 노동계약법의 입법절차 개시를, 그리고 2010년의 파업은 2012년 파견노동자에 관한 노동계약법의 개정을 촉진했다. 이처럼 노동자들의 저항은 정부의 노동정책 기조를 변화시켜왔고, 이에 따라 최근 노동에 대한 중국 정부의 정책도 기존의 배제나 억압적 정책에서 '법제도의 정비를 통한 조화로운 노동관계의 수립'이라는 방향으로 전개되고 있다.

　특히 중국 노동체제의 전망과 관련해서 지난 2015년 3월 중국공산당 중앙위원회와 국무원이 발표한 <조화로운 노동관계 수립에 관

한 의견>(关于构建和谐劳动关系的意见, 이하<의견>)이라는 문건을 주목할 필요가 있다.29) <의견>은 노동보장에 관한 법률과 법규의 완비, 법에 근거한 기업 고용의식 강화, 법에 근거한 직공 권리보호 능력의 제고, 노동보장에 관한 법집행 감독과 노동분쟁 조정의 강화, 노동관계 모순의 법에 근거한 처리 등 노동관계의 수립·운영·감독·조정의 전체 과정을 법제화의 궤도에 올려놓을 것을 명확히 제시한다. 또한 노동고용을 더욱 규범화하고, 직공 임금의 합리적 인상, 노동조건의 지속적인 개선, 직공 안전건강의 실질적 보장, 사회보험의 전면적 적용, 인간에 대한 존중과 배려(人文关怀)의 강화, 노동관계의 모순에 대한 유효한 예방과 화해를 실현함으로써 질서와 규율이 있고, 공정하고 합리적이며 상호이익을 실현할 수 있는 조화롭고 안정적인 노동관계를 수립할 것을 핵심목표로 상정하고 있다. 무엇보다 조화로운 노동관계 수립의 법적보장을 강화하기 위해 노동법과 노동계약법, 노동분쟁조정중재법, 사회보험법, 직업병예방치료법 등 일련의 법규와 규정, 정책들을 보완할 필요가 있음을 강조한다. 또한 기본적 노동표준의 규범화, 단체협상과 단체협약의 전면적 실시, 기업임금의 표준화와 실질적 보장, 노동보장 감찰제도의 실시, 기업민주관리의 실현, 노동관계의 조정을 위한 '3자 기제'의 수립 등 제도적·정책적 개선을 통해 점진적으로 노동보장법률법규의 체계를 완비해 나가고자 한다. 특히 여기서 노동관계조정을 위한

---

29) 중공중앙과 국무원은 이 문건에서 "중국 특색의 조화로운 노동관계를 수립하려는 노력은 사회관리(통치)를 강화하고 혁신하는 것이며, 민생을 보장하고 개선하는 중요한 내용이다. 또한 사회주의 '조화사회' 건설의 중요한 기초이며, 지속적이고 건강한 경제발전의 중요한 담보이고, 당의 집정 기초를 증강하는 것이며, 당의 집정 지위를 공고히 하는 필연적 요구"라고 강조한다. 이 문건의 전문을 번역하여 본 저서에 함께 실었다.

'3자 기제'란 인력자원사회보장부, 공회(노동조합), 기업연합회와 공상연합회 등의 기업대표조직으로 구성된 '노동관계조정3자위원회'를 의미하며, '3자 기제'의 기능과 역할을 완전하게 하고, 그 시행제도를 완비하여 정부, 공회 그리고 기업대표조직이 노동관계와 관련된 중대한 문제들을 공동으로 연구하고 해결하는데 충분한 역량을 발휘할 수 있도록 제도적 틀을 마련하고자 한다. 그리고 지역별, 업종별 공회연합회와 현(시, 구), 향진(가도), 촌(사구), 공업단지의 공회조직 건설을 보다 심도 깊게 추진하며, 산업공회조직(산업별노조) 체계를 완비하려는 계획도 가지고 있다. 특히 기층공회 주석의 민주적 출현 기제를 보완하고, 기층공회 간부의 사회화 방법을 모색하며, 기층공회 간부의 합법적 권익보호 제도를 완비하고자 한다. 또한 현(縣)급 이상의 정부와 동급 총공회의 연석회의 제도를 수립함으로써 공회가 조화로운 노동관계의 건설에 더욱 적극적으로 참여할 수 있도록 지원하는 정책을 고민하고 있다.

이처럼 역동적으로 전개되고 있는 중국 노동정치의 흐름 속에서 신세대 농민공을 주축으로 한 노동자들의 집단행동과 '조화로운 노동관계의 수립'이라는 정부정책이 어떻게 구체화되어 전개될 것인지가 향후 중국의 지속가능한 발전 및 '조화로운 노동체제' 형성의 관건이라고 할 수 있다. 이러한 측면에서도 앞으로 '국가(당)−자본−노동조직(공회 및 NGO)−기층노동자'들의 경합과 저항, 적응에 의해 중국 노동정책과 제도가 어떻게 변화해 나갈 것인지, 그리고 이에 대한 노동자 저항의 정치는 어떠한 궤적을 그려나갈 것인지에 대한 지속적인 관심과 분석이 요구된다. 특히 이러한 역동적인 중국 노동정책과 노동운동의 변화를 설명하기 위해서는 앞서 제안한 '역사적 제도주의와 제도의 진화'라는 방법론적 시각을 적극적으로 활용하여 분석에 도입할 필요가 있다. 무엇보다 이러한 분석틀을 통해 역사적 과정을 경유하며 형성되었고, 또 여전히 진화의 과정 중에 있는 중국 노동체제의 특성과 노동정치의 동학이 좀 더 세밀하게 분석되어야 할 것이다.

# 참고문헌

## 1. 국내문헌

간유란, 2004, 「중국 노사관계와 노동조합」, 『노동사회』5월호

강진아, 2013, 「역사적 관점에서 본 중국의 개혁개방」, 세교연구소심포지엄

김경환, 이중희, 2011, 「중국 신세대 농민공의 사회경제적 특징」, 『동북아문화 연구』, 제26호

김병철, 2010, 「중국 비정규직 현황: 농민공을 중심으로」, ≪국제노동브리프≫9 월호

김영진, 1998, 『중국의 시장화와 노동정치』, 오름

_____, 2002, 『중국의 도시 노동시장과 사회』, 한울

김인, 2013, 「중국 도농 불평등 구조와 농민공의 변화」, ≪중소연구≫제36권 4호

김인춘, 김학노 외, 2005, 『세계화와 노동개혁』, 백산서당

김재관, 2003, 「중국 노동자 저항운동의 원인과 국가의 대응」, ≪國際地域研究≫ 제12권 제3호

김흥규, 2007, 『중국의 정책결정과 중앙-지방관계』, 폴리테이아

남윤복, 2011, 「중국의 시장화와 노동의 법제화」, 국민대학교 박사학위논문

동아시아브리프편, 2011, 「최근 중국연구 동향」, ≪동아시아브리프≫통권19호

문진영, 김병철, 2012, 「중국 국유기업 개혁의 내용과 그 한계점」, ≪국제노동 브리프≫3월호

배규식, 황경진, 2010, 「2010년 중국 노사관계 변화의 배경, 영향 그리고 전망」, ≪국제노동브리프≫9월호

백승욱, 2001, 『중국의 노동자와 노동정책: '단위체제'의 해체』, 문학과지성사

_____, 2008, 『세계화의 경계에 선 중국』, 창비

_____, 2011, 「중국 지식인은 '중국굴기'를 어떻게 말하는가」, 『황해문화』 가 을호

_____, 2013, 「세계 경제위기와 '노동계약법'의 결합효과로서 중국 파견노

동의 증가」, 《산업노동연구》, 19권 1호
백승욱 편, 2007, 『중국 노동자의 기억의 정치』, 폴리테이아
백원담, 2011, 「G2시대와 다원평등한 세계재편의 향도」, 《황해문화》 여름호
성근제, 2011, 「중국은 어디로 가는가?」, 《역사비평》, 통권 97호
오승렬, 2011, 「중국농민공 '회류' 및 '민공황' 병존현상의 경제적함의」, 《중
    소연구》 35(3)
은종학, 2009, 「중국의 고도성장과 세계경제체제의 진화」, 『중국의 부상: 동
    아시아 및 한중관계의 함의』, 오름
이민자, 2001, 『중국 농민공과 국가-사회관계』, 나남
이정훈, 2011, 「중국의 미래, 중국이라는 미래」, 《역사비평》, 통권 97호
이창휘, 2005, 「중국 노사관계의 현황과 도전-조합주의적 징후들과 그 한계」,
    《국제노동브리핑》Vol. 3, No. 3(8월)
이창휘, 박민희 편, 2013, 『중국을 인터뷰하다』, 창비
장영석, 2002, 「중국 국유기업 개혁과 노동관계 변화」, 《한국사회학》제36집
    3호
_____, 2006, 「'비조직화된 독재'에서 '노동보호정책'으로: 중국 근로계약법
    (초안) 제정의 충격」, 『국제노동브리프』
_____, 2007, 『지구화시대 중국의 노동관계』, 폴리테이아
_____, 2009, 「개혁개방 이후 중국 노동정책의 변화」, 《마르크스주의연구》
    제6권 제3호
_____, 2011, 「난하이혼다 파업과 중국 노동운동에 대한 함의」, 《중소연구》
    제35권 제3호
장윤미, 2004, 「개혁시기 중국의 노조모델: 구조와 역학 변화를 중심으로」, 《
    한국정치학회보》38집 3호
_____, 2005, 「중국 노동시장의 특징과 노동관계의 변화」, 『세계화와 노동개
    혁』, 백산서당
_____, 2007, 「개혁개방에 관한 비교사회주의 연구: 중국과 러시아의 체제
    전환」, 『한국과 국제정치』, 제23권 4호
_____, 2009, 「중국식 민주로 구축되는 신국가권위주의 체제: 비교사회주의
    관점에서 본 중국의 정치체제전환」, 『세계지역연구연총』제27집 1호
_____, 2011, 「중국모델에 대한 담론 연구」, 『현대중국연구』, 13집 1호
_____, 2012a, 「'농민공'에서 '노동자'로: 중국 신노동자의 정체성 형성과
    자각」, 《현대중국연구》제14집 1호
_____, 2012b, 「중국 노동운동의 역사와 유산: 문혁 전홍총 투쟁」, 『동아연

구』, 제31권 1호

_____, 2012c, 「89운동과 독립노조: 베이징 노동자자치연합회를 중심으로」, 『중소연구』, 제36권 2호

_____, 2013, 「정치적 진화 통한 '중국모델 3.0' 가능한가?」, ≪이코노미21≫ 10월호

_____, 2014, 「중국 노동정치의 변화와 임금단체협상제도: 쟁점과 한계」, 『중소연구』, 제38권 2호

장호준, 2011, 「중국의 비공식경제론과 그 사회정치적 함의」, ≪국제지역연구≫ 20권 3호

전성흥, 2008, 「중국모델의 등장과 의미」, 전성흥 편, 『중국모델론: 개혁과 발전의 비교역사적 탐구』, 부키

정규식, 2014, 「중국 '비공식경제' 고용의 폭발적 확산과 노동운동의 도전」, 2014년 춘계비판사회학회 발표문

정근식, 씨에리종 편, 2013, 『한국과 중국의 사회변동 비교연구』, 나남

정선욱, 2011, 「중국 팍스콘 고용관행 보고서 분석: 노동법 준수, 인간적 대우, 기업의 사회적 책임 요구」, ≪국제노동브리프≫ 2월호

정선욱, 황경진, 2013, 「중국 파업에 대한 최근 논의 분석 및 파업사례 연구」, ≪산업관계연구≫ 제23권 4호

조윤영, 정종필, 2012, 「중국 호구제도 개혁의 한계: 외자기업부문 농민공 집단저항을 중심으로」, ≪동서연구≫ 제24권 4호

조희연, 2012, 「개혁개방 이후 중국 당－국가 체제의 위기와 '중국 특색의 민주주의'」, ≪민주사회와 정책연구≫ 통권 21호

차문석, 2001, 『반노동의 유토피아』, 박종철출판사

하연섭, 2011, 『제도분석 이론과 쟁점』, 다산출판사

하현수, 2010, 「중국의 노동쟁의 현황 및 처리제도에 관한 연구」, 『仲裁硏究』 제20권 제3호

황경진, 2010a, 「중국 팍스콘 노동자 연쇄 투신자살과 혼다자동차 파업의 경과 및 주요쟁점」, ≪국제노동브리프≫ 8월호

_____, 2010b, 「중국 신세대농민공의 기본현황과 특징」, ≪국제노동브리프≫ 12월호

_____, 2013a, 「중국 파견노동 고용제도: '노동계약법' 개정 내용을 중심으로」, ≪국제노동브리프≫ 1월호

_____, 2013b, 「중국 '파견노동 약간규정'(의견수렴안): 입법배경 및 주요내용을 중심으로」, ≪국제노동브리프≫ 12월호

_____, 2014, 「중국의 최근 노동정책 변화와 그 영향」, ≪국제노동브리프≫6
월호

## 2. 국외문헌

郭于华等, 2011 「当代农民工的抗争与中国劳资关系转型」, ≪二十一世纪≫, 总第
124期

劉爱玉, 2013, 「도시화 과정에서의 농민공 '시민화'를 둘러싼 논쟁」, 정근식,
씨에리종 편, 2013, 『한국과 중국의 사회변동 비교연구』, 나남

孟捷, 李怡乐, 2013, 「改革以来劳动力商品化和雇佣关系的发展」, ≪开放时代≫,
2013年第5期

布洛维(Burawoy, M), 2011, 「从波兰尼到盲目乐观: 全球劳工研究中的虚假乐观
主义」, 刘建州 译, ≪开放时代≫, 2011年第10期, 英文出处: Burawoy,
M, 2010, "From polanyi to pollyanna: the false optimism of global
labor studies", *Global Labour Journal,* 2010, 1(2): 7

沈原, 郑广怀, 周潇, 孟泉, 汪建华 等, 2014, 「新生代农民工的组织化趋势」, 清
华大学社会学系和中国青少年发展基金会

许辉, 2014, 「从个体维权到集体谈判: 珠三角地区劳工集体行动情势报告(2013-2014)」,
打工时代, 2014-10-29

阳和平, 2012, 「社会主义时期工人阶级和其政党关系的探析」, ≪China Left Review≫,
第五期

楊友仁, 2014, 「社會疏離與勞動體制: 深圳富士康新生代農民工的都市狀態初探」,
≪台灣社會研究季刊≫, 2014年6月, 第九十五期

闻效仪, 2014, 「工会直选: 广东实践的经验与教训」, ≪开放时代≫, 2014年第5期

李民騏, 2010, 『중국의 부상과 자본주의 세계경제의 종말』, 류현 역, 돌베개

李钧鹏, 2014, 「帝利的历史社会科学: 从结构还原论到关系实在论」, ≪社会学研
究≫, 2014年5月

王江松, 2014, 「从自在到自为: 广州番禺胜美达工会选举案列研究」, ≪集体谈判
制度研究≫No.11

汪建华, 孟泉, 2013, 「新生代农民工的集体抗争模式—从生产政治到生活政治」,
≪清华社会学评论≫, 第7辑, 社会科学文献出版社

王侃, 2010, 「중국 노동자의 의식변화와 단체행동: 2010년 자동차 산업의 파
업 및 그 영향력」, ≪국제노동브리프≫9월호

汪晖, 2014,「两种新穷人及其未来——阶级政治的衰落、再形成与新穷人的尊严政治」,≪开放时代≫, 2014年 第6期

全国总工会新生代农民工问题课题组, 2010,「关于新生代农民工问题的研究报告」, 6月

中共中央国务院, 2015,「关于构建和谐劳动关系的意见」, 来源: 人民网－人民日报

中国国务院研究室课题组, 2006,『中国农民工调查报告』, 中国言實出版社

蔡禾, 2010,「从'底线型'利益到'增长型'利益－农民工利益诉求的转变与劳资关系秩序」,≪开放时代≫, 第9期。

蔡昉, 2008,『中国人口与劳动问题报告 No.9』, 社会科学文献出版社

常凯, 2006,「关于劳动合同法立法的几个问题」,『当代法学』, 2006年 第6期

____, 2013,「劳动关系的集体化转型与政府劳工政策的完善」,『中国社会科学』, 第6期

清华社会学系课题组, 2012,「困境与行动－新生代农民工与'农民工生产体制'的碰撞」,≪清华社会学评论≫, 第6辑, 社会科学文献出版社

潘毅, 卢晖临, 2009,「农民工: 未完成的无产阶级化」,≪开放时代≫, 第6期。

潘毅 等, 2011,『富士康辉煌背后的连环跳』, 香港, 商务印书馆

潘毅、吴琼文倩:≪一纸劳动合同的建筑民工梦－2013年建筑工人劳动合同状况调查≫, 载≪南风窗≫, 2014年第3期, 第57页

胡鞍钢, 赵黎, 2006,「我国转型期城镇非正规就业与非正规经济」,≪清华大学学报≫, 21(3)

黄德北, 2008,『當代中國僱傭工人之研究』, 台北: 韋伯文化國際出版有限公司

黄宗智, 2013,「重新认识中国劳动人民」,≪开放时代≫, 2013年 第5期

溝口雄三, 2009,『중국의 충격』, 서광덕 외 역, 소명출판사

Aglietta, M & Guo Bai, 2014, "China's Road map to Harmonious Society", *Policy Brief* No.3, May

Appelbaum, Richard, 2012,「대중화권의 거대 하청업체: 파트너십을 넘어 권력역전을 넘보다」, 홍호펑, 아리기 외, 2012,『중국, 자본주의를 바꾸다』, 미지북스

Arrighi, G, 2012,「장기적인 관점으로 본 중국의 시장경제」, 홍호펑, 아리기 외, 2012,『중국, 자본주의를 바꾸다』, 미지북스

Cai Fang, 2004, "The Aging Trend and Pension Reform in China: Challenges and Option", *China & World Economy*, Vol 12, No 1

Chen, Feng, 2007, "Individual rights and collective rights: labor's predicament in China", *Communist and Post-Communist Studied* 40

Hung, Hofung, 2012, 『중국, 자본주의를 바꾸다』, 하남석 외 역, 미지북스

_____, 2013, "Labor Politics under Three Stages of Chinese Capitalism", *The South Atlantic Quarterly* 112:1, Winter 2013, Duke University Press

Kinglun Ngok, 2012, 「중국노동법의 특징과 노사관계 현안」, 『국제노동브리프』10월호

Lee, ChingKwan, 2007, *Against the Law: Labor Protests in China's Rustbelt and Sunbelt,* Berkeley, CA, University of California Press.

Litzinger, Ralph, 2013, "The Labor Question in China: Apple and Beyond", *The South Atlantic Quarterly* 112:1, Winter 2013, Duke University Press

Luce, S. & Bonacich, E., 2012, 「중국과 미국의 노동운동」, 홍호펑, 아리기 외, 2012, 『중국, 자본주의를 바꾸다』, 미지북스

Naughton, Barry, 2010, 『중국경제: 시장으로의 이행과 성장』, 이정구, 전용복 역, 서울경제경영

Polany, Karl, 2009, 『거대한 전환: 우리 시대의 정치경제적 기원』, 홍기빈 역, 길

Pun, Ngai & Lu, Huilin, 2010, "Unfinished Proletarianization: Self, Anger and Class Action among the Second Generation of Peasant-Workers in Present-Day China" *Modern China,* Vol. 36, No. 5.

Pun, Ngai & Jenny Chan, 2013, "The Spatial Politics of Labor in China: Life, Labor and a New Generation of Migrant Workers", *The South Atlantic Quarterly* 112:1, Winter 2013, Duke University Press

Silver, Beverly J, 2005, 『노동의 힘』, 백승욱 외 역, 그린비

Silver & 张璐, 2012, 「세계 노동 소요의 진원지로 떠오르는 중국」, Hung Hofung,, Arrighi et al. 2012, 『중국, 자본주의를 바꾸다』, 미지북스

So, Alvin Y, 2012, 「중국의 경제기적과 그 궤적」, Hung Hofung, Arrighi et al, 『중국, 자본주의를 바꾸다』, 미지북스

Thelen, Kathleen, 2011, 『제도는 어떻게 진화하는가』, 신원철 역, 모티브북

Tim, Pringle, 2013, "Reflections on Labor in china: From a moment to a Movement", *The South Atlantic Quarterly* 112:1, Winter 2013, Duke University Press

# 대만의 민주주의와 노사관계

천리잉(詹力穎)[1] 번역: 이종구. 김종권

# 1. 서론

1987년 계엄이 공식적으로 폐지되었는데, 이는 사회가 민주화의 시대로 들어서는 분수령으로 인식되었다. 대만에서 30년 동안 시행된 계엄체제는 대만의 노사관계에도 깊은 영향을 주었다. 민주화로 인해 노동조합에 대한 체계적인 억압이 없어지고 따라서 노동조합 활동이 틀림없이 부활할 것이라는 기대에도 불구하고, 불행하게도 현실이 반드시 그런 것은 아니었다. 노동조합을 속박하는 정부입법과 고용주들 사이의 반노동조합주의는 결코 사라지지 않았다. 따라서 노동자들은 여전히 노조 설립과 조합 활동의 참여를 위해 지금도 투쟁하고 있다.

노사관계는 일반적으로 사용자와 피고용자의 관계로 간주된다. 그러나 하이만(Hyman, 1975)은 노사관계란 단지 '피고용자와 사용자' 또는 '피고용자와 정부 입법' 사이의 사회적 관계일 뿐만 아니라, 경제적 그리고 정치경제적 환경과 같은 거시적 측면을 고려해야

---

1) 저자는 현재 핀란드 Tampere 대학교의 사회인문학부 박사 과정에 있으며, 핀란드 노동 및 복지 연구 프로그램(LabourNet)의 박사 과정 학생이다.
http://www.uta.fi/yky/en/doctoralstudies/graduate_schools/labournet/index.html.

만 하는 것이라고 주장한다. 또한 그는 노사관계가 사회적 질서에 대한 과정이기보다는 '노동관계에 대한 통제 과정'이라는 점을 지적했다. 여기에서 노사관계의 불안정성과 안정성은 노사관계 시스템의 성과를 산출하는데 기여한다는 점에서 동일한 효과를 발휘하는 것이다.

이 논문은 대만의 독재에서 민주주의로의 변화 속에서 노사관계에 어떠한 변화가 일어났으며, 노동조합이 여전히 겪고 있는 딜레마가 무엇인지에 대해 조사하는 것을 목적으로 한다. 첫 번째 부분에서, 노사관계에 대한 기존 문헌들을 검토하고, 두 번째 부분에서는 노사관계와 계엄령의 관계를 분석하고, 그리고 세 번째 부분에서는 정부 통계를 제시하며, 마지막으로 간략하게 결론을 제시한다.

## 2. 대만의 정치사회적 배경

대만(중화민국)[2]은 동아시아에 위치해 있으며, 총 35,980 평방킬로미터의 면적에 약 2,340만의 인구를 가지고 있다. 현대사에서 보면, 대만은 50년 동안(1895-1945년) 일본의 식민지였으며, 중국에 반환된 지 얼마 지나지 않아 국민당과 중국공산당 사이에 내전이 발생하였고, 국민당이 패배하자 그 생존자들이 1945년에 대만으로 후퇴하였다. 중국 본토에서의 국공 내전의 교훈을 통해 국민당 정권은 사회 통제의 중요성을 인식하게 되었다. 이에 1949년 5월 계엄령(대

---

2) 대만의 공식 언어는 중국어(Mandarin Chinese)지만, 홀로(대만) 방언, 하카 방언을 포함하여 14개의 공식적으로 인정된 토착 언어들을 공통어(common language)로 사용한다.

만성경비총사령부, 1949)이 선포되고 시행에 들어갔다. 계엄 선포는 대만이 전시에 준하는 비상 상황에 돌입하였음을 의미했다. 또한 계엄령은 대만에서 국민당 권력을 공고화 하는데 핵심적 역할을 하였다.

이 기간 동안, 자본주의와 공산주의 사이의 긴장관계가 전 세계적으로 심화되었다. 특히 한국전쟁은 양 진영 간의 강력한 갈등을 고조시켰다. 미국은 국민당에 군사 원조와 경제 원조를 제공하였고, 동아시아에서 자신들의 영향력을 유지하기 위해 반공 세력을 지지하기 시작했다. 그 결과로서, 국민당 정부는 지도력을 공고히 할 수 있었고, 반공 캠페인3)의 최전선으로서 역할을 하였으며, 이로 인해 대만과 중국 본토 사이에 영토 분리가 이루어지게 되었다. 그러나 미국의 외부 지원은 국민당이 정당성을 획득할 정도로 충분하지는 않았고, 따라서 대만 경제를 발전시키는 일이 국민당에게는 가장 중요한 과제가 되었다. 대만의 경제 개발 경로는 미국의 물자 원조와 정책적 권고를 통해 이루어졌는데, 이는 대만에 막대한 영향을 주었다(文馨瑩,1990). 미국의 경제 계획의 권고 하에, 국민당은 경제를 부흥시키고 해외 투자유치를 위한 친자본주의적 환경을 보장하기 위해 일련의 정책 패키지를 시작하였다.

대만의 경제 개발 모델은 국가 주도 개발 계획으로 잘 알려져 있다(瞿宛文 1989, 2003; Gold, 1986; Amsden, 1985; Pang, 1988; Wade, 1990). 1950년대, 경제 전략이 처음에는 수입-대체를 의미하였다가, 10년 후에는 수출 주도형 성장으로 전환되었다. 이러한 측면에

---

3) 미국 원조의 정치적, 경제적 분석의 더 많은 부분은 아래에서 알 수 있고, 미국의 '전방위 지위'에 있었던 나라는 대만뿐만 아니라 남한, 태국, 월남, 라오스 등도 있었음(Mckinlay& Mughan, 1984:163, from 文馨瑩 1990).

서 산업화의 기본적인 사회적 조건을 확립하는데 기여한 세 가지 중요한 정책을 다음과 같이 정리해 볼 수 있다. 첫째는 수송을 위한 도로와 고속도로, 전기 공급을 위한 발전소, 그리고 소재 공급을 위한 중공업들과 같은 기반시설의 구축이다. 둘째는 자본 축적의 촉진이다. 정부는 '농업에 의한 산업 활성화' 정책을 채택하여 농민들로부터 사들이는 쌀값을 낮추었다. 그러나 농업의 낮은 수익을 고려할 때, 이러한 정책은 저곡가로 인한 노동비용의 감소라는 결과를 낳았고, 상당한 청년 인구들이 농촌지역에서 도시로 이동하여 신흥 산업을 위해 복무하는 프롤레타리아가 되었다. 셋째는 모든 시민에 대한 의무 교육 시스템의 구축이다. 이는 노동자들의 자질을 함양할 목적으로 확립되었다. 이러한 정책은 1950년대에서 1980년대까지 시행되었으며, 대만을 산업화라는 목표로 이끌게 되었다.

경제 개발과 관련하여, 국민당이 채택한 주요 조치는 정부가 직접적으로 대부분의 경제 활동 영역을 주도하고 참여하며, 그리고 다양한 유인책을 도입하여 외국 투자를 유치하는 것과 관련되었다. 먼저, 산업화의 방향을 제시하기 위해 경제건설위원회(Council for Economic Planning and Development)[4]가 설립되었다. 경제건설위원회는 원래 1948년 미국 원조 위원회(Council for United States Aid)로 설립되었다가, 이후 국제경제협력개발위원회(Council for International Economic Cooperation and Development)로 개편되었다. 경제건설위원회는 미국의 원조의 외곽에서 면밀한 공조활동을 벌였으며, 경제 기획과 개발에 관하여 특별한 책임을 부여받았다. 부여받은 경제

---

4) 경제건설위원회는 2014년에 '국가발전위원회'이라는 개명과 더불어 새로운 조직으로 재편되었다.

개발 전략은 수입 대체, 수출 지향적 공정을 거쳐, 이후 반도체 산업으로 이전하였다.

둘째, 투자를 촉진하기 위해 1966년에 최초의 수출자유지역(Export Processing Zone)이 가오슝(高雄)에 조성되었고, 이후 다른 도시로 확대되었다. 수출자유지역 안에서는, 세금 인센티브제도 도입, 수출절차의 간소화, 그리고 값싼 토지와 충분한 노동력에 대한 접근성 보장 등의 몇 가지 중요 정책들이 시행되었다(Petras 1991; 259 劉進慶 1995). 수출자유지역은 젊고, 교육수준이 높고, 높은 자질을 갖추었지만 순종적인 노동력을 농촌지역에서 상당히 흡수하였는데, 특히 젊은 미혼 여성 노동자들을 많이 흡수하였다. 20년 후, 정부 보조 비영리 연구 기관인 공업기술연구원(Industrial Technology Research Institute)이 주도하여, 반도체 산업의 핵심 기술이 도입되었을 뿐 아니라, 이미 1980년에 대만의 하이테크놀로지 산업을 신장시키기 위하여 실리콘밸리의 경험을 이식할 목적으로 신주과학공업원구(Hsinchu Science Park)가 설립되었다. 그 결과로, 세 곳의 과학 기반 산업 단지들이 설립되었다(Hsinchu Science Park).

또한, 국영 기업들도 경제에 상당한 기여를 하였다. 정부가 직접 기업 운영에, 특히 국가 경제에서 중요한 역할을 하는 부문(수도, 전기, 통신, 석유, 제철, 담배 및 주류 제조, 우편, 은행 부문)에 참여하였는데, 일부 산업들은 개방조차 되지 않아 민간자본이 들어갈 수도 없었다. 그 결과, 50년대부터 80년대까지, 비약적 발전에 대한 대만의 접근방식은 값싼 노동력의 사용, 수출 지향 및 외부 지향적 전략의 채택이라는 강력한 국가주도의 성공으로 설명될 수 있다. 월러스틴의 주장처럼, 이는 반주변부적(semi-peripheral)이라고 할 수 있다

(谷浦孝雄, 2003; 陳信行, 2010)⁵⁾. 대만은 하나의 '세계 제조기지'가 되었으며⁶⁾⁷⁾, 이후 대만의 경제는 국제 무역에 의존하게 되었다(谷浦孝雄, 2003). 그 결과, 대만은 한국, 홍콩, 싱가포르와 더불어 '신흥공업국들(NICs)'의 하나로, 혹은 '아시아의 네 마리 호랑이들' 또는 소위 '아시아의 기적'으로 인식되어, 주류 경제학자들에게서 찬사를 받았다.

'신흥공업국들'은 경제 발전에서 성공적일 뿐만 아니라, 몇 가지 주목할 만한 성과를 도출했다. 그것은 상대적으로 낮은 실업률을 유지하고, 실질 임금 수준을 높이고, 사회 불평등을 낮추며, 그리고 절대 빈곤률을 급격히 감소시킨 것 등이었다. '신흥공업국들'의 정부들은 경제 발전에 깊이 관여하고 핵심적 역할을 한 것으로 널리 알려져 있다. 그러나 '신흥공업국'들의 정부들은 또한 노사관계들을 광범위하게 형성한다. 엄격한 정치적 통제는 '신흥공업국들'의 산업화 이전에도 노사관계에 상당한 여파를 미쳤다. 그러므로 노동 운동의 취약성은 아시아 경제 성장의 어두운 그늘로 간주될 수 있다(Deyo, 1989). 마찬가지로, 실바(Silva, 1998) 그리고 벤슨과 주(Benson & Zhu, 2008)⁸⁾의 주장에 의하면, 아시아 국가들의 노사관계는, 그 구

---

5) 윌러스틴(1976)의 근대세계체계 이론에서, 세계 자본주의 체계는 다양한 지역들과 노동조건들 사이의 관계를 결정하는 것은 국제 노동 분업에 기초한다. 그 체계는 세 그룹으로 분리되는데, 여기에는 핵심 국가들(선진 자본주의 국가들), 반주변부 국가들(핵심 국가에 의존하여 발달된 과정에 있는 발전국가들), 그리고 핵심국가들에 고도로 의존하고 있지만, 발전을 경험하고 있는 주변부 국가들(반주변부 국가들과 핵심 국가들 보다 덜 발전된 국가들)이 포함된다.

6) 수출자유지역의 구축은 대만이 국제생산체인에 깊게 착근되어 있음을 알려주는 중요한 사례이다.

7) 수출지향적 경로의 전형적 예는 미국의 심의 하에 있었던 수출자유지역의 구축이다. 가오슝 수출자유지역은 1960년대에 조성되었고, 세계적으로 선봉으로 간주된다. 수출자유지역은 기업들이 '가치 부가적'으로 가공된 원료를 수입하는 노동집약적 산업과 관련한 특수 경제 지역이다. 순종적 노동자들이 국제 무역을 촉진하기 위해 노동하고 있는 것처럼, 또한 경감된 관세와 수출입의 빠른 절차가 수출자유지역에서 적용되었다.

8) 벤슨과 주(Benson & Zhu)는 아시아와 서구의 노동조합을 비교하면서, 아시아의 노동조합이 일

성 방식과는 무관하게, 정부에 의해 상당히 영향을 받는 것으로 알려져 있고, 노사관계 체계에서 국가의 통제와 개입의 영향은 법적 통제 또는 행정적 행위를 통해 가시화된다(Silva 1998).

## 3. 노사관계 그리고 계엄령

이러한 커다란 성과들 뒤에는, 기본적인 노동과 인권의 희생이 있었고, 이는 오랜 기간 사람들의 삶에 광범위하게 영향을 주었다9). 투자자 친화적인 환경을 만들고 '평화적' 노사관계를 보장하기 위하여, 국민당 정부는 1949년에 계엄령을 선포한다. 학자들은 어떻게 정부가 노동조합에 대한 포괄적 통제를 관철시켰는지, 그리고 계엄령이 폐지되기 이전의 사회적 맥락에서 노조들이 직면했던 어려움은 무엇인지에 대해서 기술하고 있다. '지원', '통제' 또는 '파괴'는 계엄령 시행 하에서 국민당 정부가 채택한 지침(guidance)이었다. '지원'이란 정부가 직접 모든 지방에 노동조합을 만들고 지원했다는 것을 의미한다. '통제'란 모든 노동조합이 정부로부터 감시와 감독을 받아야만 했다는 것을 의미한다. 또한, '파괴'는 자주적 노동조합 운동을 억압하는 조치들과 관련되어 있었다(謝國雄, 1997)10). 다시

---

반적으로 대부분의 서구 국가들의 노동조합들 보다 독립성의 수준이 약하다고 결론내리고 있다.

9) 계엄의 시행은 노동관계를 구조지었을 뿐만 아니라, 또한 사람들의 삶에도 오랫동안 영향을 미쳤다. 잘 알려진 사례로, 단하나의 반대자, 특히 좌파와 공산주의자에 집중된 대대적인 숙청을 가리키는 '백색테러 시기(白色恐怖時期)'를 들 수 있다. 공포와 불안의 분위기가 사회에 가득하고, 국민당 정부에 의해 반정부인사 그리고 반대자로 의심이 되는 사람조차 쉽게 수감되거나 사형을 당할 수 있었다. '백색 테러'에 관한 더 많은 역사적 이야기들은 Lan, Bo-Jou의 연구에서 발견할 수 있다(藍博洲, 1991, 1993, 1994, 2001).

10) 謝國雄, 중앙연구원·사회학연구소의 선임 연구원,

말하면, 사용자들은 노동자의 힘이 커지는 것을 막기 위해, 해고나 전출 조치와 같은 다양한 방식으로 지도자들이나 활동가들을 처벌할 수 있었다(何雪影, 1992; 王振寰 & 方孝鼎, 1992; 趙剛, 1996). 슈(徐正光) 역시 비슷한 입장을 갖고 있었는데, 그는 계엄령 아래의 정부의 노조 정책은 '포섭' 또는 '배제' 둘 중 하나였으며, 이는 정치와 자본가들이 '노동에 대한 이중적 지배 체계'가 되는 결과를 초래했다(徐正光, 1987; 1989).

슈(徐正光, 1987)는 더 나아가 국민당 정부가 내세운 정치적, 사회적, 경제적 목적을 정확하게 지적한다. 첫째, 정치적 목적은 노동자의 힘과 계급의식을 약화시키고, 그런 다음 노동자들의 관심을 민주주의 문제(democratic issue)에서 경제적 문제로 돌리는 것, 다시 말해서, 당국이 시도하려고 했던 것은 다른 정치적, 사회적 문제들보다는 오직 개인의 경제적 성취만으로 노동자들의 관심을 돌리는 것이었다. 둘째, 사회적 목적은 노사 갈등이 일어나는 것을 막는 것이었다. '평화적 노사관계'에 근접하기 위해서는, 노동자들이 시위, 파업 등과 같은 단체행동에 참가하는 것을 방지하고, 국민당 외부에 있는 노동 결사체에 참여하는 것을 막는 것이 필수적이었다. 셋째, 경제적 목적은 자본 축적을 극대화하기 위하여 일반 생산성을 증대시키는 한편, 반대로 노동자의 임금 수준을 최소화하는 것이었다. 결과적으로, 그러한 기제(mechanism)는 국민당 정부가 산업 평화를 유지하고, 경제적 성공을 추구하는 데 상당히 도움을 주었다(陳信行, 2010).

---

http://www.ios.sinica.edu.tw/ios/E/fellow/gwoshyongshieh/(Access:2015.3.03).

## 노동 입법들

개인의 노동 조건과 관련해, 노동기준법(Labour Standard Act)은 사용자의 법적 의무를 결정하는 핵심 입법이다. 개인의 노동관계에 관한 입법 외에도, 노동조합법(Labour Union Act)[11], 단체 협약법 (Collective Agreement Act)[12], 그리고 노동쟁의조정법(Act for Settlement of Labour-Management Disputes)[13]은 집단적 노동 관계에 관한 세 가지 입법이다. 실제로, 최소한의 노동 조건을 규제한 최초의 입법은 '공장법(Factory Act)'이었다. 공장법은 1929년에 발표되어 1975년 단 한차례 개정되는데,[14] 그렇지만 실제로 완전하게 시행되지는 못했다. 그리고 이후 이 법은 노동기준법으로 대체되었다. 대만의 급속한 산업화 이후, 많은 대만 제품들이 미국으로 수출되었고, 이는 미국의 노동자들을 위협했다. 따라서 미국의 노조들은 미국 정부를 통해 대만에 압력을 행사했으며, 대만의 노동조건을 개선하기 위한 노동 법안(labour regulation)을 요청하였다(何雪影, 1992;). 비록 노동기준법이 1984년에 제정되고 시행되었으나, 대부분의 노동자들은 그 법안의 존재에 대해 알지 못했다. 따라서 노동기준법의 내용을 언급하면서 자신들의 권리를 주장할 수 있는 노동

---

11) 노동조합법 전문은 다음의 주소에서 이용이 가능하다.
   http://law.moj.gov.tw/Law/LawSearchResult.aspx?p=A&t=A1A2E1F1&k1=%E5%B7%A5%E6%9C%83%E6%B3%95.

12) 단체협약법 전문은 아래 주소에서 이용이 가능하다. :
   http://laws.mol.gov.tw/Eng/FLAW/FLAWDAT01.asp?lsid=FL014923.

13) 노동쟁의조정법 전문은 다음 주소에서 이용이 가능하다. :
   http://law.moj.gov.tw/Law/LawSearchResult.aspx?p=A&t=A1A2E1F1&k1=%E5%8B%9E%E8%B3%87%E7%88%AD%E8%AD%B0%E8%99%95%E7%90%86%E6%B3%95.

14) 공장법 전문은 다음에서 찾아볼 수 있다. :
   http://laws.mol.gov.tw/Chi/FLAW/FLAWDAT0201.asp.(Access:2015.03.01)

자들이 없었기 때문에, 노동 기준이라는 함의는 당시의 노동 조건의 근본적인 개선이라기보다는 단지 상징적인 의미에 불과하였다(何雪影, 1992).

노동기준법은 임금[15], 최대 노동시간, 휴가, 고용보험[16] 그리고 기타 직장 관련 보험과 같은 최소 노동 조건들을 규정한다. 그러나 그 법안은 5명 이상의 노동자를 고용한 직장에만 적용된다는 뚜렷한 단점이 있다. 그 이유들로 인해, 한편으로 전문직 노조 설립의 문이 열리게 되었다. 그 외에도, 세 가지 기본 노동 권리들이 엄격하게 제한되었다. 노조의 설립은 국민당이 지시한 현안(agenda) 하에 있을 때에만 허용되었고.[17] 게다가, 노동쟁의와 파업은 절대적으로 금지되었다(Shih-Wei, 2006). 노동조합법 6조에 따르면, 원칙적으로 30명 이상의 노동자들이 있는 직장이라면 노조가 설립될 수 있다. 더욱이 기업 수준, 지역 수준, 그리고 전국적 수준에서는 단일 노조 정책이 도입되었다. 기업 노조는 단일 공장 또는 단일 기업의 노동자들을 기반으로 설립되었다. 지도자들은 국민당 당원이어야만 했고, 직장의 관리자에 의해 지명되었다. 또한 노조들은 연간 계획, 재정 상황, 구성원과 활동들을 관계 당국에 제출해야 했다. 그 결과, 노조들은 규칙들을 고수해야 했고, 그들이 마치 행정부의 일원인 것처럼 행동해야 했다(徐正光, 1989). 전문직 노조는 동일한 전문 기술을 가진 노동자에 의해 조직이 된다. 전문직 노조의 성원이 되려면,

---

15) '최저 임금'을 노동기준법에서는 공식적으로 '기본급'이라고 한다.
16) 노동자가 고용보험에 가입되어 있다면, 그는 평균 임금의 60퍼센트에 해당하는 실업 급여를 신청할 권리를 가진다.
17) 각 기업의 노조는 의무적으로 지역 노조에 가입해야 했으며, 모든 노조는 중화민국전국총공회의 산하 노조에 소속되었다.

참가자는 일정한 자격 요건, 특히 자영업자, 기업가, 정규 고용주가 없는 피고용인과 같은 지위에 있는 사람이거나 또는 노동자가 5명 미만인 회사에 고용된 피고용인이라는 특정한 자격을 충족시켜야 한다.[18] 확실히, 전문직 노조는 노동자들이 국민보험제도[19]를 이용하려는 하나의 대안으로서 기능한다.

전문직 노조들의 지도력은 주로 소규모 기업 소유주들에 의해 지배된다. 따라서 대만의 전문직 노조들은 근로 조건과 관련한 문제들에는 거의 관여하지 않으며, 주로 보험과 일상 업무를 다룬다. 그러므로 노동자들이 전문직 노조에 가입하는 주된 동기가 산업 관련 보험을 취하기 위해서라는 것은 공통된 현상이다. 많은 학자들이 빈번하게 주장하듯이, 전문직 노조의 기능은 보통 의미의 노조 일반이라기보다는 산업 관련 보험들의 대리인의 역할인 것으로 보인다(彭火明, 2005; 李允傑, 1999; 李耀泰, 2008; 王惠玲, 1997; 衛民, 1996).

한편 노동자들이 서서히 노동기준법의 존재에 대해 깨닫게 되면서, 근로 조건의 개선을 요구하기 시작했다. 노동자들의 불만에 대한 탐구가 1980년대에 나타났다. Chang(張茂桂 1989)의 조사에 따르면, 1980-1987년 사이에는 집단적 노동쟁의가 한 차례도 없었는데 반해, 1987-1988년에는 32건의 분쟁이 일어난 것으로 나타났다. 또한, 전국적으로 백 개 이상의 자주적 노동조합들이 모여 최초의 비정부 노동 조직, 즉 전국자주노공연맹(National Federation

---

18) 노동자들은 직장 관련 보험, 퇴직연금, 산재보상, 그리고 기타 근로 복지를 이용하고, 보험 비용에 대한 보조금을 얻기 위해 전문직 노조에 가입한다. 일례로, 노동자는 직장을 통해 노동보험에 참여하는 동안에 보험료의 20%만을 지불하지만, 반대로 전문직 노조에 가입한다면 보험료의 60%를 지불한다. 그러나 노동보험국을 통해 직접 그 제도에 가입하고 있는 동안에 노동자는 자신이 보험료의 80%를 지불해야 한다.

19) 이는 국민건강보험법이 1995년에 시행되기 전에 건강보험들을 포함하는 데 이용되었다.

of Independent Trade Unions)[20])을 설립하였으며, 이후 노동인권협회(Labor Rights Association))[21], 노동입법행동위원회(Committee for Actions on Labor Legislation), 대만노동전선(Taiwan Labour Front)과 같은 다른 영향력 있는 조직들이 또한 설립되었다. 그러나 운동 과정은 노동자들에게 평탄한 길이 아니었다. 이는 민간 부문과 국가 소유 부문에서 다른 결과로 나타났다. 갖은 노력 끝에 공공부문[22])에서는 노동자들이 많은 직장들에서 자신들의 힘을 되찾는데 성공한 반면, 민간부문에서는 상황이 달랐다. 1980년대 초반 꽤 잘 나가는 듯 보였던 운동에도 불구하고, 노동자들은 곧 자신들이 험난한 상황에 있으며, 그리고 파업을 약화시키려는 정부와 사용자들 모두로부터 심각한 탄압에 직면하였다는 사실을 알아차렸다.

1989년경 가오슝 수출자유지역에 위치한 An-Ciang과 HihCyuanMei (安強、十全美鞋廠), 그리고 Far Eastern Fibertech corporation (遠化罷工) 등 두 곳의 일본인 소유의 신발 공장에서 가장 중요한 파업이 발생하였는데, 파업 기간 동안 노동자들은 경찰로부터 대대적인 진압을 당했다. 그 결과 파업에 참여한 수백 명의 노동자들이 끝내 해고되었으며, 심지어 몇몇 지도자들은 체포되어 수감되었다. 이는 전체 자주노조운동에 커다란 영향을 미쳤다(台灣勞工陣線; 邱毓斌 2011; 何雪影 1992; 趙剛, 1996). 1990년대에는 화이트칼라 노동자들이 자신들의 노동조합을 만들기 시작하였다. 2000년 경, 정부 통제의 독점을 깨뜨리기 위하여 자주노조 연맹들[23)]이 설립되었을 뿐

---

20) http://nafitu.blogspot.kr/p/blog-page.html.(Access:2015.03.06.)

21) http://laborrights.net/.(Access:2015.03.06)

22) 노동자들은 많은 노력 끝에 관계당국들, 특히 국유 산업들이었던 철도, 석유, 통신, 그리고 담배 및 주류 기업들로부터 지도력을 양도받았다. http://laborrights.net/. (Access: 2015.03.06)

23) 더 활동적인 지역노조 연맹들은 타이페이 노동조합총연맹, 가오슝 노동조합총연맹, 타오유안 노동조합총연맹, 신주 노동조합총연맹, 타이난 노동조합총연맹을 포함한다.

만 아니라 자주적 노동운동은 자율적인 전국노동조합인 전국산업총
공회(Taiwan Confederation of Trade Unions)[24]의 설립을 주도하였
다. 노동조합이 더 이상 국민당에 의해 절대적으로 지배되지는 않는
다는 것이 새로운 시대의 표지로 인식되었다(Chen, Ko Jyu-Jer
Roger, & Lawler, 2003; Shih-Wei, 2006).

## 4. 노동조합, 단체협약 및 노동쟁의에 관한 통계

이 장에서는 대만의 노사관계를 구축하는 데 핵심 요소들로서 간
주될 수 있는 근로 조건, 노동조합, 그리고 노동 입법과 관련한 통계
를 포함하여 중요한 정보를 보여줄 것이다. 노조 관련 통계로 들어
가기 전에, 그림 1과 그림2의 경제 성장, 평균 임금 수준, 그리고 단
위 노동 비용에 대해 살펴보기로 하자.

1980년부터 2000년까지 경제 성장이 높은 것처럼 보이지만, 2003년
과 2013년에는 마이너스 성장을 기록하였다. 경제 성장의 둔화에 따
라서, 월 평균 임금(통상 임금)의 상승 또한 둔화된다. 그러나 월 평
균 실질 임금은 다르게 나타났다. 2007년까지는 월 평균 실질 임금
이 확실히 통상 임금보다 훨씬 더 높았지만, 2007년부터 2009년까
지 그 둘 사이의 차이가 매우 좁아진 데 이어, 2010년에는 0이 되었
다. 그 다음 해부터는 월 평균 실질 임금이 통상 임금 보다 더 적은
것으로 전화되었으며, 이러한 경향은 2012에서 2014년 사이 경제가
계속 성장하였음에도 불구하고 바뀌지 않은 것으로 나타났다.

---

24) http://www.tctu.org.tw/front/bin/ptlist.phtml?Category=176367.

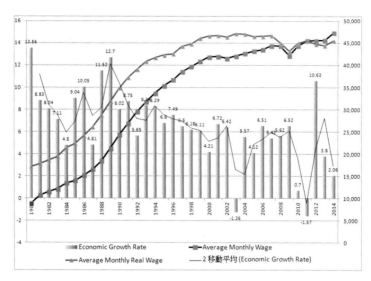

(통화 : NTD) 출처 : 노동부, 2015

그림 1 경제 성장, 월 평균 임금 및 월 평균 실질 임금

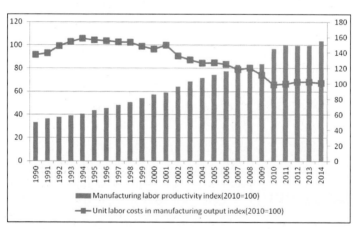

출처 : 노동부, 2015
(오른쪽의 지표는 단위 노동 비용, 그리고 왼쪽은 노동 생산성 지수이다.)

그림 2 제조업 노동 생산성 지수와 단위 노동 비용 지수

그림 2는 1990년부터 2014년까지 제조업 부문의 생산성 지수를 보여준다. 노동 생산성 수치는 계속해서 상승하는데, 이는 단위 노동 비용과는 상반된다. 단위 노동 비용은 2000년과 2001년 사이에 잠깐 다시 늘어났다가, 그 후 2001년에는 현저한 감소를 보였으며, 2010년에는 상대적으로 큰 감소 수준을, 그리고 이후에는 완만한 곡선이 되었다. 단위 노동 비용의 감소는 2009년과 2010년 사이의 마이너스 경제 성장과는 부합하는 것 같지만, 2001년과 2002년 사이의 단위 노동 비용의 감소는 경제가 여전히 6.72%와 6.42%까지 높은 성장을 보이고 있기 때문에 그러한 경우에 해당되지 않았다.

## 1) 노조조직률

그림 3은 2011년 대만과 OECD 국가들의 노조 조직률을 보여주고 있는데[25], 이를 통해 확실히 대만의 노조 조직률이 OECD 국가들보다 비교하면 상대적으로 낮다는 것을 알 수 있다. 아이슬란드가 89.93%로 가장 높은 조직률을 보였고, 그 다음으로 북유럽 국가들, 즉 핀란드, 스웨덴, 덴마크가 뒤를 이었다. OECD 국가들의 평균 조직률은 17.46%이고, 남한은 9.89%, 그리고 대만은 7%이었다.

---

25) 정치적 이유로, 대만은 공식적으로 OECD 구성원은 아니지만, 옵서버 지위로 인정된다.

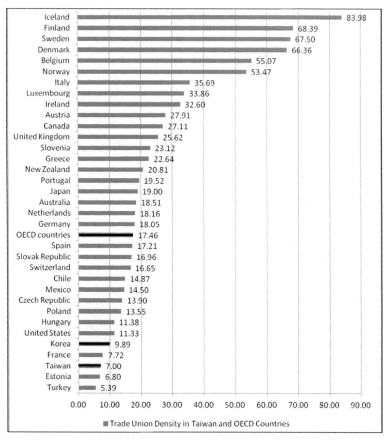

출처 : OECD https://stats.oecd.org/Index.aspx?DataSetCode=UN_DEN; 노동부(Access: 2015/04/08)

그림 3 대만 그리고 OECD 국가의 노동조합 조직률

다음 그림들은 시간의 경과에 따른 노동조합의 변화 경향을 개괄적으로 보여준다. 그림 4와 그림 5는 20년 동안의 노동조합들의 수와 노동조합원 수를 보여준다. 세 가지 유형의 노조가 있는데, 대만에서 가장 지배적인 형태는 전문직 노조이며, 그 다음이 기업노조, 그리고 마지막이 산별 노조이다.

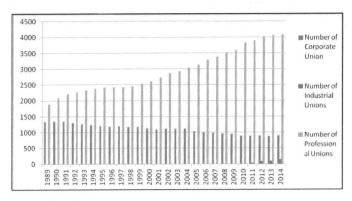

출처 : 노동부, 2015

그림 4 유형별 노동조합의 수

그림 4는 1989년부터 2014년까지의 유형별 노동조합의 수를 보여주는데26), 전문직 노조의 수는 거의 2배로 증가한 것으로 관찰되지만, 기업노조의 수는 감소하였다. 2010년 노동조합법 개정으로 노동자들은 기업별, 전문직별 노조뿐만 아니라 산별 노조를 조직할 수 있게 되었다. 따라서 2011년에 최초의 산별 노조가 설립되었다.

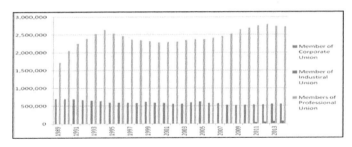

출처 : 노동부, 2015

그림 5 노동조합 회원

---

26) 1989년 이전의 노동조합에 관한 공식통계는 부족하다.

그림 5는 유형 별 노동조합 회원에 대해 보여준다. 전문직 노조의 회원은 1994과 2000년 사이에 줄어들었으나, 이후 다시 증가하였고, 2012년에 정점에 이르렀다. 이와 달리 기업 노조의 회원은 1991년에 감소하기 시작했다가, 1994, 2004, 2005년에는 증가를 보였고, 2010년 이후에는 비슷한 수준을 유지하였다. 산별 노조의 회원은 2011년부터 2014년까지 상승하는 경향을 보여준다.

출처 : 노동부, 2015

그림 6 노조유형별 조직화 비율

기업 노조, 산별 노조 그리고 전문직 노조 사이의 조직화 비율은 상당히 다르다. 평균 조직화 비율이 최대 33.7% 수준에 도달할 수 있다고 보여주는 이 수치들에도 불구하고, 통계를 좀 더 면밀하게 본다면, 고점(high point)은 기업별 노조와 산별 노조들로 인한 것이라기보다는 전문직 노조들로 인한 것이라는 사실을 쉽게 알 수 있다. 그러므로 대만에서 노조 조직률은 전문직 노조, 기업별 노조, 산별 노조들의 평균으로 산출된다는 사실과, 따라서 정부가 발표한 노조 조직률이 30% 수준을 넘어선다는 사실은 주목할 필요가 있다. 그럼에도 불구하고, 위에서 서술했듯이, 노동조합에 관한 일반적 정의에 따라 모든 전문직 노조를 고려하는 것은 문제가 있다. 따라서 만약 전문직 노조들을 제외하고 기업별 노조와 산별 노조들의 조직률만을 고려한다면, 실제 상황에 훨씬 더 가깝고, 따라서 노조 조직률은 7%를 약간 상위하게 된다. 조직화 비율은 1990년 이후로 하락 추세에 있는 것으로 보이지만, 기업 노조들의 조직화 비율은 1990년 31.3%에서 2010년 14.9%로 절반으로 떨어져 그 감소가 상당하다. 보다 더 중요한 것은 2010~2011년 사이에 기업별 노조 조직화율과 산별 노조 조직화율에 커다란 차이가 있다는 것이다. 이는 두 가지 이유 때문인데, 첫째는 정부의 산출방식에 대한 교정이고, 둘째는 노동자들이 산별 노조로 자신들을 조직하는 것이 허락되었고, 따라서 산별 노조들의 조직화율이 2012년부터 포함되기 시작했기 때문이다.

그림 7 산별 노조의 회원들

| Year | Industrial Unions | | Educational Sector | | Manufacturing Sector | |
|---|---|---|---|---|---|---|
| | Total Member | Percentage | Member | Percentage | Member | Percentage |
| 2012 | 51,603 | 100% | 43,633 | 84.56% | 5,972 | 11.57% |
| 2013 | 67,807 | 100% | 57,755 | 85.18% | 4,938 | 7.28% |
| 2014 | 72,781 | 100% | 61,815 | 84.93% | 4,933 | 6.78% |

출처 : 교육부, 2015

산별 노조의 다수는 교육 부문의 피고용인들인데, 특히 초등, 중등, 고등학교의 교사들, 그리고 대학교의 피고용인들이다. 교사들과 교수들이 기업 노조가 아닌 산별 노조에 자신들을 조직한 이유를 묻는 것이 흥미로울 수도 있다. 왜냐하면 산별 노조가 가장 익숙한 조직 방식인 것은 아니기 때문이다. 사실, 교사들이 세 가지 기본 노동권, 즉 단결권, 단체교섭권, 단체행동권을 계속해서 요구한 이후로, 결국 개정된 노동조합법이 2010년 5월에 의회에서 통과되었다. 조직, 교섭 그리고 분쟁에 관한 권리 등 세 가지 기본적인 노동 권리를 요청한 이후, 개정된 노동조합법이 2010년 5월 국회에서 통과되었다. 개정된 법으로 인해 교사들이 노동조합을 조직하는 것이 가능해졌지만, 기업별 노조가 아닌 산별 노조로만 제한되었고, 게다가 파업의 권리는 여전히 박탈되었다.

## 2) 단체협약

한편 단체협약은 단체협약법 내에서 이루어져야 한다. 단체협약이 대만의 노동 시장에서 중요한 역할을 하지 않았다는 것은 의심의 여지가 없다. 노조 조직률이 낮고 노동조합의 힘이 충분치 못하여 나타난 결과였다. 다음 그림은 단체협약과 노사협의회(labour-management meetings)의 상반된 총수(amount)를 보여준다. 이는 노사협의회가 단체협약의 공백을 채워 줄 하나의 대안으로서 간주될 수 있음을 의미한다. 단체협약의 총수는 2001년 최고조를 기록한 이후, 2006년 급격히 감소하였다. 그러나 이러한 감소는 정부가 갱신되지 않은 단체협약을 공제하고 다시 산출한 계산으로부터 나온 결과이다27). 비

---

27) 노동 위원회(지금의 노동부)는 약 88%의 단체협약이 시효가 만료되었다는 것을 지적하고 있다.

판가들은 많은 단체협약들이 노동기준법에서 가져온 근로조건에 관한 내용들보다 효과적이지 않다고 주장하면서 그 현상을 설명한다. 따라서 피고용인과 사용자 모두 교섭을 열 필요성을 발견하지 못한다(黃程貫, 1997).

특히 전문직 노조의 규모와 단체협약에 합의한 총수 사이의 격차는 상당하다. 예를 들어, 2010년에 약 270만 명의 회원을 지닌 3,818개의 전문직 노조가 있었지만, 단 하나의 단체협약만이 타결되었던 반면, 50만 명의 회원을 지닌 889개의 기업 노조들은 43개의 단체협약이 타결되었다. 2011년 이후로는 그 계산에 산별 노조들도 포함되었는데, 분명한 것은, 2014년 산별노조들에 의해 타결된 단체협약이 3건, 기업노조들에서는 106건, 그리고 전문직 노조들에서는 1건이었다는 사실이다.

그림 8 단체협약 그리고 노사협의회

| Year | Collective Agreement | | | Labor-Management Meeting | | |
|---|---|---|---|---|---|---|
| | Total | Corporate Union | Professional Union | Total | State-owners hip Enterprise | Private-owne rship Enterprise |
| 1991 | 302 | 295 | 7 | 851 | 851 | — |
| 1992 | 306 | 299 | 7 | 914 | 430 | 484 |
| 1993 | 292 | 287 | 5 | 932 | 440 | 492 |
| 1994 | 296 | 290 | 6 | 970 | 473 | 497 |
| 1995 | 287 | 282 | 5 | 980 | 457 | 523 |
| 1996 | 289 | 284 | 5 | 994 | 458 | 536 |
| 1997 | 297 | 293 | 4 | 1,013 | 451 | 562 |
| 1998 | 300 | 296 | 4 | 1,052 | 491 | 561 |
| 1999 | 301 | 297 | 4 | 1,296 | 547 | 749 |
| 2000 | 301 | 297 | 4 | 1,943 | 646 | 1,297 |
| 2001 | 309 | 305 | 4 | 2,617 | 684 | 1,933 |

| 2002 | 283 | 281 | 2 | 2,701 | 630 | 2,071 |
|---|---|---|---|---|---|---|
| 2003 | 206 | 206 | 2 | 2,916 | 552 | 2,364 |
| 2004 | 260 | 241 | 19 | 5,813 | 1,260 | 4,553 |
| 2005 | 255 | 236 | 19 | 6,804 | 1,446 | 5,358 |
| 2006 | 75 | 73*28) | 2 | 7,494 | 429 | 7,065 |
| 2007 | 71 | 69* | 2 | 16,607 | 441 | 16,166 |
| 2008 | 60 | 59* | 1 | 22,115 | 466 | 21,649 |
| 2009 | 43 | 42* | 1 | 24,164 | 492 | 23,672 |
| 2010 | 43 | 42* | 1 | 28,953 | 505 | 28,448 |
| | Industrial Union | Corporate Union | Professional Union | -- | -- | -- |
| 2011 | 3 | 106 | 1 | 34,389 | 531 | 33,858 |
| 2012 | 3 | 101 | 1 | 38,436 | 574 | 37,862 |
| 2013 | 3 | 106 | 1 | 42,660 | 576 | 42,084 |
| 2014 | -- | -- | -- | 48,727 | 607 | 48,120 |

출처 : 노동부(Access: 2015.04.05)

　학자들(彭百崇, 陳正良, 吳愼宜, 徐廣正, & 康長健, 2008)은 단체협약의 낮은 영향력은 근본적인 문제의 징후(sign)로서 표현될 수 있다고 믿고 있다. 그 근본적 문제는 노동조합이 약하고 사용자측의 교섭 거부가 흔한 현상이 되고 있다는 것이다. 비록 단체협약의 체계는 대만에서 영향력이 크지 않을지라도, 노사협의회는 사용자들, 특히 민간 소유 기업들의 사용자들에게서 우호적으로 인식된다. 노동조합 회원과 단체협약 모두에서 보여준 감소의 수치들은 차치하고, 2010년에 노사협의회의 횟수는 1991년보다 34배나 뛰어올랐다. 하지만, 협의회의 성격은 노동자들의 근로 조건을 결정하는 협약을 맺으려는 단체교섭 체계라기보다는 피고용인과 사용자 사이의 소통의 교량으로 기능한다. 2005년 노동위원회(Council of Labor

---

28) 2006년부터 2010년까지의 계산 수치들은 수정되었고, 단체협약의 수도 일반적으로 낮게 나타났다.

Affairs)가 수행한 설문 조사에 따르면, 노사협의회에서 제기된 이슈들은 임금 문제(3%)가 아니라 다른 문제들에 더욱 집중되었는데, 예를 들면, 근로 조건(80%), 피고용인들의 복지(77%), 인적 자원과 관리(59%), 노동 과정 개선(56%), 연말 보너스(57%), 직무 교육과 훈련(47%), 직무관련 기술 개선(44%), 퇴직 연금(43%) 등이었다(行政院勞工委會, 2005).

## 3) 노동쟁의

노동쟁의는 '권리에 관한 쟁의'와 '이익에 관한 쟁의'로 분류할 수 있다. '권리에 관한 쟁의'는 근로 계약, 입법 또는 단체협약에 근거한 노동 쟁의를 가리키는 데 비해, 이해에 관한 쟁의는 고용 기간과 고용 조건의 유지, 변화와 관련된 사용자와 피고용인들 사이의 분규(contention)를 가리킨다(노동위원회, 2009). 예를 들어, 고용주가 임금을 적절하게 지급하지 않을 경우, 피고용인은 근로 계약에 근거한 분쟁(dispute)을 제기할 수 있는데, 이러한 종류의 분쟁을 권리에 관한 쟁의라고 한다. 이에 반해, 이익에 관한 쟁의는 현 조건에 대한 불만을 기초로 한다. 예를 들면, 피공용인의 임금 수준 제고 주장이나, 높은 보너스 지급을 요구했지만, 그 발의(initiative)를 사용자가 수용하지 않을 때, 그리고 노조와 사용자 사이의 협상으로도 양 측이 여전히 그 갈등을 조정할 수 없을 때, 그 후에 노조는 이익에 관한 쟁의를 일으킬 수 있다. 또한 이익에 관한 쟁의는 마찬가지로 사용자의 불만으로도 일어날 수 있는데, 예를 들어, 사용자가 현재의 단체교섭이 당면한 경제 상황에서 더 이상 실효성이 없다고 믿지만, 노조가 그 제안을 받아들일 수 없다고 생각할 경우, 이익에 관한 쟁의가 제기될 수도 있다.

그림 9 노동 쟁의

| Year | Number of Involved Worker | Total | Rights Disputes | Interests Disputes |
|---|---|---|---|---|
| 2008 | 65,274 | 24,540 | 24,230 | 310 |
| 2009 | 68,649 | 30,385 | 29,807 | 578 |
| 2010 | 42,934 | 23,865 | 23,595 | 270 |
| 2011 | 44,008 | 22,618 | 22,434 | 184 |
| 2012 | 41,256 | 23,224 | 23,088 | 136 |
| 2013 | 35,478 | 23,939 | 23,698 | 241 |
| 2014 | 32,924 | 22,194 | 22,055 | 139 |
| total | 330,523 | 170,776 | 168,920 (98.91%) | 1,856 (1.09%) |

출처 : 노동부, 2015 (Access: 2015.04.08)

권리에 대한 쟁의 사례들이 이익에 관한 쟁의들보다 훨씬 더 빈번하게 일어난다. 2008년~2014년까지, 전체 노동 쟁의 중 약 98.9%가 권리에 관한 쟁의들의 사례인데 비해, 단 1.09%만이 이익에 관한 쟁의로 나타났다. 권리와 관련한 쟁의는 급여 지급, 해고 보상, 산재 보상 등과 같은 주제들이 지배적이었다. 다시 말해서, 권리 쟁의는 법과 노동자들의 권리에 대한 사용자들의 위반으로 인해 생긴 것이다. 또한 권리 쟁의는 그 쟁의에 관련된 노동자들의 수가 작아서 사례 당 2명 미만인 경우에는 집단적 범위가 아니라 개인적 범위로 제한되는 경향이 있다.

요약하자면, 대만의 노조 조직률은 2014년 7.4퍼센트로 낮았으며, 기업 노조의 조직률은 2010년과 2014년을 비교할 때 50%나 감소하였다. 점점 더 많은 노동자들이 미조직된 노동으로 내몰리고 있다는 것은 하나의 경계경보(warning alarm)이다. 노조들의 취약성 또한 교섭 및 노동 쟁의의 권리를 행사하는 데 영향을 미쳤고, 이는 노동 쟁의 유형의 수치들과 낮은 단체교섭을 통해 관찰할 수 있다.

## 5. 결론

대만은 노동집약적 산업에서 1980년대 이후 자본집약적, 기술 집약적 산업을 채택함으로써 경제발전에 성공하였다. 그러나 불행하게도 노조에 대한 이전 시기의 부정적 영향이 여전히 남아 있다. 따라서 사용자와 피고용인들 사이의 더 나은 교섭 기제의 부족으로 인해, 노사관계는 서서히 국가 통제에서 시장 우위의 상황으로 전환되어 왔다. 독재 시기가 끝난 지 20년 이상이 되었지만, 전문직 노조의 수와 회원을 주목해 보면 노조에 대한 그 영향력 여전히 상당하다.

하지만, 문제는 노조 조직의 방식에만 있는 것이 아니라, 소규모 직장에 고용된 노동자들이 현재 노동기준법의 보호 밖에 있다는 이유만으로 산업관련 보험제도(work-related insurance schemes)에 동등하게 접근할 수 없다는 사실과도 연결되어 있다. 다수의 노동조합들이 하나의 기업을 경계로 제한된 구성원들만을 계속해서 조직하려 한다면, 이러한 노동자들은 결코 조직될 수 없을 것이다.

또한, 반노동조합주의가 여전히 고용주들 사이에서 광범위하게 유지되고 있다. 최근 Vanguard International Semiconductor Corporation의 노동자들이 노조 설립에 정성을 들였지만, 사용자고용주들은 노조회원에게 노조 탈퇴와 참회록(statement of repentance)을 쓰도록 강요하는 압력을 행사하였다.[29]. 이 외에도, 다국적 슈퍼마켓인 까르푸(Carrefour)는 두 차례나 노조 지도자를 해고한 바 있다. 까르푸 노조는 사용자들이 의도적으로 노조를 붕괴시키려 한다고 주장하고 있으며, 이들의 노동쟁의는 현재도 진행 중에 있다[30]. 비록 노동조합들이 강력한 힘을 가지고 있지는 않을지라도, 노동자 투쟁은 여전히 계속되고 있다. 노동운동의 압력으로, 노동자들은 정부가 몇몇 중요 법안들 – 예를 들면, 고용보험법(Employment Insurance Act)[31], 대량해고 보호법(Act for Worker Protection of Mass Redundancy)[32], 연체임금부채 관리, 상환, 모집 및 할당에 관한 법(Regulations for the Management, Repayment, Collection and Allocation of the Arrear Wage Debts)[33] 등- 을 입안하도록 추동하는 데 성공했으며. 또한 노동연금법(Labor Pension Act)[34]을 개혁하여 노동자 보호 수준과 산업 관련 복지를 개선하는데 성공했다.

　전 지구적으로 심화된 경쟁 속에서 경제적 상황은 훨씬 더 엄혹해지고 있고, 노조들의 힘은 갈수록 침식되는 심각한 문제가 나타나고 있다. 동시에, 실질 임금 수준과 노조 조직률 모두가 하락하고 있기 때문에 노동자들은 절박한 고난에 직면해 있다. 단결권, 단체교섭권, 노동 쟁의권은 기본적으로 보다 민주적인 노사관계 체계를 구성하

---

29) http://www.tueeit.org.tw/announce/2014-07-15-01(Access: 2015.04.03)

30) http://www.coolloud.org.tw/node/79747.(Access:2015.04.01)

31) http://law.moj.gov.tw/Eng/LawClass/LawContent.aspx?PCODE=N0050021

32) http://laws.mol.gov.tw/Eng/FLAW/FLAWDAT01.asp?lsid=FL023225.

33) http://laws.mol.gov.tw/Eng/FLAW/FLAWDAT01.asp?lsid=FL014934.

34) http://law.moj.gov.tw/Eng/LawClass/LawContent.aspx?PCODE=N0030020.

기 위한 상호보완적인 관계라고 할 수 있다. 이러한 노동3권의 보장이 취약할 경우, 대부분의 대만 노동자들은 여전히 집단 보호의 기제 밖에 머무르게 된다. 비록 노조가 이론상으로는 불리한 상황(disadvantage situation)으로 떨어지는 나락으로부터 개별 노동자의 위험을 낮추는 데 중요한 역할을 할지라도, 노조의 기능은 여전히 제한적인 것처럼 보인다. 왜냐하면 단지 7% 미만의 노동자들만이 조직되어 있고, 노조들에 소속되어 있기 때문이다. 그럼에도 불구하고 노동자들은 노동법의 개정을 통해 비정규 노동자들에게 문호를 개방하는 것도, 기업 경계를 넘어서 자신들을 조직하는 것도 불가능할 것 같았던 산별노조를 만들 수 있었다. 하지만 결론적으로 대만에서 보다 평등한 노사관계를 구축하기 위해서는, 여전히 갈 길이 멀다고 할 수 있다.

# 참고문헌

Aidt, T., & Tzannatos, Z. (2002). Unions and collective bargaining - economic effects in a global environment. Washington DC: World Bank.

Act for Settlement of Labor-Management Disputes, 1928( Announced )2009( Modified ).

Amsden, A. H. (1985). The state and taiwan's economic development. Bringing the State Back in, , 78-106.

Benson, J., & Zhu, Y. (2008). In Benson J., Zhu Y. (Eds.), Trade unions in Asia - an economic and sociological analysis. New York: Routledge.

Chen, S., Ko Jyu-Jer Roger, & Lawler, J. (2003). Changing patterns of industrial relations in taiwan. Industrial Relations, 42(3), 315-340.

David G. Blanchflower. (2006). A cross-country study of union membership. ( No. 2016). Hanover: Institute for the Study of Labor.

Deyo, F. C. (1989). Beneath the miracle: Labor subordination in the new Asian industrialism University of California.

Dunlop, J. T. (1984). Dispute resolution : Negotiation and consensus building. USA: Greenwood Pub Group.

Gold, T. (1986). State and society in the taiwan miracle M.E. Sharp.

Government Information Office, Republic of China(Taiwan).Economy. Retrieved 05.04, 2012, from http://www.gio.gov.tw/taiwan-website/5-gp/yearbook/ch08.pdf

Hyman, R. (1975). Industrial relations - A marxist introduction. London: Macmillan.

Hyman, R. (1999). National industrial relations systems and transnational challenges: An essay in review. European Journal of Industrial Relations, 5(1), 89-110.

Kuruvilla, S., Das, S., Kwon, H., & Kwon, S. (2002). Trade union growth and decline in asia. (). NewYork: Cornell University ILR School.

Pang, J. (1988). The state and economic transformation: The Taiwan case Brown University.

Petras, J., & Hui, P. (1991). State and development in Korea and Taiwan. Studies in Political Economy, 34

Regulations for Implementing Labor-Management Meeting, (2007).

Collective Agreement Act, (2008).

Shih-Wei, P. (2006). Kuomintang's trade union policy: From state control to societal control. Taipei: Nation Policy Foundation. Retrieved from http://old.npf.org.tw/PUBLICATION/SS/095/SS-B-095-010.htm

Silva, S. R. d. (1998). Elements in the shaping of asian industrial relations. Geneva: International Labour Organization.

Wade, R. (1990). Governing the market: Economic theory and the role of the government in east asian industrialized countries Princeton University.

Wallerstein, I. (1976). The modern world-system: Capitalist agriculture and the origins of the european world-economy in the sixteenth century. New York: Academic Press.

'Chinese Federation of Labor'.中華民國全國總工會. Retrieved from http://www.cfl.org.tw/aboutus.php\

EPZ.Kaohsiung export processing zone. Retrieved from http://en.epza.gov.tw/onweb.jsp?webno=3333333324

'Hsinchu Science Park'.Hsinchu science park. Retrieved from http://www.sipa.gov.tw/english/index.jsp

Labor Insurance Act, (Announced 1958, Modified 2011), http://law.moj.gov.tw/Eng/LawClass/LawContent.aspx?PCODE=N0050001

Labor Standards Act, 30.07.1984( Announced ); 29.06. 2011( Modified )U.S.C. (2011). from http://www.mol.gov.tw/cht/index.php?code=list&ids=120

'Labor Rights Association'. (Labor Rights Association). 勞動人權協會. Retrieved from http://laborrights.net/

OECD.OECD. Retrieved from http://www.oecd.org/home/0,3675,en_2649_201185_1_1_1_1_1,00.html

OECD.Oecd. statextracts. Retrieved from https://stats.oecd.org/

KMT.Kuomintang. Retrieved 08.02, 2012, from Kuomintang Official Website

'Ministry of Labor, R. O. C.'.中華民國勞動部. Retrieved from
　　http://www.mol.gov.tw/
'Ministry of Labor, R. O. C.勞動統計資料庫Labor statistics database. Retrieved
'National Federation of Independent Trade Unions'.全國自主勞工聯盟. Retrieved from
　　http://nafitu.blogspot.kr/p/blog-page.html.
'Taiwan Labour Front'.台灣勞工陣線. Retrieved from
　　http://www.tctu.org.tw/front/bin/ptlist.phtml?Category=176367
TCTU.Taiwan confederation of trade unions. Retrieved 02.03, 2012, from
　　http://www.tctu.org.tw/front/bin/ptlist.phtml?Category=176367
何雪影. (1992). 台灣自主工會運動史, 1987-1989. 台北: 唐山.
彭火明. (2005). In 彭火明等 (Ed.), 軌跡: 走過勞工保險55年. 台北市: 行政院勞
　　委會勞保局.
彭百崇, 陳正良, 吳慎宜, 徐廣正, & 康長健. (2008). 誠信協商之內容處理程序
　　及效力. 台北: 行政院勞工委員會.
徐正光. (1987). 統合政策下的台灣勞工. 第一屆勞資關係論文集, , 189-204.
徐正光. (1989). 弟五章 從異化到自主: 台灣勞工運動的基本性格和趨勢. In 徐
　　正光, & 宋文里 (Eds.), 台灣新興社會運動 (pp. 103-125). 台北: 巨流圖
　　書公司.
李允傑. (1999). 台灣工會政策的政治經濟分析. 台北市: 商鼎.
李耀泰. (2008). 技能、市場與勞動者組織: 台灣職業工會的不同樣貌. (碩士論
　　文, 國立台灣大學政治學研究所).
王惠玲. (1997). 我國職業工會功能之探討. 政大勞動學報, 6, 1-13.
王振寰, & 方孝鼎. (1992). 國家機器,勞工政策,與勞工運動. 臺灣社會研究季刊,
　　13, 1-29.
臺灣省警備總司令部佈告戒字第壹號(Martial Law), (1949).
行政院勞工委會. (2005). 台灣地區產業工會概況調查報告. 行政院勞工委會:
　　Retrieved from https://statdb.cla.gov.tw/html/svy94/9408menu.htm
衛民. (1996). 工會組織與勞工運動. 台北: 國立空中大學.
謝國雄. (1997). 純勞動: 台灣社會體制諸論. 台北: 中央研究院社會學研究所.
谷浦孝雄. (2003). 台灣的工業化: 國際加工基地的形成 (雷慧英 Trans.). 台北市:
　　人間出版社.
趙剛. (1996). 工運與民主: 對遠化工會組織過程的反思 Labor movement and
　　democracy: Reflections on organization processes in local labor
　　campaigns. In 勞工研究專題 (pp. 1-39). 台北: 台灣社會研究. doi:24 民

85.11 頁1-39

陳信行. (2010). 工人開基祖: 台社勞工研究讀本. 台北市: 台灣社會研究雜誌社.

黃程貫. (1997). 勞動法 (第三版 ed.). 台北縣: 國立空中大學.

文馨瑩. (1990). 經濟奇蹟的背後-臺灣美援經驗的政經分析(1951~1965). 台北: 自立晚報出版.

工人立法行動委員會.近年來遭打壓的工會幹部. Retrieved 30.06., 2012, from http://jen9666.freebbs.tw/viewthread.php?tid=2680

台灣勞工陣線. (1989 年 6 月). 幹被迫害工會幹部一覽表. 勞動者, (31)

台灣工陣線, 台灣勞工運動簡史1920-1999 http://labor.ngo.tw/history/history-tw-labor.htm

台灣勞工陣線, 勞工運動簡史. http://labor.ngo.tw/ ( Access: 03.02.2012)

民主進步黨 Democratic Progressive Party, http://www.dpp.org.tw/ (Access: 17.02. 2012)

金寶瑜. (2005). 全球化與資本主義危機. 台北: 巨流.

段承璞. (2003). 台灣戰後經濟. 台北: 人間出版社.

張茂桂. (1989). 八0年代臺灣社會運動風潮與政治轉化. 國家政策季刊, 1, 52-59.

張清溪等. (1997). 解構黨國資本主義— 論台灣官營事業之民營化. 台北:澄社.

潘世偉. (2008). 全球化, 變遷的勞動世界與台灣的勞資關係. 台灣勞工, (13), 4-13.

瞿宛文. (1989). 出口導向成長與進口依賴. 台灣社會研究季刊, 2(1), 13-28.

瞿宛文. (2003). 全球化下的台灣經濟. 台北: 台灣社會研究叢刊.

瞿宛文, & Amsden, A. (2003). 超越後進發展─台灣的產業升級策略 (朱道凱 Trans.). 台北: 聯經.

瞿宛文. (2009). 台灣經濟奇蹟的中國背景－－超克分斷體制經濟史的盲點. 台灣社會研究季刊, (74), 49-93.

劉進慶, 徐照彥, & 隅谷三喜男. (1995). 台灣之經濟- 典型nies之成就與問題 (雷慧英 Trans.). 台北: 人間出版社.

劉進慶. (2001). 台灣戰後經濟分析. 台北: 人間出版社.

藍博洲. (1991). 幌馬車之歌. 台北: 時報出版社.

藍博洲. (1993). 白色恐怖. 台北: 揚智文化公司.

藍博洲. (1994). 尋訪被湮滅的台灣史與台灣人. 台北: 時報出版社.

藍博洲. (2001). 台灣好女人. 台北: 聯合文學.

# 한국 생산직 노동자의 숙련형성과 노사관계:

## 자동차, 조선, 철강, 전자산업의 사례검토

김영

# 1. 서론

세계화의 거센 물결에도 불구하고 각국의 자본주의 체제가 영미형의 신자유주의적 방식으로 수렴되기 보다는 다양성을 유지하고 있음을 지적하는 '자본주의 다양성론'(varieties of capitalism)이 세계적인 주목을 모으고 있다. 자본주의 다양성론에서는 복지국가 유형론에서 중요시했던 노동자 계급의 권력자원과 정당정치의 영향력 대신 생산 체제(production regime)를 구성하는 여러 제도와 정책, 즉 산업구조 및 산업정책, 금융구조 및 금융정책, 기업지배구조 및 직업훈련과 숙련형성체제, 사회정책에 대한 기업의 이해관계 등의 제도적 상호의존성(institutional interdependence)을 통해 각국 자본주의 체제의 다양성이 유지됨을 지적한다. 특히 생산체제론의 입장에서 자본주의 다양성을 설명하는 대표적인 연구인 홀과 소스키스의 연구(Hall & Soskice, 2001)는 시장 행위자 간의 조정이 이루어지는 방법이 시장적인가 아닌가에 따라 현대 자본주의 유형을 '자유 시장경제'(Liberal Market Economies, LMEs)와 '조정된 시장경제'(Coordinated Market Economies, CMEs)로 나누고, 조정의 단위가 산업인가 기업집단인가에 따라 조정시장경제를 다시 '부문별 조정시장경제' (Sector-Coordinated

Economies)와 '집단별 조정시장경제'(Group-Coordinated Economies)
로 나눈다. 그리고 한국은 일본과 더불어 집단별 조정시장경제로 분
류된다.

그러나 1990년대 후반 이후 한국 자본주의에서 전개된 변화를 분
석한 실증연구에서 검토의 초점은 무엇보다 한국 자본주의가 영미
형 자본주의에 근접하고 있는가라는 점에 있으며 그 결론은 영미형
의 특징이 증가하고 있음에도 불구하고 영미형 자본주의로의 수렴
으로 보기 어렵다는 것이다. 외환위기 이후 주식시장의 영향력이 증
가하기는 했지만 한국기업의 금융 시스템이 은행 중심 시스템에서
주식시장 중심 시스템을 전환했다고 평가할 수 없기 때문이다(유철
규, 2006; 이건범, 2005). 또 재벌 대기업의 소유구조는 소수 혈연에
기초한 인맥에 집중해있으며, 이들이 계열간 상호출자를 통해 전체
계열기업을 실질적으로 통제하는 방식 때문에 재벌의 내부 지분율
이 여전히 매우 높으므로 기업의 소유구조에 근본적인 변화는 없었
다(정건화, 2007; 김진방, 2004). 한국의 자본주의는 여전히 주주의
영향보다 재벌 총수의 영향력이 더 강하게 작용하는 '총수 자본주
의'이다(김기원, 2006).

한국 자본주의가 영미형에 근접하고 있지 않다고 평가한다고 해
서 일본형과 유사하다고 평가하는 것은 아니다. 생산체제론에 입각
해서 한일 양국의 기업지배구조를 검토한 연구들은 양국의 기업기
배구조가 근본적으로 다르며 한국은 영미형에 가깝다고 평가하거나
(권순미, 2006), 한국은 외환위기 이전에도 혼종형(hybrid)으로서의
성격이 강했다고 진단한다(정이환, 2008). 무엇보다 한국과 일본은
중장년 남성노동자에 대한 보호라는 측면에서 크게 다르다. 즉 불황

에도 불구하고 일본에서는 남성정규직 노동자의 고용은 철저히 보호되고 사회복지체제에서도 전형적인 남성생계부양자형이지만 한국은 그렇지 않다(大沢真理, 2007; Kim Young, 2008; 황정미 2008). 또 고용조정 방식에서도 일본은 잔업규제, 신규채용 감축 및 중단, 출향 그리고 배치전환 등을, 한국은 정리해고, 권고사직, 명예퇴직 등을 주로 사용한다(정이환 2007).

이상의 연구결과들은 한국의 자본주의 체제를 일본과 유사한 유형이라고 판단하기가 쉽지 않음을 시사한다. 선진공업국의 경험을 토대로 구성된 유형론에 한국과 같은 후발 공업국의 사례의 위치를 설정하기는 쉽지 않다. 적절한 유형화를 위해서도 긴급한 것은 성급한 유형화보다 한국 생산체제의 특성에 관한 세밀한 실증연구다. 이와 같은 문제의식에 입각해 이 연구는 한국 생산직 노동자의 숙련형성에 관해 분석하고자 한다. 노동체제에 있어서 한국과 일본의 비교를 염두에 두는 이 연구가 생산직 노동자의 숙련형성을 분석하는 이유는, 수많은 연구들이 입증해왔듯이, 일본 내부노동시장의 노동체제를 특징짓는 장기고용과 연공형 임금이 성립하는 결정적 토대가 기업 특수적 숙련의 형성이기 때문이다. 일본기업은 정규 노동자뿐만 아니라 비정규 노동자에 대해서도 숙련형성 및 기업 내 정착을 유도하는 제도를 확립하고 있다(Kim, 2008).

1987년 노동자 대투쟁을 기점으로 대기업을 중심으로 내부노동시장이 형성되는 경향이 뚜렷해지면서 내부 노동시장 노동자의 숙련형성을 검토하는 일련의 연구들이 수행되었다. 그러나 그 연구들은 대부분 부정적인 결론을 내렸다. 즉 한국의 대기업 생산직에 내부노동시장이 형성되어 있음에도 불구하고 이 부분의 숙련수준이 특별히 높지 않고 숙련형성 메커니즘이 부재할 뿐 아니라 숙련에 대한 인센티브도 없다는 것이다(류장수 1993, 황수경 1993, 남기곤 1994, 전병유 1994, 김형기 1988). 그런데 1990년대 초반부터 한국의 기업들은 '신인사제도'라는 이름하에 능력주의 관리방식을 도입하기 시작했다. 잘 알려진 바와 같이 능력주의 인사관리란 일본기업들의 인사관리관행의 주요 모토이며, 기업 특수적 숙련형성을 지향하는 인적자원관리 정책이다. 그렇다면 1990년대 초반의 인사관리제도 전환 이후 한국 대기업의 내부노동시장에서도 노동자들의 숙련이 본격적으로 형성되기 시작한 것일까?

이 연구는 한국의 제조업을 대표하는 자동차, 조선, 철강, 전자 산업의 선두기업 사례를 통해 1990년대 이후 한국 제조업 생산직 노동자에게 숙련형성 체계가 정착되기 시작했는지, 그리고 정착 여부에 영향을 미치는 요인이 무엇인지를 검토하고자 한다. 숙련형성 여부 및 숙련유형에 영향을 미치는 주요한 요인들로는 기술, 기업지배구조, 생산물 시장, 작업조직, 인적자원관리, 노사관계, 사회적 보호 등이 거론되어 왔는데 (Estevez-Abe, Iversen and Soskice, 2001; 小池, 1994; Appelaum & Batt, 1994; Bravemann, 1974; Piore & Doeringer, 1971) 이 연구에서는 특히 인적자원관리의 방식과 노사관계의 상호작용에 초점을 맞출 것이다. 1990년대 초중반에 시도된 능력주의 인사관리는 본론에서 검토하는 바와 같이 1987년 이후 변화된 노사 간의 역관계를 변화시키고자 하는 기업 측의 시도였기 때문이다.

이어지는 2장에서 5장에 걸쳐 각 기업의 사례를 하나씩 검토하고 마지막 6장에서 각 사례들을 비교검토하면서 1990년대 이후 한국의 생산직 노동자들에게도 숙련형성 메커니즘이 형성되기 시작했는지, 그렇거나 그렇지 않다면 무엇이 그러한 결과를 초래했는지를 논의할 것이다.

## 2. 자동차 산업: A 자동차

### 1) 기업개요

1968년에 설립된 A 자동차는, 1970년대 중반 이후 비약적으로 성장해 2004년 연간 생산량 기준으로 세계 6위의 자동차생산 기업으로 성장했다. 주 사업장은 경남 울산에 있으며 충남 아산에도 공장이 있다. 또 경기도 남양주에는 새로운 모델이 나올 때 시험제작을 하는 사업장(연구소)이 있다. A 자동차의 고용규모는 1975년까지 3000명 미만에 지나지 않았으나, 1990년 약 4만명, 2000년 약 5만명을 거쳐 2007년 12월 현재 55,629명(여성 4%, 생산정비직 58%)이다. 종업원의 평균근속년수는 15.5년이며, 평균연간임금은 66.6백만 원이다. 노동조합의 조합원수는 44,127명이고 상근자는 90명이며 민주노총에 가맹해 있다(A 자동차, 2008).

### 2) 직급체계와 승진체계

현재 A 자동차 생산직 노동자의 직급체계는 <표 1>에 제시한 바와 같이 평노동자에서 사무관리직의 부장급에 해당하는 기성에 걸친 9단계다. 그러나 <표 1>에서도 알 수 있듯이, 사무직의 과장에 해당하는 직급인 기장으로의 승진은 정원이 한정되어 있어 매우 어렵다. 뿐만 아니라 주임부터는 노동조합원 자격을 박탈당하기 때문에 노동자들 자신도 주임승진에는 매우 소극적이고 심한 경우 의도적으로 기피하기도 한다. 생산직 노동자들이 더 선호하는 것은 주임이상의 직급으로의 승진보다 노조대의원이 되어 현장관리에 영향력을 행사하는 것이다(조형제와의 면접).

현재의 직급체계를 A 자동차에서는 '숙련승진제도'라고 부르는데 일본식의 직능자격제도를 도입하려는 회사의 시도가 좌절된 결과 만들어진 것이다. 즉 A 자동차는 유연생산체제를 정비한 1990년에 인사제도 개편에 착수하기로 노사가 합의하여 노사 각 5인으로 구성된 직제개편위원회를 발족시켰다. 회사 측은 장기간 인사노무관리를 연구해온 전문가의 자문을 받아 일본식의 직능자격제도를 1995년부터 도입하고자 계획했다. 그러나 사측 안에 대해 노동조합은 노동자들이 직능자격취득을 위해 서로 경쟁하게 되어 단결력이 약화될 것을 우려하여 반대하였고 사측 안은 실시되지 못했다.

<표 1> A 자동차 생산직 노동자의 승진체계와 인원분포(2001년 울산공장) (명)

| 직급 | 기성<br>(부장) | 기성보<br>(차장) | 기장<br>(과장) | 주임<br>(대리) | 기사 | 기사보 | 반장 | 조장 | 조원 |
|---|---|---|---|---|---|---|---|---|---|
| 인원 | 0 | 2 | 39 | 246 | 2,105 | 931 | 780 | 2,150 | 15,022 |

괄호 안은 해당하는 사무직 직급
자료: A 자동차, 출전: 禹宗杭(2007)

직능자격제도의 도입이 유보되자 사측은 반장의 직책과 직급을 분리하여 기사로의 직급 승진을 확대하다가 1999년부터는 단체협약에 의해 근속년수 19년 이상의 경력자에게는 기사승진 시험을 개방하여 그 중 70%를 승진시키기로 했다. 이를 통해 승진적체가 상당히 해소되었기 때문에 최근에는 19년 이상 되는 기사승진대상자는 100% 자동 승진시키고 있다. 이 제도는 인사적체를 완화하는 데에는 기여했지만 교육성과에 대한 평가가 제대로 이루어지지 않기 때문에 노동자들의 숙련형성에는 기여하지 못하고 있다(조형제, 2004).

승진을 위한 인사고과는 조장, 반장, 과장의 의견을 반영하여 부서장이 최종적으로 평가하는데 피고과자의 의견은 거의 반영되지 않는다. 인사고과는 근무태도(20%) 회사몰입(10%) 성실, 근면성(10%) 규율준수(10%) 책임감(5%) 협조성(10%) 품질관리(10%) 안전(10%) 다기능화(15%)의 9개 항목을 5등급으로 평가하는데, 노동자의 숙련에 대한 평가 비율이 없다고 해도 과언은 아니다. 또 현장에서는 평가기준이 모호하고 자의적이라는 논란도 그치지 않는다.

## 3) 임금제도

<표 2>는 A 자동차 생산직 평노동자(조원)의 임금을 항목별로 제시한 것이다. 항목별 임금액 비율을 보면 기준 내 임금의 비율이 50%도 채 안 되는 정도로 낮다는 점이 특징적인데, A 자동차 생산직 노동자의 높은 임금은 대부분 잔업수당에 의해 만들어지는 것이다. 기준 내 임금 107만원은 기본급(95만원), 생산수당(2만원), 기타수당(3만원), 근속수당(7만원)으로 구성되므로 대부분이 연공급적인 것이다(조형제, 2001). 또 기준외임금, 상여금, 연월차수당도 모두 기준내임금의 시간급을 기준으로 지급되므로 생산직 노동자의 임금

은 완전히 연공급적인 것이고, 숙련에 대한 평가가 임금에 반영될
여지가 없다.

현재 생산직 노동자의 임금지급방식은 시간급인데, 2006년 단체협
상에서 A 자동차 노사는 2009년부터 생산직의 임금지급방식을 월급
제로 지급하는 원칙에 합의한 바 있다. 그러나 2008년 하반기부터
세계적인 불황으로 작업물량이 줄어들면서 이 문제가 최대의 갈등요
인으로 등장하고 있다. 2006년 단협에서는 구체적인 방안에 대해 논
의된 바 없었는데, 사측에서는 10시간노동 (초과 노동 2시간 포함),
주야 2교대로 공장을 가동한다는 전제 위에서 그 시간급 총액을 월
급 형식으로 지불하겠다는 것이었기 때문이다(조형제와의 면접).

<표 2> A 자동차 생산직 노동자의 평균월급여 (근속년수 11.5년 기준, 2000년)

단위: 만원, %

| 기준내임금 | 기준외임금1) | 성과급2) | 기타수당3) | 상여금4) | 연월차수당 | 합계 |
|---|---|---|---|---|---|---|
| 107(43.2) | 56(22.6) | 4.3(1.7) | 2.7(1.1) | 70(28.3) | 7.4(3.0) | 247.4(100.0) |

1) 연장, 휴일, 심야노동 수당 등, 2) 생산목표달성 정도에 따라 매월 공장별로 지급, 3) 가족수당, 고열수
당, 자격수당 등, 4) 매년 7회에 걸쳐 지급되는 상여금을 월평균으로 계산
자료: A 자동차, 출전: 조형제(2001)

## 4) 교육훈련체계

직능자격제도 도입에 실패한 A 자동차는 1999년에 다시 새로운
교육훈련 프로그램을 추진하고자 했다. '기술교육경로 프로그램'이
라고 명명된 새로운 교육훈련 프로그램의 핵심은 OJT에 있었다. 그
동안 자의적으로 이루어지던 현장교육훈련을 표준화하여 체계적으
로 실시하는 것으로 노동자가 정해준 표준 OJT과정을 수료한 후에

는 학점 인정제도를 통해 평가를 받아 승진에 반영하는 것이다. 뿐만 아니라 Off-JT도 숙련향상중심으로 체계화하고 교육결과를 평가하여 승진에 반영할 계획이었다(조형제, 2004).

A 자동차 사측이 새로운 교육훈련프로그램을 추진한 배경에는 외환위기 이후 공장가동률이 저하되었음에도 불구하고 노동조합의 격렬한 정리해고 반대투쟁에 의해 여유 인원을 해고할 수 없었기 때문에 적극적인 교육훈련을 통해 숙련을 향상시키고자 하는 의도가 있었으며, 노조도 이에 대해서는 암묵적으로 합의했다. 그러나 이 시도는 1999년 들어 최고경영진이 교체되면서 인사팀, 교육팀, 노사기획팀의 주요간부들이 일시에 모두 교체되면서 무산되고 말았다.

<표 3>에 제시한 바와 같이 현재 A 자동차의 생산직 노동자가 받는 교육은 입사 직후 2-3주의 신입사원 교육을 받은 후 현장에 배치되어 선배로부터 자율적인 OJT를 받는 것을 제외하면 별다른 교육을 받지 못한다. 수시로 받는 의식교육을 제외하면 근속년수 4년차에 3일간 받는 '직장인 의식혁신과정'과 8년차에 3일간 받는 '교류분석과정', 15년차에 4일간 받는 '전문능력향상과정'이 전부다. 이 프로그램들 또한 직장생활을 원만하게 할 수 있도록 인간관계를 증진시키는 데 주력하는 것으로 정신교육의 일환이다. 생산직 노동자의 직무수행능력 향상을 위한 교육은 경력 15년차 이상이 되어 기사승진 대상이 되었을 때부터 받게 된다. 달리 말하면 현장감독자 이상으로 승진할 경우에만 직무관리라는 관점에서 해당자의 직무수행능력향상을 위한 교육이 단계적으로 실시35)되고 있을 뿐, 일반작

---

35) 조장의 Off-JT프로그램은 현장관리자 훈련과정(3일), 대인능력향상과정(3일), 자기혁신과정(3일), 반장의Off-JT프로그램은, 현장관리자 입문과정(4일), 리더쉽향상과정(3일), 전문능력향상교

업자들에 대해서는 거의 이루어지지 않고 있다.

A 자동차에서 직무수행을 통한 숙련향상으로 평가할 수 있는 요소가 있다면 그것은 자율적인 직무교대(job rotation)이다. A 자동차의 대부분의 생산 라인에서는 작업자들 간의 작업조직(반) 내 직무교대가 자율적으로 이루어지고 있다. 직무교대 주기는 각 반의 특성에 따라 2-3일 또는 1주일 등으로 다양하다. 그런데 이 자율적 직무교대는 단순 반복적 작업에서 비롯되는 스트레스와 소외감을 덜기 위해 작업자들이 합의하여 실시하는 것으로 적극적인 의미를 부여하기는 어렵다[36]. 때문에 A 자동차의 생산기술의 유연성이 세계 최고 수준임에도 불구하고, 그것은 생산과정에 대한 노동자의 능동적 참여가 배제되어 있는 엔지니어 중심의 자동화라는 점에서 일본 자동차 산업의 생산방식과는 큰 차이가 있다(조형제·이병훈, 2008).

## 5) 고용조정

1980년대 중반 이전 A 자동차 노동자의 고용상태는 매우 불안정해 불황기에 대량해고가 빈번히 발생(박준식, 1992, 188-189)했지만, 1987년 노동조합이 결성되고 난 이후에는 기업의 성장도 순조로웠을 뿐 아니라 회사 측이 일방적인 해고를 자행하기는 어려워졌다. 그러나 1997년 한국경제를 강타한 외환위기로 1998년 사측은 8,189명이라는 대규모의 정리해고를 시도하게 된다. 그런데 A 자동차 사

---

육(3일), 기사의 Off-JT 프로그램은 의사소통활성화과정(4일)이 있다(조형제, 2004; 225).

36) 2006년에 실시된 직무교대 경험에 관한 한 조사에 따르면 경험없음 19.8%, 기업의 지시 22.8%, 자율적으로 40.5%, 노사합의로 12.5%, 사내공모 4.3% 등이다(주무현, 2006).

측이 대규모 정리해고 방침을 수립한 배경에는 A 자동차 자체의 경영난항뿐 아니라 1998년에 한국에서 최초로 입법된 경영상의 이유로 인한 정리해고법안을 한국기업의 대표선수격인 A 자동차가 최초로 실시한다는 의미도 있었다. 사측의 정리해고 방침에 대해 노동조합은 노동시간 단축 및 교대근무방식의 변경 등을 대안으로 제시하면서, 단 한 명의 정리해고도 받아들일 수 없음을 천명했다.

그 결과 1998년 여름 노동조합은 7월 20일부터 전면 총파업을 선언하고 회사 구내에서 농성을 시작해 극한적인 정리해고반대투쟁에 돌입하게 되었다. 전술한 바와 같이 A 자동차의 정리해고 시도는 단지 A 자동차만의 문제가 아니었기 때문에 1998년 여름 울산에서는 노, 사, 정의 대표조직들(민주노총, 전국경제인총연합회, 정부 및 여당)이 임시 캠프를 설치하고 정리해고 반대 투쟁에 개입하는 일종의 계급전쟁의 양상이 전개되게 되었다. 여당의 강력한 중재로, 구내식당에서 일하는 기혼여성노동자 144명과 생산직 노동자 133명을 정리해고 하는 것으로 합의하면서 여성노동자들을 희생양으로 삼았다는 여성계의 격렬한 비난과 더불어 1998년의 정리해고 투쟁은 막을 내렸다. 이러한 1998년의 정리해고 투쟁은 기존의 대립적 노사관계를 더욱 경직시키는 작용을 하면서 노사관계를 극단적 대립으로 치닫게 만들었다.

## 6) 노동조합과 노사관계

A 자동차 노동조합은 1987년 여름에 대대적인 노동쟁의를 겪은 후 결성되었고, 1990년대 초반까지 A 자동차 노조는 대체로 온건한 조합으로 분류되었다. 그러나 회사가 노동조합을 인정하지 않는 태

도를 견지했고, 또 같은 울산에 입지한 현대중공업에서 지속된 노동조합에 대한 극심한 탄압 등도 영향을 미치면서 A 자동차 노조도 점차 사측과의 대립을 강화하게 되었다. 그러나 노사관계의 양상은 대립적이지만 노조활동의 내용은 대부분 임금인상을 중심으로 하는 노동조건 개선투쟁으로, A 자동차 노조활동의 방향성은 1987년 이후 한국 민주노조 운동의 일반적 특성인 "전투적 경제주의"라 할 수 있다(조효래, 2002).

A 자동차에서는 공식적인 노동조합 조직 이외에 다수의 비공식 조직인 정파가 존재하고 그 정파들 간의 경쟁과 협력이 노동조합의 노선과 노사관계 형성에 중요한 역할을 한다(조효래, 2000). 1980년대 한국의 노동운동은 대학 출신 활동가들과의 연대 속에서 성장했기 때문에 비공식 조직이 존재하는 것이 A 자동차만의 특징은 아니다. 하지만 A 자동차는 한국 최대 규모의 기업인만큼 노동자들의 비공식 조직도 가장 많고 규모가 큰 것으로 알려져 있다. 1998년에 극한적인 정리해고 반대투쟁을 전개할 수 있었던 것도 이 정파들의 존재와 깊이 관련되어 있다. 각 정파는 매번의 노조 위원장 선거에서 투쟁성을 무기로 경쟁하고 있으며, 집행부를 장악한 특정 정파가 사측과 타협하고자 하는 의사가 있더라도 다른 정파의 감시와 비판의 시선이 그것을 저지하는 역할을 한다.

## 7) 소결

이상에서 살펴본 바와 같이 A 자동차에서는 생산직 노동자의 숙련향상을 교육훈련체계가 미비할 뿐 아니라 임금과 연결된 숙련형성 유도 메커니즘도 존재하지 않는다. 현재 숙련형성 시스템 확립에 가장 큰 걸림돌은 대립적 노사관계다. 기업은 1990년에 유연생산체제를 정비한 이후에서 노동자의 동의를 유인해내기 보다는 배제하는 방식으로 통제 중심적 노무관리를 실시해왔다. 그리고 병영적 노동통제로 특징지을 수 있는 1987년 이전의 억압적 노무관리뿐 아니라 1998년의 대규모 정리해고 시도는 기업에 대한 씻을 수 없는 불신을 노동자들에게 심었다. 노동조합은 평노동자들 내부의 경쟁과 분열을 조장하는 어떤 종류와 목적의 기업통제도 인정할 수 없다는 입장이기 때문에 기업의 통제권을 강화할 수 있는 평가제도는 결코 받아들일 수 없다.

노동자의 숙련형성을 유도하는 시스템의 부재와 생산직 노동자의 낮은 숙련수준은 사측이 비정규 노동자를 사용하고자 하는 동기로 작용한다. 회사로서는 임금과 더불어 숙련이 상승하지 않는 정규직 노동자 사용을 가능한 억제하려고 하기 때문이다. 2000년 6,315명이었던 비정규직 노동자(2005년 현재 정규직 1년차 노동자 임금총액의 66% 정도로 사용)는 2005년에 8,817명(2004년 9,571명)으로 급증했다[37]. 2000년 단협에서 A 자동차 노사는 1997년의 비정규직 비율인 16.9%를 넘지 않도록 한다는 합의를 한 바 있다. 회사 측 입장에서 봤을 때 이 합의는 노조가 차별적 처우를 받는 비정규직의 존재를 공식적으로 인정했다는 의미이기도 하다. 이후 사내하청으로 불리는 비정규직의 비율은 지속적으로 증가해 2002년 현재 전체 생

---

[37] 이 수치는 A자동차 사측이 인정한 사내하청업체들의 정규직원수이므로 이들 업체들이 사용하고 있는 임시직, 계약직 등을 합하면 그 규모는 훨씬 늘어날 것이다. 우종원(2007)에 따르면 2004년에 A자동차의 전체 비정규 노동자는 15,669명(직접생산 9,216명, 간접생산 961명)이다.

산직 노동자의 27.5%에 달했으며, 정규직과 비정규직은 같은 라인에서 완전히 같은 직무를 수행하고 있다(조성재, 2006)[38].

## 3. 조선산업: B 조선

### 1) 기업개요

박정희 정부의 중화학공업추진정책의 일환으로 1978년에 설립된 B 조선의 사업장은 거제도 옥포에 있다. 1990년대 말에 그룹사 해체 등을 겪으며 기업의 규모도 다소 축소되어 2007년 12월 현재 종업원은 10,899명(생산직 64.8%)이다. 종업원의 평균근속년수는 16.3년이고 평균연간임금은 66.1백만 원이다. 노동조합원은 7,011명(대리 이하 가입)이며 상근자는 27명, 상부단체는 민주노총이다(B 조선해양[39], 2008).

### 2) 직급체계와 승진체계

1987년 이후 B 조선은 세 차례에 걸쳐 생산직 노동자의 직급체계를 개편했다. 먼저 1989년 이전 B 조선 생산직의 직급체계는, 현대

---

38) 한국에서는 제조업에 노동자 파견이 인정되지 않기 때문에 이런 방식으로 비정규 노동자를 사용하는 것은 불법이며, 2004년에 노조는 불법파견으로 회사를 고발했다. 그 결과 A자동차의 사내하청 노동자 사용은 불법으로 판결되었으나 아직 시정되지 않고 있다.

39) B조선의 기업명은 2000년대 초반 B조선해양으로 바뀌었다. 그러나 일반적으로 B조선이라고 부르므로 이 연구에서도 B조선이라고 칭한다.

중공업, 한진중공업 등 다른 조선기업과 마찬가지로 기능직 6등급(1급-6급)-반장-직장으로 구성되어 있었다[40]. 그것을 1989년에 기능사원-기선-기정-기감-기원의 체계로 개정했고, 이 직급체계는 다시 세분화되어 1995년에는 기선과 기정이 갑과 을로 분화되고 기능장이라는 직급도 신설되었다. 직급체계의 개정과 더불어 이루어진 중요한 조치는 직급과 직책의 분리운영원칙이다. 조합원 내부의 경쟁을 조장한다는 것을 이유로 한 노조의 반대에도 불구하고 1993년말 사측은 직급과 직책을 분리하는 인사제도를 시행해 승진제한을 완화했다. 즉 1993년 개정 이전까지는 기정으로 승격하려면 반장직을 맡을 수 있어야 했는데 이제 그 제한이 없어진 것이다. 그 결과 생산직 노동자의 승격자 규모 및 승격률은 급속히 증가했다. 즉 1992년 55명에 지나지 않았던 기선에서 기정으로의 승격자는 1994년에 334명, 1995년에 485명으로 증가했으며, 기정에서 기감으로의 승격자도 15명에서 65명, 68명으로 증가했다. 그리고 1992년까지 2% 수준이던 승격률 자체도 1997년에는 22.9%로 급증했다.

B 조선 사측이 이와 같이 인사제도를 개정한 이유는 다른 대기업 사업장과 마찬가지로 1987년 이후 노동조합의 힘이 급증하면서 기업의 통제력이 약화된 것과 직접적으로 관련되어 있다. 1987년 이전에 생산직 노동자들은 공고졸업자나 직업훈련원 출신은 2급 4호로 입사한 후 매년 평균 2호봉씩 승급하고 직장 및 반장의 평가를 거쳐 상위직급으로 승격하고 있었다. 호봉승급은 차상급자 2인에 의해 5단계 절대평가(5, 20, 50, 20, 5%)되었고 그 과정을 통해 회사는 노

---

40) 1987년말 현재 1급에서 6급까지의 기능직 노동자의 등급별 분포는 123명, 3,559명, 3,682명, 1,608명, 782명, 132명이다(조효래, 박종규, 1989: 351-352).

동자들을 통제할 수 있었다. 그러나 1987년에서 1990년에 걸쳐 노동조합은 직급제 폐지와 정기호봉승급제의 체계적인 실시, 사무직과 생산직의 호봉간 격차 해소 등을 요구했고 노동조합의 요구가 관철되었다. 뿐만 아니라 87년 대투쟁 이후 작업장에서 '기강요원' 도 없어졌으며, 조장, 반장의 권한도 대폭 축소했다. 인사고과의 호봉상승반영도, 상여금 차등지급도 거의 없어졌다(신원철 2001: 207-211).

이런 상황에서 사측은 노동자에 대한 통제강화를 위해 통제의 범위를 축소(반 인원을 18-20명 수준에서 12-13명 수준으로 축소. 탑재부의 경우 8-9명으로 축소)하는 동시에 승급, 승격 및 승진을 둘러싸고 노동자들을 경쟁시킴으로써 통제권을 회복하고자 시도한 것이다. 이에, 1987년 이후 생산직 노동자 중 현장감독직이 급증하여 1987년 6.7%였던 현장감독의 비율은, 1994년 16.3%, 1995년 18.4%로 늘어났다. 또 조장, 반장의 권한도 강화하고 인사고과 결과를 사원주택 분양에 반영하였다(박준식, 1992: 209-211).

또 개정제도 실시 후 경쟁을 통해 연간 3호봉 승급자가 급증하기 시작했다. 즉 연간 2호봉 승급자는 1990년 83.2%에서 1993년 80.3%로 큰 변화가 없었으나, 1997년 66.3%로 크게 감소하고 각 년도에 3호봉 승급자는 9.5%에서 12.3%를 거쳐 26.1%로 증가했다. 또 실질적으로 감호봉인 셈인 연간 1호봉 승급자의 비율도 2.0%에서 6.3%로 증가했다(신원철, 2001: 206-207). 승급격차가 확대되고 있는 것이다. 이러한 회사의 시도는 노동자들의 상승욕구 부합하는 것이기도 했기 때문에, 회사의 의도대로 이런 제도 개정은 노동자들 간의 경쟁을 조직화하는 효과가 있었고 승급 및 승격을 위해 현장에서는 자발적인 '조기작업'이 진행되기에 이르렀다.

생산직 사원의 인사고과 항목은 인간적 요소(책임감 10점, 협조성 5점, 근면성실성 10점), 근무태도(원가의식 10점, 안전의식 10점, 순응성 5점), 능력(실행력 10점, 기능도 20점, 이해력 5점), 업적(업무의 질 5점, 업무량 5점, 공헌도 5점)으로 구성되어 있다[41](신원철, 2001: 215). 이 중 능력을 숙련으로 이해할 수도 있겠으나 능력의 각 항목을 측정하기 위한 문항을 보면, 숙련을 측정하기 위한 것이라고 보기 어려운 지점들이 있다. 실제 운영에 있어서도 인사고과는 노동자의 숙련을 평가하기보다는 태도를 평가하는 제도로 운영되고 있다. 뿐만 아니라 인사고과 항목에 노동조합관이 포함되어 있는 문제가 있어 노동조합이 인사고과가 공평하지 못함으로 지적하고 감호봉 배제를 요구했으나 사측은 인사고과는 회사의 고유한 인사권이라고 대응했다(노병직, 2003: 123).

### 3) 임금제도

<표 3>에 제시한 바와 같이 B 조선의 임금은 기본급과 제수당 그리고 보너스로 구성된다. 기본급은 직급별 호봉표에 따르며 각 직급별 호봉수는 50개다[42]. 그런데 대부분의 노동자는 매년 2호봉 이상 승급하므로(2000년 이후는 년간 1호봉 승급) 기본적으로 B 조선 생산직 노동자의 임금은 연공적 구조를 가지고 있다. <표 3>은 A 자

---

41) 현장관리직의 인사고과 항목은 인간적 요소(책임감 15점, 인간관계 10점, 근면성실성 5점), 근무태도(원가의식 5점, 적극성 10점, 안전의식 5점), 능력(실행력 15점, 지도통솔력 10점, 이해력 5점), 업적(업무의 질 5점, 업무량 5점, 공헌도 10점)으로 구성되어 있다

42) 1993년까지 호봉수는 42개였으나 인사제도 개정시에 50개로 늘었다. 그리고 직급별 임금격차는 기선과 기정을간에 가장 크다(신원철과의 면접).

동차와 마찬가지로 B 조선에서도 기본급이 전체 임금에서 차지하는 비율이 매우 낮다는 점을 알 수 있다. A 자동차만큼 잔업수당의 비율이 높지는 않지만 상여금이 임금의 절반을 차지한다는 것은 노동자들은 부단한 협상과 투쟁으로 임금총액을 지켜나가야 함을 의미한다.

　B 조선에서는 1995년부터 생산직 노동자에게도 월급제를 실시하고 있다. 노사는 당시의 월소정 노동시간 243시간의 시간급에 해당하는 임금을 월급으로 지불하기로 합의했다. 월급제 전환 논의는 1994년부터 시작되었는데 직능급 도입을 주장하는 사측과, "기본급을 기준으로 생애생계비 임금"을 주장하는 노조 측이 팽팽한 대결을 벌이고 있었다. 이 상황에서 1995년 단협 시기에 해고자복직투쟁을 하고 있던 두 사람의 노동자가 분신자살하는 사건이 발생해 사측이 서둘러 직능급 주장을 포기함으로써 실시되게 되었다(노병직, 2003: 115-122).

<표 3> B 조선 노동조합원의 임금 구성과 평균임금액(2004년)

| 임금항목 | | 임금액(원) | 항목별비율(%) |
|---|---|---|---|
| 기준내임금 | 기본급 | 1,551,320 | 38.4 |
| | 제수당* | 156,094 | 3.9 |
| | 소계 | 1,707,414 | 42.2 |
| 기준외 임금 | 시간외수당 | 411,977 | 10.2 |
| 고정 보너스 | 월할 상여금** | 973,344 | 24.1 |
| | 휴가비 | 180,716 | 4.5 |
| | 연월차수당 | 198,176 | 4.9 |
| | 소계 | 1,352,236 | 33.5 |
| 변동 보너스 | 성과격려금 | 83,334 | 2.1 |
| | 성과상여금 | 486,671 | 12.0 |
| | 소계 | 570,005 | 14.1 |
| 월급여총액 | | 4,041,652 | 100.0 |

\* 수당에는 현장수당, 근속수당, 직위(직급)수당, 직책수당 등이 포함.
\*\* 연간 기본급의 700%가 지급되는 보너스를 12로 나눈 금액.
자료: 전국금속산업노동조합연맹 조선분과(2005) 14면에서 재구성.

## 4) 교육훈련체계

B 조선은 기업설립 직후 사내직업훈련기관인 기능공 훈련소를 기업 내에 설립했다. 그러나 회사설립 직후 조선산업이 심각한 불황에 처해 신규인력 수요가 없어지자 사내직업훈련은 사실상 운영 중단 상태에 들어가게 되었고 종업원에 대한 교육투자는 거의 수행되지 않았다. 인사고과에서도 숙련을 평가하는 실질적인 내용이 없고 인사제도가 유도하는 경쟁은 숙련형성을 둘러싼 경쟁이 아니라 기업에 대한 순응경쟁이다. 결과적으로 B 조선에는 기업이 주도하는 노동자 숙련형성체계가 존재하지 않고 노동자들은 현장에 배치되어 일을 하는 과정에서 선배들에게 비공식적으로 일을 배워 경험적 숙련을 축적하는 상황이다. 이 때문에 조선산업의 노동자들은 직무자율성과 협동성이 다른 제조업에 비해 높은 편이다. 그럼에도 불구하고 1987년 이전에 비해 1990년대 들어 한 노동자가 담당하는 기능이 확장되었다는 점에서 다기능화가 진행된 측면이 있으나, 자동화가 추진되면서 각각 기능 자체가 단순화되어 숙련상승이라고 보기 어려운 측면도 있다(박준식, 1992: 213-217).

뿐만 아니라 B 조선에서는 Off-JT도 거의 없는 편이다. 거의 유일한 것은 1989년부터 희망90's라는 이름 경영혁신 운동을 전개하면서 1990년부터 family training이라는 이름으로 전체 종업원과 가족들을 대상으로 노사협조주의와 가족주의 의식 함양을 위한 정신프로그램을 운영한 것이다. 희망 90's의 프로그램에는 종업원과 가족들을 대상으로 한 문화여행과 패밀리 교육, 모범 근로자 해외산업시찰, 5분 미팅, 연수교육, 면담, 건전서클 지원 등이 포함되어 있다(노병직, 2003: 251-253; 박준식, 1992: 218).

## 5) 노동조합과 노사관계

B 조선에서는 1987년 8월 시위 도중에 노동자 한 명이 사망하는 격렬한 노동쟁의를 거쳐 노조가 결성되었다. 그러나 1기 집행부는 비교적 기업에 협조적이었기 때문에, 현장에서는 노조 집행부에 대한 불만이 고조되었고 '비공식파업'(Wild cat strike)이 빈발했다. 1989년 12월, 87년 이후 투쟁을 실질적으로 주도해온 비공식 조직 (노조민주화추진위원회)측 후보가 위원장에 당선되면서 노사관계는 경색국면에 들어가게 되었다. 그러나 집행부 교체 후 생산직 임금이 급상승하면서 사무직 노동자도 노조에 활발하게 가입하게 되었다.

B 조선 노조는 현장 활동을 활발히 전개한 노조로서 한국식 '숍 스튜워드'(shop steward)라 할 소위원회 활동이 활발했던 특징을 가진다. 그러나 사용자측이 현장소위원회의 활동시간을 노동시간으로 인정하지 않았고 임금인상을 위한 파업에 대해 무노동무임금 원칙을 주장하면서 갈등이 고조되었다. B 조선 노사관계의 대립적 성격은 B 조선이 장기간 적자기업이었다는 사실과 직접적으로 연관된다. 기업 측은 경영부진을 이유로 대기업 평균 임금 인상율이 20%였던 1989년에도 임금동결을 선언했고 이에 노동자들의 불만이 폭발했다 (박준식, 1992: 286-298). 89년 6월에는 단체협상이 제대로 진전되지 않자 노조가 파업을 선언했고 회사는 폐업 선언으로 대응하면서 노사 간의 대립은 극단으로 치달았다. 1990-91년에 걸친 단체협약 갱신 시에는 위원장이 B 조선의 직접 경영진이 아니라 B 그룹 회장

과의 직접 협상을 요구하면서 골리앗 크레인에서 농성투쟁을 벌여 단체협상을 타결하기도 했다[43](노병직, 2003: 101-102). B 조선에서는 1987-98년에 걸쳐 총 5명의 노동자가 투쟁과정에서 사망(경찰에 의한 타살 1인, 분신자살 4인)하는 등 격렬한 노사대립이 전개되었음에도 불구하고 91년부터 무쟁의로 단체협약을 체결해온 점이 독특한데 여기에도 B 조선의 경영부진이라는 요인이 작용했다.

## 6) 고용조정

노조결성 전 B 조선에서는 일방적 해고가 횡행했다. 특히 하청공에 대한 해고가 많았는데 1984년 14,763명이던 하청공이 1985년에는 4,718명, 1986년에는 2,011명으로 줄어들었다(신원철, 2001: 199)[44]. 뿐만 아니라 1984-78년에 걸쳐 정규 노동자도 1,000여명이 감소했다. 그러나 노조결성 후 일방적인 고용조정이 불가능해짐에 따라 기업은 조업량의 증가에도 불구하고 신규채용을 중단하고 정규직 인력의 일부를 계열사 내 타 기업으로 배치 전환하는 방법을 사용해 고용조정을 했다. 1989년 하반기에만 500명이 B 자동차로 이동했고, 1990년 상반기에도 500명이 이동했다. 사간전보라고 불리는 이 배치전환은 희망자를 대상으로 기업이 선발하는데 B 조선의 노동조건이 워낙 열악했기 때문에 90년 상반기의 500명 모집에 3,000명이

---

43) 한국의 재벌기업에서는 계열사 경영진의 자율성이 매우 낮기 때문에 노동조합은 총수와의 직접 협상을 요구하기도 한다. 대우그룹의 경우 1985년 대우자동차 부평공장의 파업시에도 20대 후반의 학생출신 운동가가 김우중 회장과 담판을 벌여 협상을 타결한 적이 있다.

44) 그러나 1990년대 들어 하청공 사용은 지속적으로 증가해, 1990년에는 1431이었던 하청공이 2001년에는 5551명으로 늘어났다(노병직, 2002: 95).

지원할 정도로 노동자들에게는 환영 받았다(박준식, 1992: 206-215).

## 7) 소결

이상에서 검토한 바와 같이 B 조선에서는 1990년대 중반에 인사
제도를 개정했지만 그것은 노동자의 숙련형성에 기여한 것은 아니
었다. 사측이 요구하는 것은 더 성실하게 더 장시간 노동하는 것뿐
이었고, 인사고과도 노동자의 숙련을 평가하는 요소는 없었다. 또
교육훈련체계가 실질화 되거나 강화된 바도 없었다. 사측은 더 많은
노동자를 현장감독직으로 포섭하고 승격/승진을 향해 경쟁시킴으로
써 노동자에 대한 통제권을 확보했을 뿐 배제적인 노무관리 자체가
변화한 것은 아니었던 것이다. 때문에 인사제도운용에 대한 노동자
들의 불만도 높다. 1997년에 회사 측이 실시한 조사에 따르면 호봉
승급제도가 공정하게 운영되고 있다는 응답은 16.4%인 반면 그렇지
않다는 응답은 45.4%, 승진/승격제도가 공정하게 운영되고 있다는
응답은 10.0%로 그렇지 않다는 응답 59.0%에 비해 매우 낮다. 또
노조활동에 적극적이면 인사고과에서 불이익을 받는다는 응답도
69.4%나 된다(신원철, 2001: 210). 즉 사측은 임금 및 지위상승을
둘러싸고 노동자에 대한 통제권을 다소간 회복했지만 그 통제권은
노동자들에게 정당성을 인정받지 못하는 불안정한 것이다. 이와 같
은 B 조선 사례도 A 자동차 사례와 마찬가지로 대립적 노사관계 하
의 노동배제적 노무관리가 노동자의 숙련형성을 저해하는 요인임을
시사한다.

## 4. 철강산업: C 철강

### 1) 기업 개요

1968년에 창업한 C 철강은 주사업장이 포항에 있고 광양에도 제철소가 있다. 2007년 12월 현재 종업원 17,307명(여성 2.2%, 생산직 91.4%)을 고용하고 있다. 종업원의 평균근속년수는 19.02년, 연간평균임금은 63.6 백만 원이다. 한국노총 소속인 노동조합에는 18명의 노동자가 가입해있어 노동조합은 없는 것과 다를 바 없다(C 철강, 2008).

### 2) 직급체계와 승진체계

C 철강은 기업설립 당시부터 직급체계 관리에 적극적이었는데 1987년 이전의 승진제도는 철저히 학력 간 신분차별에 기초해 운영되고 있었다. 대졸자는 기간직으로 분류되어 1-5급까지의 직급체계를 가지고 있었고, 고졸사무직과 기능직(생산직)은 5-3급까지의 직급체계를 가지고 있었다. 그리고 승진체계도 완전히 분리되어 있었다. 87년 이전의 생산직 승진체계는 '조원-조장-반장-주임-기성보-기성'의 6단계였는데 기성보와 기성은 상징적 지위로 생산직의 승진은 실질적으로 주임이 끝이었다. 그런데 다른 기업들에 비해 C 철강에는 생산직 중 주임과 반장의 비율이 높은 편(89년 27.5%)으로 이는 노동자에 대한 통제와 관리가 강함을 보여주는 것이다.

1987년 이후 C 철강은 3번에 걸쳐 인사제도를 개정했다. 먼저

1987년에는 사무직과 생산직의 직급을 통합해 7직급으로 단일화하는데 이는 노조결성 움직임에 대응하기 위해 급조된 것이었다. 때문에 1990년 4월에 다시 직급체계를 7직급(65등급)에서 5직급으로 개편한다. 1990년의 5직급제에서 각 직급은 두 개씩의 직능등급으로 구성되기 때문에 실질적으로는 10직급제와 마찬가지였고 직위와 직급이 직접 연결되어 있었다(박준식, 1992: 163-7; 최종태, 1990: 101-128). 1995년에 C 철강은 다시 직급체계를 7직급제로 개편했지만(사원(을, 갑)-주무(을, 갑)-대리(을, 갑)-과장급-차장급-부장급-이사보) 직급의 명칭이 바뀌었을 뿐 1990년 체계와 실질적인 차이는 없었다. 1995년 개정에서 중요한 점은 직위와 직급의 연결을 해체하고 직능등급만으로 승진(승격)체계를 운영하기 시작했다는 점이다.

1995년 시점의 직위체계는 '사원-반장-주임-계장-과장-공장장-부장-팀장'인데 사원에서 반장으로의 승진 자격은 직능등급이 주무을 이상(주무을은 사원 8년 이상인 자), 인사고과 우수자, 초기감독자 능력개발과정 이수자의 4가지 조건이다. 주임승진자격은 직능등급이 주무갑 이상, 반장 경력 4년 이상, 인사고과 우수자, 고급감독자 능력개발과정 이수자의 4가지 조건이다(오학수, 2001: 137-144).

이와 같은 직급체계 하에서 인사고과가 철저히 실시되고 있었으며, 급여와 승진에 반영되는 인사고과는 대부분(80% 정도)가 주임에 의한 평가였다. 사측은 직급체계를 직능자격제도로 개편하면서 이전에도 타기업보다 비율이 높았던 상위직급자의 비율을 더욱 증가시켰다. 1990년에는 사원 49.8%, 주무 28.9%, 대리 이상 1.6%였던 고졸 사원의 직능자격별 분포는1996년에는 각각 24.3%, 51.5%, 5.7%로 증가했다(오학수, 2001: 143). 다음의 교육훈련체계에서 살펴보는 바와 같이 C 철강은 초기부터 철저히 1:1 OJT를 통해 노동자의 숙련을 형성시켜왔기 때문에 교육자의 비율이 높아지는 측면이 있다. 또 현장감독직의 비율을 높이고 권한을 강화해 생산직 노동자에 대한 통제를 강화하는 것은 1990년대 이후 제조업 대기업들의 공통된 전략이기도 하다.

## 3) 임금체계

1987년까지 C 철강의 임금체계는 기본급+직무급+능률급으로 구성되어 있었고 생산직은 일당제, 사무직은 월급제였다. 생산직의 기본급은 50개의 호봉에 따라 상승하는데 고졸로 입사하면 6호봉에서 출발해 연간 2봉씩 승급한다. 호봉이 상승할수록 승급액이 확대되어 6-10호봉에서는 1호봉 승급 시 2,000원이 상승하지만, 42-50호봉에서는 5,000원씩 상승하도록 되어있었다. 생산직의 직무급은 1등급 6,850원에서 50등급 202,020원까지 상승하는데 승급에는 경쟁의 요소가 없이 근속에 따라 임금이 다소 완만하게 상승하는 완만한 연공급의 구조를 가지고 있었다. 그러나 근속이 증가함에 따라 대졸과의 임금격차는 확대되는 구조였다. 1987년의 직급체계 개정으로 임금에서도 학력별 2원적 관리가 없어지고 임금의 연공적 요소도 다소 약화되었지만 큰 변화는 없었다(오학수, 2001: 146-152).

1990년에는 임금체계도 크게 바뀌어 대졸과 고졸, 사무직과 생산직 간에 기본급이 완전한 단일 호봉제(45호봉)로 변화되고 연간 1호

봉씩 승급하게 되었다. 병역필의 고졸은 4호봉, 병역필의 대졸은 9
호봉에서 출발하는데, 1호봉의 기본급은 166,500원, 45호봉의 기본
급은 632,000원이다. 또 1990년에는 기존의 직무급 대신 직능급을
도입해임금은 기본급+직능기초급+직능가급으로 구성되게 되었다.
직능가급은 매년 직능향상도 평가에 의해 산출되는 직능점수에 따
라 지급된다. 직능점수는 직능가급에 반영될 뿐 아니라 동일 직능자
격 내에서는 계속 누적되고, 승격, 승진에도 반영된다. 6등급으로 평
가되는 인사고과는 하위 5, 6등급은 없어도 되지만 1-4등급까지는
상대평가로 이루어진다. 실제 평가등급 분포를 보면 1등급과 2등급
을 합해 20% 정도다.

직능기초급은 위로 올라갈수록 증가폭이 커지는 구조인데, 1990
년의 경우 1등급의 직능기초급을 100으로 했을 때 5등급은 252, 6
등급은 292, 7등급은 408로 되어 있었다. 그러나 1996년에 이를 다
소 완화해서 5등급이 199, 6등급이 226, 7등급이 286이 되도록 조
정했다(오학수, 2001: 152-155). 전반적으로 1990년대의 인사제도
개편을 통해 임금의 연공성은 다소 약화되고 경쟁성이 증가하면서
기업의 통제력이 증가하게 된 것이다.

<표 4> C 철강 생산직 노동자의 연간임금 구성요소와 비율(근속 11년, 1996년)

단위: %

| 연수합계 | 기본급 | 직능급 | 직무환경수당 | 교대수당 | 야간수당 | 월차수당 | 중식비 |
|---|---|---|---|---|---|---|---|
| 100.00 | 18.79 | 13.96 | 1.22 | 2.95 | 6.73 | 2.65 | 3.70 |
| 가족수당 | 상여금 | 인센티브 | 연차수당 | 휴가비 | 월동비 | 성과금 | 격려금 |
| 1.52 | 18.23 | 3.04 | 4.42 | 3.04 | 4.56 | 9.11 | 6.06 |

자료: 회사 자료, 출전: 오학수(2001) 159면에서 인용.

C 철강은 월 급여 외에도 고정상여, 인센티브, 휴가비, 월동비, 특별격려금, 경영성과금 등 다양한 명목의 두터운 상여제도를 갖추고 있으며 상여도 지속적으로 증가했다. 즉 1981년 기본급의 700%+5만원이었던 상여급이 1995년에는 평균 1,545%로 증가한 것이다(오학수, 2001: 157). 이렇게 상여급, 수당 등이 워낙 많기 때문에 <표 4>에서 알 수 있듯이 생산직 노동자의 연수 중 기본급과 직능급이 차지하는 비율은 30%가 조금 넘는 수준이다.

뿐만 아니라 기업복지도 매우 충실해 생산직에게도 자녀의 학비를 대학까지 전액 지원하고 저가의 사원주택을 분양하며, 거액의 주택자금을 무이자로 융자해준다. 특히 주택관련 지원은 1987년에 노조 결성움직임을 와해시키는 데 큰 역할을 했다. 법정내외의 기업복지비가 총노무비에서 차지하는 비율은 1990년 24%에서 1995년 37%(1994년 29%)로 증가했다.

# 4) 교육훈련체계

<표 5> C 철강의 종업원 교육체계

| 직급 | 직급별 교육 | 분야별 교육 — 기술 교육 | | | | | | |
|---|---|---|---|---|---|---|---|---|
| 임원 | 경영전략 세미나 | | | | | | | |
| 부소장, 부장 | 고급관리자 능력개발 | | | | | | | |
| 차장, 과장 | 중간관리자 능력개발 | 관리감독자 조직활성화 교육 | | | | | | |
| 계장 | 중간관리자 입문 / 초급관리자 능력개발 | | | | | | | |
| 주임 | 주임능력 향상교육 | | | 조업기술원 | 정비기술원 | QC기술원 | IE기술원 | 첨단기술강좌 |
| 반장 | 고급감독자 능력개발 / 반장능력 향상교육 | | COBOL/BASIC/32BITPC/PC기초 | 철강기술선분 | 정비심화/기능코스/ | QC전문/QC심화 | | 천장기중기 |
| 중견사원 | 초급감독자 능력개발 / 초급관리자 입문 | 일반사원 조직활성화 | | | 정비기초 | 설비관리기초 | 용접 | |
| 신입사원 | 대졸신입교육 / 고졸신입교육 | | | | | | | |

분야별 교육과정에서는 기술교육 외에 수탁교육, 직업훈련, C철강 문화강좌, 7개의 사무관리직 교육과정 및 10개의 어학과정이 직급별로 설치되어 있다.

자료: 제철연수원, 「1990년도 교육계획서」, 출전: 박준식(1992) 169면.

철강산업 노동자의 직무는 책임성과 규율성이 매우 높고 통제의 범위와 이동의 자유도 넓다. 이 때문에 C 철강은 창립시부터 노동자의 숙련형성을 위한 교육훈련에 집중 투자했다. <표 5>가 제시하듯이 직급별로 세밀한 교육 프로그램이 설정되어 있고 각 단계의 교육 이수는 승격자격과도 직접 연결된다. 현장교육체계도 각 분야별로 <표 5>만큼 세밀하게 구성되어 있고 각 훈련단계에 소요되는 기간도 정해져있다. 노동자가 생산현장에서 완전한 숙련공으로 성장하는 과정은 기초훈련-> 향상훈련-> 강화훈련의 3단계로 약 10년 기간이 걸리는 것으로 설정되어 있다. 생산직 노동자들은 이 과정을 완전히 마치면 반장, 주임으로 승진할 수 있다.

이 과정을 상술하면 다음과 같다. 생산직 노동자의 입사하면 정신교육을 3~4개월 받은 후 현장배치되고, 3개월간의 기초과정 직무훈련을 받는다. 선배노동자 또는 상급자와 한 조를 이루어 그의 개별적인 지도하에 현장실습이 진행된다. 현장 배치 후 약 1년간 현장적응 및 직무기초지식 습득과정이 있다. 기초과정에서 하는 주된 일은 단순 업무의 반복 수행이며, 훈련자의 지시 이외의 직무를 수행해서는 안 된다. 기초과정이 끝나면 현장향상과정으로 들어가고 이 때부터 회사에서 부여한 기준직무등급을 부여받으며, 주어진 규정에 따라 설비를 운전하거나 주어진 직무를 수행한다. 다음 단계인 강화과정에 들어가면 숙련공 수준에 도달한 것으로 평가되는데 3단계로 분류된 강화단계의 각 단계를 거치면서 상위의 직무등급을 부여받는다. 이 단계를 경과하면서 노동자들은 주어진 직무 수행 뿐 아니라 설비의 개선활동 등을 수행하며 스스로 각종 보고서를 작성할 수 있게 된다. 이런 숙련형성과정은 직무의 누진계통을 따라 이루어지며 이 과정에서 노동자들이 습득한 기술과 숙련의 내용들은 새로운 교육훈련과 직무분석의 기초자료로 기업 측에 의해 보관, 관리된다. (박준식, 1992; 168-176). 생산직 노동자들의 교육훈련은 이상과 같은 현장교육훈련뿐 아니라 부설 공고 및 사내직업훈련을 통해 채용 이전부터 이루어진다. 또 각종 정신교육도 지속적으로 실시된다.

## 5) 노동조합과 노사관계

C 철강의 노사관계는 한마디로 말해 노동배제적 노사관계다. 기업측은 노조가 생길 가능성을 철저히 억제해왔지만, 1987년의 노동자 대투쟁기에 C 철강에도 노조결성의 움직임이 있었다. 이에 대해 사측은 평균 10% 임금인상, 직제의 부분적 개편, 사원지주제 실시, 두터운 기업복지를 통한 압박으로 노조결성 움직임 저지하는데 성공했다. 1988년 5명의 노동자가 드디어 노조를 결성하지만 집행부는 한국노총 가입도 꺼릴 정도의 보수적 성향을 가지고 있었다. 노동조합은 1989년 단협을 통해 평균임금 20% 이상, 가족수당, 월동비 신설, 직급체계 개선, 근무제도개선 등에 합의하지만 1990년에는 전국 최초로 임금동결에 노사가 합의하고 89년부터 노조가 생산성 향상운동을 전개하는 등 협조주의 노선으로 일관했다. 때문에 현장에서는 불만이 고조되었으며, 1990년 8월 1987년 당시부터 활동해오던 강경파가 노조집행부를 장악했다. 그러나, 강경파 집행부를 지원하는 비공식 조직이 다른 대기업 사업장에 비해 규모가 매우 작고 활동력도 낮아 강경파 집행부는 기업측의 노조무력화 작업에 와해되고 만다(박준식, 1992: 269-277). 그 후 지금까지 C 철강은 실질적으로는 무노조 기업과 마찬가지 상태다. C 철강은 기업 설립 초기부터 가혹한 병영적 통제[45]와 체계적인 교육훈련, 그리고 생산직에 관한 한 전국 최고 수준의 기업복지 등이 노동자들의 저항을 전면적

---

[45] 1980년대까지 C철강의 작업장은 폭력적 통제로도 유명했다. 장성 출신인 C철강의 회장은 심지어 공장 순시 도중 지시대로 되어 있지 않은 것이 있으면 평노동자들 앞에서 관리직의 정강이를 걷어차기를 서슴치않는 '군인정신'의 소유자였다.

으로 무력화한 대표적인 사례다.

## 6) 고용조정

C 철강은 포항제철소의 확장, 1987년의 광양제철소의 건설 등 기업설립 이후 지속적으로 확장을 거듭해왔기 때문에 강압적인 고용조정의 필요성이 별로 없었다. 그러나 1990년대 들어 더 이상 설비확장이 이루어지지 않으면서 승진적체 및 종업원 고령화현상이 나타나기 시작했다. 이에 1995년 3월 45-54세의 종업원을 대상으로 명예퇴직(희망퇴직) 신청을 받아 1,411명을 고용조정 한다(오학수, 2001: 197-201).

## 7) 소결

C 철강은 한국의 대기업 중 생산직 노동자의 숙련형성 체계가 가장 일찍부터 가장 철저하게 만들어진 드문 사례에 해당한다. 다른 사례 기업들과 마찬가지로 C 철강도 1987년의 노동자 대투쟁에 대한 대응으로 사무직과 생산직 간의 차별적 관리 제도를 개선했다. 그리고 1990년대에 들어 직능자격제도 및 직능급 임금체계를 도입해 노동자의 숙련형성을 더욱 체계화하는 동시에 경쟁을 강화하고 이를 통해 노동자에 대한 관료적 통제도 강화했다. 그런데 A 자동차 및 B 조선에서는 불가능했던 이러한 변화가 가능했던 중요한 이유는 기업의 통제강화에 저항하는 노동조합이 없었다는 점이다. C 철강 사측이 노동자의 저항을 원천봉쇄하고 노동배제적 노사관계로

일관할 수 있었던 가장 중요한 이유는 생산물 시장에 대한 독점에 있다. 경쟁이 없는 생산물 시장에서 고수익을 올릴 수 있었기 때문에 C 철강 사측은 고임금과 고복지라는 당근으로 저항을 원천봉쇄하면서 기업이 필요한 숙련형성 체계를 구축할 수 있었던 것이다. 그러나 노동배제적 노사관계라는 특성은 체계적인 숙련형성에도 불구하고 기업의 경영상황이 악화되었을 때 손쉽게 노동자들이 정리해고 될 수 있는 원인이기도 하다.

## 5. 전자산업: D 전자

### 1) 기업개요

1959년에 설립된 종합가전업체인 D 전자의 주요사업장은 국내에서는 경북구미(TV 등), 경남 창원과 김해(냉장고, 에어컨, 청소기 등), 경기도 평택(핸드폰) 등에 있다. 2007년 12월 현재 29,496명(여성 15.6%, 생산직 31.6%, 생산직 중 여성 25.9%)의 종업원을 고용하고 있다. 종업원의 평균근속년수는 8.16년(여성 4.36년, 남성 8.95년) 평균연간임금은 61.9 백만 원(남성 64.3백만 원, 여성 49.3백만 원)이다. 노동조합의 조합원(가입자격: 반장 이하)은 9321명이며 상부단체는 한국노총이다(D 전자, 2008).

## 2) 직급체계와 승진체계

1994년 1월부터 D 전자는 신인사제도를 도입해 생산직 노동자의 직급체계를 사원을–사원갑–기사–주임–기장–기정–기성으로 개편했다. 생산직 노동자의 직위체계는 조원–조장–반장–계장으로 구성되는데 대체로 조원 10명당 1개 조, 2개 조가 1개 반, 3개 반이 1개 계다. 조장의 업무는 70% 정도는 라인에서의 자신의 담당 직무를 수행하고 30% 정도는 담당조의 애로공정을 해결하는 것이다. 1997년 1월 현재 전사에서 계장은 35명, 반장은 142명, 조장은 232명인데 이중 여성은 조장 1명뿐이다46)(김성희, 1999; 김성희 자료47)). 생산직의 상위자격으로의 승격은 1990년대까지는 활발하지 않았으나 2000년대에 들어 활발해졌다. 2005년 현재 창원과 김해 공장에 있는 4천여 명의 생산직 중 16-17명이 부장급인 기성으로 승격했다(조성재, 2006b).

승격전형은 주임까지는 각 100점이 만점인 근속년수, 근무기여도, 필기시험(회사상식)으로, 기사 이상은 근속년수, 근무기여도, 개선보고서의 평가결과로 한다. 근무기여도는 상벌, 출결상황, 근무태도, 교육, 제안의 5개 항목으로 평가하고 개선보고서는 담당업무에 대한 구체적인 개선내용 혹은 생산성 향상이나 비용절감으로 회사에 기여할 수 있는 내용으로 A4 4-5매 분량을 작성한다. 또 승격 대상자

---

46) 2,600명의 생산직 노동자 중 여성이 2,000명이나 되는 평택공장에서도 2006년 현재 계장 8명, 반장 32명, 조장 60명 중 여성은 거의 없었다(조성재, 2007).

47) 한국비정규노동센터의 김성희 소장은 친절하게도 자신이 1997-99년에 걸쳐 D전자를 포함한 전자전기 3사에 대해 조사하면서 확보한 자료와 생산직 및 현장감독직 노동자에 대한 면접조사 자료를 이 연구를 위해 제공해주었다. 김성희 소장께 감사드린다.

가 되려면 각 자격등급에서 일정 이상의 호봉을 취득해야 한다. 반장 승진을 위해서는 6시그마 운동(품질개선활동)에서 그린벨트 이상, 계장 승진을 위해서는 블랙벨트(그린-블루-블랙 벨트 순으로 상승)를 따야한다. 반원들의 작업상의 애로사항을 지도하고 해결할 수 있어야 하기 때문이다(조성재, 2006b)[48].

연 2회 실시하는 인사고과는 작업량, 작업실적, 기능수준, 업무태도 등의 항목으로 실시되어 호봉승급에 반영되는데, 사무직은 보너스에도 반영된다. 인사고과자는 1차는 반장, 2차는 계장이다. 그리고 기본호봉 승급 외에 3개 호봉까지 더 올려줄 수 있는 권한이 반장 및 계장에게 있다(김성희 자료).

1994년의 신인사제도 도입 후 '현장관리의 라인화'가 집중적으로 진행되어 생산과정 전반에 걸쳐 현장감독직의 권한이 전반적으로 강화되었다. 예를 들어, 생산관리팀에서 주간단위로 작업량을 정해서 작업장 별로 할당하면 목표를 달성하기 위한 1일 생산량 결정 및 라인운영, 생산방법, 인원운영은 반장이 결정한다. 인원운영이란 비정규직을 얼마나 사용할 것인가가, 잔업, 특근에 누구를 배치할 것인가 등을 말한다. D 전자에서는 수요가 집중되는 시기(11-6월)에는 통상적으로 용역노동자와 더불어 파트타임이라는 이름으로 정규 노동자의 부인을 일시적으로 고용한다[49]. 1997년 2월 24일 현재 창원 제2공장에는 850명의 용역직 노동자(전원 남성)와 536명의 파트타

---

48) D전자는 작업방식 혁신과 개선활동에 적극적이며 이를 위해2000년대 들어서는 토요타 자동차와도 적극적으로 교류하며 토요타 방식을 도입하고 있다.

49) 정규직의 부인을 파트타임으로 사용하는 것에 대해 일부의 노동자들은 가계소득이 늘어나는 한편 '종업원을 가족처럼'이라는 기업문화전략을 수용하는 분위기가 형성되며, 경제위기 시기에 정규직 고용의 안전판 역할을 한다는 점에서 다행스럽게 생각한다(김성희박현미, 1999: 65).

임 노동자가 사용되었다.

또 부하직원에 대한 전반적인 관리도 현장감독직의 중요한 역할이다. 즉 "부하 직원이 출근해서 퇴근할 때까지의 모든 행동과 업무가 다 관리대상"이다. 이는 작업과정에서의 애로 사항뿐 아니라 모든 종류의 고충에 대응해야 함을 의미한다. 1999년에 김성희와 박현미가 실시한 조사에 따르면, 현장노동자들의 고충상담자는 현장감독자 53.6%, 동료작업자 29.8%, 부서장 8.9%, 노조대의원 3.4%, 노조간부 0.5% 등이다. 이렇게 현장감독직의 역할과 권한이 강화된 것이 대해 당사자들은 생산직 내에서의 처우는 개선되었지만 사무직과의 차별은 여전하다고 느낀다. 생산직은 15년 정도 근무해야 계장이 될 수 있지만 사무직은 5년 정도면 대리로 승진한다(1999년에 실시한 모 계장과의 면접, 김성희 자료).

## 3) 임금제도

1999년 현재, D 전자 생산직의 임금체계는 기본급(기초급+직능급) + 직무수당 + 기타 수당(속인급)으로 구성되는데 기초급의 호봉개수는 40개고, 연 1호봉씩 승급한다. 기초급은 기능직 사원은 모두 단일호봉표의 적용을 받으나 남성은 군복무를 3호봉으로 인정받기 때문에 여성보다 높은 호봉으로 입사하게 된다. 각 직능자격 등급의 호봉수는 30개고 연2호봉 승급이 기본인데 평가에 따라 특별승급도 가능하다. 직능급은 기본급 중 30% 정도를 차지한다. 공고 직업훈련원(6개월 이상) 및 사내직업훈련원(3개월) 출신은 입사 시 직능급에서 12호봉을 인정받는다. 직무수당은 수행직무가치와 부하, 환경

요인을 반영해 4개 등급으로 평가되며 1999년 현재 직무등급 간에 월 3천원의 차이가 있다[50]. 근속수당은 2년에 5천 원씩 증가한다(김성희 자료).

2006년 현재 고졸 초임은 기본급이 월 175만원(연2,100만원)이고 상여금은 800%로, 근속 8, 9년 정도가 되면 연간임금은 4,000-4,500만 원 정도가 된다[51]. 그리고 이와 별도로 성과급이 있는데 성과급은 라인별로 부여하므로 개인별 차이는 없다(조성재, 2007: 193).

## 4) 교육훈련체계

D 전자의 교육훈련체계에서 기능훈련은 현장감독자 위주로 구성되어 있다. 자동화와 표준화가 진행되면서 현장감독자의 역할 중 조원에 대한 기능지도가 중요해졌고 노무관리의 라인화를 본격 추진하면서 노사관계 담당자로서의 역할도 중요해졌기 때문이다. 때문에 현장 감독자에 대해서는 안전교육, 품질교육, 다기능화 교육, 자율학습 등의 기능교육과 기업문화교육, 노사관계교육, 관리능력향상교육 등의 노무관리교육이 체계적이고 다양하게 이루어진다.

안전교육은 매우 월요일 아침에 정기적으로 실시되며, 필요할 때는 임시교육도 실시한다. 품질교육은 품질의 중요성에 대해 연구원

---

50) 그런데 1997년 1월 현재 창원제2공장 생산직 노동자의 성별 직무등급별평가 분포를 보면 남성은 A B C D 각 등급별 분포가 19.7%, 53.8%, 24.1%, 2.4%인 것에 비해 여성은 각각 0.8%, 2.7%, 26.0%, 70.0%로 매우 성차별적인 평가가 이루어지고 있음을 알 수 있다(김성희 자료).

51) 2006년 현재 한국제조업 남성노동자 연평균임금(초과급여 포함)은 20-24세 고졸 남성 1,721만 원, 30-34세 고졸 남성, 2,897만원, 근속 5-9년 전체가 3,529만원이다. D전자는 동종업계 내에서는 고임금인 편이지만 삼성전자의 임금이 더 높다. 삼성그룹은 무노조경영을 중요한 방침으로 하고 있는데 업계 최고임금으로 노동자를 통제한다.

들이 이론교육을 하는 형식으로 진행된다. 다기능화 교육은 사내교육과 사외교육이 있는데, 사내에서는 OJT의 방식으로 사외교육은 외부기관에 위탁 교육하는 것으로 월단위로 계획을 세워 진행된다. 교육비는 물론 회사가 부담한다. 또 필요시에 근무가 끝난 후에 같은 공정에 있는 감독자들을 모아서 자율교육을 시키는데 그 시간은 잔업으로 인정해준다. 자율학습의 교육내용은 주로 감독자의 역할, 생산성 향상 방법, 상담기법 등이다. 한편 1989년 쟁의 이후 1994년까지 현장 감독직에 대한 기획교육도 다양하게 진행되었다. 노사관계 교육, 챔피언기업정신 교육, QC기법, 토탈 매니지먼트 교육 등 기업문화와 감독자의 지도력 향상을 위한 교육이 실시되었다(김성희·박현미, 1999: 211-214).

평노동자에 대한 교육훈련은 기본적으로 팀작업과 소집단 활동의 활성화를 통한 OJT및 각종 회의를 통해 이루어진다. D 전자는 반을 단위로 한 팀작업의 자율성이 높고 라인에서 문제가 생겼을 때 해결할 때까지는 라인을 가동하지 않고 끝까지 그 라인 내에서 해결하도록 되어있기 때문에 작업과정에서 반장의 지도를 중심으로 OJT가 실시된다. 라인 간 배치전환은 없지만, 조와 반 내에서 자율적인 직무순환을 실시하고 있으며 이를 통해 다기능공화를 유도하고 있다. 그 결과 입사 후 4-5년 정도가 지나면 반 내의 주요공정은 모두 할 수 있게 된다. 또 최근에는 '계' 내에서 의도적으로 반 간에 배치전환을 시도하기도 한다(조성재, 2006b).

소집단 활동에는 현장의 문제점과 개선점을 제안하고 관리하는 그린카드제, 표준작업지침을 만드는 TDR(Tear Down Room) 활동, 현장차원의 개선활동을 전개하는 NWT(Natural Work Team)활동이 있다. 이런 소집단 활동은 넓은 의미의 생산성 향상을 위한 것으로 핵심은 표준시간 단축에 있는데 표준시간 개선의 책임은 기본적으로 반장에게 있다. 소집단 활동 참여는 고과반영을 통해 승진승급에 반영될 뿐 아니라 좋은 아이디어를 낸 사람에게는 포상금도 지급한다. 또 일반작업자를 대상으로 하는 반회의, 계단위로 매일 개최하는 일일생산품질회의, 계장들 간의 자체 대책회의, 월1회 개최되는 OBU생산회의 등 각종 회의를 통해 품질관리의식을 내면화한다.

평노동자에 대한 Off-JT로는 입사시의 신입사원 교육, 년1회 정도 실시되는 전 사원 교육, 회사가 운영하고 노조에 접수하여 신청하는 전산교육과 같은 기능교육, 매주 월요일 아침 조회 시 10분씩 교재를 놓고 조장의 주관 하에 이루어지는 산업안전교육, 그리고 사업부별로 필요할 때마다 진행되는 OBU자체 교육이 있다(김성희·박현미, 1999).

그밖에 그룹사가 운영하는 공업전문학교의 지원을 받아 사내 전문대학을 운영하고 있으며, 90년대 중반에 3by3 운동을 실시하면서 혁신학교도 운영하기 시작했다. 혁신학교는 30명씩 2박 3일 혹은 3박 4일의 집체교육을 실시하는 일종의 사관학교로 전세계 D 사업장에 전파된 고유의 훈련프로그램이다. 혁신학교의 주요 교육내용은 사기, 개선활동, 팀워크 등이며 실무교육으로는 다른 작업장에 배치하여 개선활동을 수행하도록 하는 것 등이다.

## 5) 노동조합과 노사관계

D 전자는 한국 대기업 중 협조적 노사관계를 구축한 대표적인 기업이다. 그러나 D 전자의 노사관계가 언제나 협조적이었던 것은 아니다. D 전자에서도 1987년과 1989년에 격렬한 노동쟁의가 벌어졌고 어용 집행부의 퇴진이 요구되었다. 이 시기에 D 전자는 국내 매출 1위 자리를 경쟁사인 삼성전자에 내주게 되었고 사측은 노사관계에 적극적으로 대응할 필요성을 강하게 느꼈다. 사측은 연구기관에 노동쟁의의 발생원인분석을 의뢰한 결과 노조집행부의 대표성과 협상력에 문제가 있다는 진단을 받고 노조를 파트너로 인정하고 위상을 강화함으로써 문제를 해결하겠다는 방침을 수립한다. 1994년부터는 노사일체 신문화정책에 입각해 노사협조를 더욱 강화하고 있으며, 협조적 노사관계를 위해 현장 감독자의 역할을 중요하게 평가하고 있다(김성희·박현미, 1999).

1968년에 설립된 D 전자 노조의 지향성은 전문성을 강화하여 국민경제발전과 국가경쟁력 향상에 기여하며, 국민과 지역사회에 봉사하는 것이다. 또 노조가 있는 기업이 노조가 없는 기업보다 더 강하다는 것을 보여주기 위해 노조가 생산성 향상과 혁신을 이끌어가야 한다는 입장에서 1994년 노조가 회사의 비전을 달성하는 선봉이 될 것을 다짐하는 결의문을 발표하기도 했다.

D 전자에서는 자사의 노사관계 발전단계를 4단계로 구분한다. 1단계는 87년 이전의 감독과 통제중심의 관리적 노사관계고, 2단계는 힘의 논리를 바탕으로 한 제 몫 찾기가 중심이었던 1987-89년의 대립적 노사관계다. 3단계는 1990-96년의 공동체적 노사관계로 세

계적 관점의 노사 파트너십을 구축하고 노와 사가 동반자적 관계에 들어간 시기다. 4단계는 1997년 이후의 가치창조적 노사관계로 창조적 현상 타파를 목표로 한다. 이렇게 노사관계가 '공동체적 관계'로 진입하면서 <표 6>에 제시한 바와 같이 단체교섭의 차수 및 소요일수가 급격히 줄어들었고, 1998년에는 아예 무교섭으로 진행했다.

<표 6> D 전자의 단체교섭기간 및 차수

| 연도 | 1991 | 1992 | 1993 | 1994 | 1995 | 1996 | 1997 | 1998 |
|------|------|------|------|------|------|------|------|------|
| 교섭차수 | 9차 | 7차 | 5차 | 5차 | 5차 | 4차 | 1차 | 무교섭 |
| 교섭소요일수 | 30일 | 27일 | 20일 | 20일 | 20일 | 6일 | 3일(회사일임) | 0 |

자료: D 전자, 출전: 조성재(2006b) 297면.

D 전자 사측의 노조관리전략의 핵심은 '건전노조육성'에 있는데 이를 위해 사측은 노조간부의 관리 및 육성에도 적극적으로 개입한다. 먼저 노조간부에 대한 밀착관리를 위해 노사관계 업무를 맡고 있는 부서에서 노조간부나 대의원들을 주기적으로 접촉한다. 노조위원장에게는 본사인력개발담당임원과 노경팀장이 1일 1회 이상 전화하고 월 2회 이상 만난다. 지부장은 각 공장 인력관리팀장이 1일 1회 이상 전화할 뿐 아니라 출근 시에 노조사무실에 먼저 들른다. 대의원은 공장 인력관리팀장과 노무담당자가 1주 1회 이상 만나도록 한다. 또 현장감독자와 대의원도 월 1회 공식 모임을 갖고, OBU(Operational Business Unit, 제품별 사업단위)장과의 만남도 월 1회 갖는다. 다음으로 노조간부 육성을 위해서는 노동조합의 관리능력을 제고하고 노조간부의 자질을 향상시키기 위해 다양한 교육기회를 제공한다. 나아가 노조간부나 대의원이 될 사람에 대해서도 관리한다. 즉 노조

간부 선출시 경력과 근무성적 우선자가 입후보하도록 해당 부서장이 책임지고 유도하며, 예비노조간부는 발굴해 공장별로 책임지고 육성, 지원한다52)(김성희·박현미, 1999). 회사가 이렇게 '노력'한 결과 1993-95년 간 창원 제2공장에서는 대의원 선거가 무투표로 이루어졌다. 이런 현실 때문에 1997년 노동조합이 실시한 조사에 따르면 93.7%의 노동자들이 "회사가 노조활동에 개입한다"고 응답하고 있다.

사측의 노사관계 관리는 지원 및 육성만으로 이루어지는 것은 아니다. '건전한' 노사관계에 장애가 될 것 같은 사람은 미리 제거하는 것도 중요한 작업이다. D 전자는 문제인력에 대해서는 가급적 빠른 시기에 해고하는 것을 원칙으로 하고 있다. 그러나 해고 시에 그 노동자가 순교자적 동정심을 유발시킬 수 있음에 유의할 것과 만약 그런 효과가 있을 경우 그것을 상쇄시킬 계획을 마련해야 한다고 관리감독자들에게 지시하고 있다. 그리고 문제성향이 있지만 해고할 수 없는 경우에는 현장 내에서 철저히 고립시킨다. 1987년과 89년의 노동쟁의 후 회사는 쟁의가담 정도를 기준으로 전체 종업원의 성향을 세 가지 색깔로 분류53)하고 태도나 행동을 매일 관찰했다. 그리고 회사에 협조적으로 변하지 않는 사람은 작업현장에서 완전히 고립시킨다54). 또 가정방문을 실시하고 해당 부서장이 관리하지 못하

<hr>

52) 1997년에 김성희와 면접한 한 노동자는 자신이 매년 대의원 선거에 출마하지만 회사측의 방해 공작에 의해 낙선하고 있다고 말했다.

53) 1개월 후 변화할 수 있는 사람은 노란색. 2-3월 후에도 변화하지 않는 사람은 빨강색, 회사에 협조적인 사람은 파란색.

54) 1999년에 김성희와 면접, 1989년 쟁의에 적극 가담했던 한 노동자는 다른 사람들이 회사에 찍힐까봐 자신과 이야기도 못하며, 아침 조회에도 참석하지 않는다고 했다. 그리고 라인에서 떨어진 곳에서 작업하고 있기 때문에 라인에서 어떤 일이 일어났는지도 모르는 경우도 있다고 했다(김성희 자료).

는 경우 본사의 노무부서에서 직접 관리했다(김성희 자료).

## 6) 고용조정

1990년 이후 D 전자에서는 두 차례의 고용조정이 이루어졌다. 1998년
에는 2,400명[55])이, 2005년에는 270명이 명예퇴직을 했다. 2005년의
고용조정 시에 노동조합은 처음에는 반대의견을 표했으나 경영상황
이 어렵다는 기업 측의 설명을 받아들여 선정방식의 투명성에만 주
력했다. 1998년 고용조정 시에는 노동조합이 퇴직에 대한 최종 면담
에도 참여했다(조성재, 2006b; 김성희·박현미, 1999).

## 7) 소결

이상에서 살펴본 바와 같이 D 전자는 1990년대에 들어 기업주도
로 협조주의적 노사관계를 구축하는 한편 노동자들의 숙련 형성을
유도하기 위한 인사제도 및 교육훈련체계가 확립되었다. 그 결과 D
전자의 생산직 노동자들의 숙련과 생산성은 크게 향상되었고 최근
에는 엄청난 임금비용의 격차에도 불구하고 중국 공장에서 에어컨
물량의 일부를 창원 제2공장으로 가져오기도 했다(동아일보, 2009.
2. 13.) 그러나 이와 같은 숙련증가에도 불구하고 기업주도의 노사
관계는 기업이 필요할 때 언제든지 고용조정을 실시할 수 있게 만들
기도 한다. 또 기업에 순응하지 않는 노동자들은 작업자 내에서 철

---

55) 같은 시기에 삼성전자는 5,000명, 하이닉스전자는 2,760명을 고용조정했다.

저히 배제된다. D 전자 생산직 노동자들의 숙련형성은 이렇게 기업 체제에 완전히 순응하는 대가로 이루어지고 있는 것이다.


## 6. 결론

지금까지 살펴본 한국 제조업의 사례는 노사관계의 성격이 노동자의 숙련형성체계에 직접적인 영향을 미치는 요인임을 시사한다. 사례기업들은 모두 1990년대 초중반에 생산직 노동자에 대해 능력주의 인사관리라는 이름으로 일본식의 직능자격제도를 도입해 노동자의 숙련을 상승시키고자 했다. 그러나 그러한 기업의 시도는 노동조합과의 관계에 의해 성공하거나 성공하지 못했다. 즉 노동조합의 조직력이 강하며 대립적 노사관계에 있는 한 A 자동차와 B 조선에서는 직능자격제도가 노동자 내부의 경쟁을 조장해서 분열을 초래할 것이라는 노동조합의 우려 때문에 직능자격제도를 실시할 수 없었다. 반면 노동조합이 없는 것이나 마찬가지인 C철강이나 기업이 노조를 철저히 관리하고 회사에 순응적이지 않은 노동자들을 현장에서 제거하면서 '협조적' 노사관계를 구축하는데 성공한 D 전자에서는 기업의 의도대로 직능자격제도를 실시할 수 있었다. 그 결과 A 자동차와 B 조선에서는 교육훈련체계와 숙련평가의 제도화 등 노동자들의 숙련형성 시스템이 제대로 구축되지 못했고, 근속에 따라 임금은 상승함에도 불구하고 숙련은 그만큼 상승하지 않는 문제가 발생하고 있다. 반면 C 철강과 D 전자에서는 노동자들의 숙련형성 메커니즘이 체계화되었으며, 임금증가와 숙련증가의 조응관계가 상대적으로 양호하다.

　노사관계의 성격이 노동자의 숙련형성에 직접적인 영향을 미친다는 점은 노동조합의 선택을 통해서만이 아니라 '능력주의 인사관리'를 통해 기업이 추구하고자 한 바를 통해서도 확인할 수 있다. 사례기업의 인사제도 개정의 배경에는 1987년 이후 노동운동의 고양으로 기업의 통제력이 약화된 것을 만회하고자 하는 의도가 있었다. 때문에 기업측도 노동자의 숙련형성 메커니즘을 체계화하는 것보다 승급과 승진을 둘러싼 경쟁을 강화함으로써 노동자들이 온순하고 근면하게 일하게 만드는 것에 더 깊은 관심이 있었다. 때문에 사례기업들은 인사고과를 통해 노동자의 숙련수준을 평가하기 보다는 근면하고 순응적인 노동태도를 평가하는 경향이 있었다. 나아기 인사고과에 숙련수준을 평가하는 항목을 포함하고 있는 C 철강과 D 전자의 경우에도 생산직 노동자에 대해서는 인사고과의 결과를 승급에만 반영할 뿐 성과급에는 반영하지 않는 제한을 두었다. 이와 더불어 1990년대 이후 사례기업에서 능력주의 관리라는 이름하에 진행된 공통적인 현상인 현장감독자의 규모와 비율을 증가시키는 동시에 권한도 강화해 현장의 노무관리를 현장 감독자에게 이전시키는 경향도 1990년대의 인사제도 개정의 중요한 목적 중 하나가 노동자에 대한 통제강화에 있음을 시사한다.

　노동자의 숙련상승은 기업의 생산력 증가로 이어질 가능성이 높으므로 기업의 발전을 통해 상대적으로 고용이 안정될 여지는 크다. 따라서 기업체제에 순응하는 것을 전제로 하는 숙련증가를 통해 고용을 보호하는 것도 노동자에게는 하나의 선택지가 될 수 있을 것이다. 그런데 한국 제조업의 사례는 일본의 경우와는 달리 노동자의 숙련형성과 고용안정이 반드시 연결되어 있는 것은 아님을 시사한다. 사례기업 중 숙련형성 메커니즘이 체계화되어 있는 편인 C 철강과 D 전자에서도 기업이 경영상의 어려움에 직면하면 여지없이 고용조정을 실시한다. D 전자 노동자의 경우 토요타의 다기능공 수준에 필적한다고 평가받는다. 그럼에도 불구하고 불황이라는 폭풍을 만났을 때 노동자는 기업을 살리기 위해 약간의 비상식량을 받아 차가운 겨울바다로 뛰어들어야 하는 것이다. 반면, 숙련형성 메커니즘은 체계화되어 있지 않지만 강한 노동조합이 있는 사업장에서 노동자들은 스스로 자신의 고용을 지키고 있다. A 자동차 노동자는 1998년의 정리해고 반대투쟁에서 승리해 자신들의 고용을 지켰으며, B 조선 노동자들은 해고되는 대신 계열기업으로 이동했다.

본론에서 검토한, 한국을 대표하는 기업들의 고용조정의 경험을 통해 볼 때, 한국의 노동자는 스스로를 보호할 조직력이 없는 한 높은 숙련수준을 무기로 기업의 파트너가 되기는 쉽지 않은 것으로 보인다. 노동자의 숙련상승은 기업이 주도할 수밖에 없고, 노동자들에 대한 기업의 지배력이 강화되는 결과를 피하기 쉽지 않기 때문이다. 한국의 대기업 노동조합들이 숙련형성에 저항하는 이유가 여기에 있는 것이다. 이와 같은 한국의 특징은 전체 노동시장에서의 노사관계의 성격이 숙련형성과 고용안정의 관계에 결정적인 영향을 미치는 요인임을 시사한다. 즉 협조적 노사관계를 특징으로 하는 일본노동시장에서의 숙련형성체제가 대립적 노사관계를 특징으로 하는 한국에 그대로 적용하기는 어려우며, 한국노동시장의 숙련형성체제에 대한 보다 심도 깊은 연구가 요청된다.

# 참고문헌

<한국어 문헌>

권순미. 2006. "금융체제, 기업지배구조, 그리고 고용체제: 한국과 일본의 비교". ≪한국정치학회보≫, 40(5): 251-277.

김기원. 2006. "외국자본 어떻게 봐야하나" 서울사회경제연구소 엮음『금융위기와 금융·세계화』한울아카데미.

김진방. 2004. "한국 재벌의 소유구조 현황" ≪기업지배구조연구≫, 2004 여름호: 14-26.

김성희·박현미. 1999. 『전자산업 대기업의 노사관계와 작업장 체제』한국노총 중앙연구원.

박우성·노용진 2001. 『경제위기 이후 인적자원관리 및 노사관계의 변화』. 한국노동연구원.

박준식. 1992. 한국의 대기업 노사관계연구, 백산서당.

신원철. 2001a. "기업내부노동시장의 형성과 전개: 한국 조선산업에 관한 사례연구". 서울대학교 박사논문.

신원철. 2001b. "경쟁과 효율성, 그리고 통제: A조선의 '능력주의' 인사제도에 관한 연구". 산업노동연구, 7(2): 191-222.

유철규. 2006. 한국 금융시스템의 평가와 재구축 과제『혁신과 통합의 한국경제 모델을 찾아서』. 함께읽는책.

이건범. 2005. "현단계 한국 금융의 성격과 금융 시스템 혁신의 방향", 동향과 전망, 64:73-101.

정건화. 2003. "노동시장의 구조변화에 대한 제도경제학적 해석" 경제와 사회, 57:8-41.

정건화. 2007. "IMF경제위기 이후 한국경제의 시스템 변화". 동향과 전망, 69: 235-261.

정이환. 2007. "비정규 노동시장의 특성에 관한 한일비교연구". 산업노동연구, 13(1): 1-31.

정이환. 2008. "한일비교를 통해 본 기업지배구조와 고용체제" 경제와 사회,

79: 214-252.

조성재. 2006. "한중일 자동차 산업의 고용관계 비교 - 토요타, 현대, 상하이 폭스바겜의 비정규직 실태를 중심으로" 노동정책연구, 6(2): 1-28

조성재 2006b. "중일과 비교한 한국 전자산업의 고용관계" 조성재 등, 『동북아 제조업의 분업구조와 고용관계2』 한국노동연구원, pp. 274-310.

조성재. 2007. "한국 전자산업의 분업구조 위상과 고용관계" 조성재 등, 『동북아 제조업의 분업구조와 고용관계 3』 한국노동연구원. Pp. 182-206.

조형제. 2005. 『한국적 생산방식은 가능한가-Hyundaism의 가능성 모색』 한울아카데미. Jo, Hyung Je. 2005.

조효래. 2000. "기업별 노동조합의 정치: H 자동차 노조의 현장조직들을 중심으로". 산업노동연구, 6(1): 155-187

조효래. 2002. "87년 이후 민주노조운동의 정체성", ≪창작과비평≫, 118: 416-432.

최종태. 1990. 『철강기업의 인사제도-POSCO의 직급체계연구』. 서울대학교출판부

노병직. 2003. "기업별 노사관계 시스템의 형성에 관한 연구: 한국조선산업에서의 노사관계변천사례". 서울대학교 박사학위논문

전국금속산업노동조합연맹 조선분과. 2005. 『임금·단체협약 조선분과 비교자료집』.

황수경. 2007. 『한국의 숙련구조 변화와 핵심기능인력의 탐색』한국노동연구원.

윤윤규·이철희. 2008. 『87년 이후 숙련구조의 변화』한국노동연구원.

주무현. 2006. "유연한 작업조직과 노동의 인간화" 현대자동차 노사관계 진단과 대안 한국노동교육원.

유장수. 1993. "한국노동시장의 숙련별 분단구조". 서울대학교 박사논문.

황수경. 1993. "독점 - 비독점 부문간 숙련형성메카니즘에 관한 비교연구". 숭실대학교 석사학위논문.

남기곤. 1994. "독점 - 비독점 부문간 노동시장구조의 차이에 관한 세 논문: 노동이동, 숙련수준, 임금구조에 대한 분석을 중심으로". 서울대학교 박사학위논문

전병유. 1994. "한국 제조업 생산직 노동자의 숙련형성에 관한 연구", 서울대학교 박사학위논문

김형기. 1988. 한국의 독점자본과 임노동. 까치

조형제·이병훈. 2008. "현대자동차 생산방식의 진화: 일본적 생산방식의 도입을 중심으로". 동향과 전망, 73: 231-264.

Bravemann, Harry. 1974.Labor and Monopoly Capital. Monthly Review Press. 이한주 강남훈(역) 1987. 『노동과 독점자본: 20세기에서의 노동의 쇠퇴』. 까치.


&lt;일본어 문헌&gt;

大沢真理. 2007.『現代日本の生活保障システム-座標とゆくえ-』岩波書店. Osawa Mari. 2007. 현대일본의 생활보장 시스템-좌표와 방향. 이와나미 서점.

禹宗杬. 2007. "労使関係の日韓比較-戦後システムの形成と変化を中心に"社会政策学会113回大会発表文. 우종원. 2007. "노사관계의 일한비교-전후 시스템의 형성과 변화를 중심으로" 사회정책학회 제113회대회 발표문

吳學殊. 2001. "雇用慣行と労使関係の日韓比較-鉄鋼産業を中心とした社会学的研究". 東京大学博士論文. 오학수. 2001. 고용관행과 노사관계의 일한비교-철강산업을 중심으로 한 사회학적 연구. 동경대학 박사학위논문

小池和男. 1994. 『日本の雇用システム: その普遍性と強み』東洋経済新聞社. Koike Kazou. 1994. 일본고용시스템: 보편성과 강점 동양경제신문사.


&lt;영어 문헌&gt;

Hall, Peter & David Soskice. 2001. "An Introduction to Varieties of Capitalism" in Peter Hall & David Soskice(eds.). Varieties of Capitalism. Oxford University Press, pp. 1-68.

Estevez-Abe, Margarita, T. Iversen and D. Soskice. 2001, "Social Protection and Formation of Skills: A Reinterpretation of Welfare State" in Peter Hall & David Soskice(eds.). Varieties of Capitalism. Oxford University Press, pp. 145-183.

Appelbaum, Eileen. & Rosemary Batt. 1994. The New American Workplace: Transforming Work System in the United States. ILR Press.

Doeringer, Peter & Michael J. Piore. 1971. Internal Labor Markets and Manpower Analysis. M. E. Sharpe, Inc.

중국공산당 중앙위원회 및
국무원의 "조화로운 노동관계
수립에 관한 의견"

번역: 정규식

당의 18차 전국대표대회와 18기 2, 3, 4중전회(18기 중앙위원회 2,3,4차 전체회의) 정신의 전면적인 관철과 조화로운 노동관계의 수립, 과학적 발전의 추동, 조화사회의 촉진을 위해 아래와 같은 의견을 제출한다.

## 1. 조화로운 노동관계 수립의 중대 의의에 대한 충분한 인식

노동관계는 생산관계의 중요한 구성부분으로서, 가장 기본적이고 가장 중요한 사회관계 가운데 하나이다. 노동관계가 조화로운지 아닌지는 광대한 직공(노동자) 및 기업 자체의 이익과 관련되어 있으며, 경제발전과 사회조화의 문제와도 직결된다. 당과 국가는 항상 조화로운 노동관계의 수립을 중시해왔으며, 일련의 법률, 법규, 정책

---

1) 이 문건은 2015년 3월 21일 발표이후 각 언론매체를 통해 공개되었으며, 번역은 인민일보(人民日报, 2015年04月09日版)의 기사를 원문으로 했다. 원제는 "中共中央国务院关于构建和谐劳动关系的意见"이다. 이 문건은 향후 중국 노동관계의 제도화 과정에 중요한 영향을 미칠 것으로 보이며, 지방정부 및 지역공회를 비롯한 노동조직의 후속대응, 그리고 기층 노동자 권리보호 운동과의 관계 속에서 구체적으로 어떻게 전개되어 나갈 것인지 귀추가 주목된다. 이하 모든 각주는 옮긴이의 보충설명이다. http://paper.people.com.cn/rmrb/html/2015-04/09/nw.D110000renmrb_2015 0409_2-01.htm

들을 제정하고 이러한 과업의 배치를 수행해 왔다. 각급 당위원회와 정부는 당중앙과 국무원의 정책결정을 성실하게 실현함으로써 긍정적인 성과를 거두었으며, 총체적으로 전국적인 차원에서 노동관계의 조화와 안정을 유지해 왔다. 그러나 현재 우리나라는 사회경제적으로 격변의 시기에 있으며, 노동관계의 주체 및 그 이익 요구가 갈수록 다원화되고 있다. 또한 노동관계의 모순이 이미 선명하게 부각되고 있으며, 다양하게 발생하고 있다. 노동분쟁(勞動争议)2) 안건의 발생이 계속해서 높은 수준을 유지하고 있으며, 일부 지방은 농민공의 임금체불 등 직공의 이익을 침해하는 현상이 여전히 비교적 현저하게 발생하고 있다. 집단적 조업중단(停工)과 군체성 사건(群体性事件)3)이 수시로 발생하고 있는 상황에서 조화로운 노동관계 수립의 임무는 실로 막중하다고 할 수 있다.

당의 18차 전국대표대회는 조화로운 노동관계의 수립을 명확하게 제기한다. 새로운 역사적 조건 하에서 중국 특색의 조화로운 노동관계를 수립하려는 노력은 사회관리(통치)를 강화하고 혁신하는 것이며, 민생을 보장하고 개선하는 중요한 내용이다. 또한 사회주의 '조

---

2) 여기서 중국어 '勞動争议'를 노동쟁의가 아닌 노동분쟁으로 번역한 이유는 한국과 중국의 법률 용어 차이에 따른 개념적 혼란을 피하기 위함이다. 황경진에 의하면 한국의 집단적 노동관계법에서 정의하는 '노동쟁의'는 집단적 노동관계를 전제로 하는 것이지만, 중국에서는 한국과 달리 개별 노동자와 사용자 사이에 발생한 분쟁뿐만 아니라, 공회(노동조합)를 통하지 않고 노동자와 사용자 또는 사용자 단체 사이에 분쟁이 발생했을 때도 '노동쟁의'라는 표현을 사용한다. 정선욱, 황경진, 2013, 「중국 파업에 대한 최근 논의 분석 및 파업사례 연구」, ≪산업관계연구≫제23권 4호를 참조.

3) '군체성 사건'은 사회질서에 일정한 영향력을 행사하기 위해 집단 구성원이 법적 근거가 없는 동일한 행동을 취하는 불법집단행동을 말한다. 특히 노동자들에 의한 조업중단(停工), 태업(怠工) 등 파업을 주요 형식으로 하는 단체행동의 경우는 시장경제 국가의 집단적 이익분쟁과 구별하기 위해 '노동자 군체성 사건'(勞動者群体性事件, Collective labour incidents)이라고 표현하며, 이러한 유형들을 포괄하여 '집단적 노동분쟁'(集体勞動争议, Collective labour disputes)이라고 한다. 위의 논문참조.

화사회' 건설의 중요한 기초이며, 지속적이고 건강한 경제발전의 중요한 담보이고, 당의 집정 기초를 증강하는 것이며, 당의 집정 지위를 공고히 하는 필연적 요구이다. 각급 당위원회와 각급 정부는 중국특색의 사회주의의 새로운 승리를 쟁취하기 위한 전반적 국면과 전략의 고도화라는 시각에서 조화로운 노동관계 수립의 중대한 의의를 심각하게 인식할 필요가 있다. 책임감과 사명감을 실질적으로 증강하고, 조화로운 노동관계의 수립을 하나의 긴박한 임무로써 보다 분명한 위치로 자리매김하여 보다 강력한 시책들을 강구해 나가야 한다.

## 2. 조화로운 노동관계 수립의 지도사상, 시행원칙 및 목표임무

### 1) 지도사상

당의 18차 전국대표대회와 18기 2, 3, 4중전회 정신의 전면적인 관철과 등소평 이론, '삼개대표' 중요사상, 그리고 과학발전관을 지도사상으로 삼아 시진핑 총서기의 일련의 중요한 강화(연설)에서 나타난 정신을 보다 심도 있게 실현해 나간다. 또한 당중앙과 국무원의 정책결정 사항들을 철저하게 구현해나가며, 기업발전의 촉진, 직공 권익의 보호를 견지해 나간다. 그리고 개혁발전(개혁개방)의 안정적인 관계에 대한 정확한 처리(입장)를 견지함으로써, 중국특색의 조화로운 노동관계의 수립과 발전을 추동한다. 노동관계를 조화롭게 하는 요소들을 최대한으로 증강하고, 부조화의 요소들은 최대한 줄임으로써 경제의 지속적이고 건강한 발전과 사회의 조화와 안정을 촉진한다. 이를 통해 '두 개의 백년'[4]이라는 분투의 목표와 중화민족의 위대한 부흥이라는 중국의 꿈을 실현하는데 이바지할 역량인 광대한 직공들을 결집해 나간다.

## 2) 시행원칙

- 사람을 근본으로 삼는 것을 견지한다. 수많은 직공들의 최대 관심사이자, 가장 직접적이고 가장 현실적인 이익문제의 해결, 그리고 근본적인 권익의 보호를 실현하는 것을 조화로운 노동관계 수립의 가장 근본적인 출발점이자 지향점으로 삼는다.
- 법에 근거한 수립을 견지한다. 노동보장에 관한 법률과 법규의 완비, 법에 근거한 기업 고용의식 강화, 법에 근거한 직공 권리 보호 능력의 제고, 노동보장에 관한 법집행 감독과 노동분쟁 조정의 강화, 노동관계 모순의 법에 근거한 처리 등 노동관계의 수립·운영·감독·조정의 전체 과정을 법치화(법제화)의 궤도에 올린다.
- 공동수립 공동향유를 견지한다. 기업의 발전을 촉진하는 것과 직공들의 권익을 보호하는 것의 관계를 총괄적으로 잘 처리하고, 노동관계의 주체인 쌍방(직공과 기업)의 적극성과 능동성

---

4) 2021년 공산당 창당 100주년, 2049년 중화민주공화국 건국 100주년을 일컫는 것으로, 2021년까지 전면적인 '소강(小康)사회'를 건설하고, 2049년까지 현대화된 사회주의 국가를 건설하여 '대동(大同)사회'를 이룩한다는 목표로 제시되었다.

을 고취한다. 또한 기업과 직공이 함께 협상하고, 함께 시스템을 수립하며, 함께 수익을 창출하며, 함께 이익을 공유한다.

- 개혁과 혁신을 견지한다. 우리나라의 기본적인 경제 제도로부터 출발해서 공유제 경제와 비공유제 경제, 그리고 혼합소유제 경제의 특징들을 총괄적으로 고려한다. 사회주의 시장경제하의 노동관계 법칙을 부단히 탐구하고 파악함으로써 중국 특색이 있는 노동관계 수립의 이론·체제·제도·시스템·방법의 혁신을 적극적으로 추진한다.

## 3) 목표임무

노동관계 조정의 법률, 체제, 제도, 기제, 그리고 역량개발을 더욱 강화한다. 당위원회 영도, 정부책임, 사회협력, 기업과 직공의 참여, 법치보장의 시행 체제를 더욱 시급히 완비하고, 근본적인 치리, 동태관리(动态管理), 긴급대응 조치(应急处置)가 서로 결합된 시행 기제(메커니즘)를 보다 신속하게 형성한다. 노동고용을 더욱 규범화하고, 직공 임금의 합리적 인상, 노동조건의 지속적인 개선, 직공 안전건강의 실질적 보장, 사회보험의 전면적 적용, 인간에 대한 존중과 배려(人文关怀)의 강화, 노동관계의 모순에 대한 유효한 예방과 화해를 실현한다. 또한 질서와 규율이 있고, 공정하고 합리적이며 상호이익을 실현할 수 있는 조화롭고 안정적인 노동관계를 수립한다.

# 3. 법에 근거한 직공 기본 권익의 보장

## 4) 직공의 노동임금 수령 권리의 실질적 보장

임금지급 규정의 개선과 구체화, 임금지급 모니터링 체제와 임금 보증금 및 체불임금 긴급 융통기금 제도의 구축, 체불임금 보장금 제도의 수립 모색, 체불임금 변제에 대한 시공총도급기업책임제의 실현, 노동임금 지급 불이행 등 위법행위에 대한 법적 처벌을 강화하고, 직공 특히 농민공에게 정시정액의 임금수령을 보장한다. 농민공과 도시 취업인원에 대한 동일노동 동일임금의 실현을 위해 노력한다.

## 5) 직공 휴식휴가 권리의 실질적 보장

국가의 직공 노동시간, 명절 및 기념일 휴가기간, 유급연가 등에 관한 규정을 개선하고 구체화한다. 기업에서 실행하고 있는 특별근무 시간제도의 심사승인 관리를 규범화하고, 기업이 법에 따라 직공의 휴식과 휴가를 안배하도록 독촉한다. 기업이 생산경영상의 이유로 직공의 연장근무를 필요로 할 때는 반드시 공회(工会, 노동조합) 및 직공과 협의를 해야 하며, 또한 법에 따른 시간외 임금수당의 정액을 지급해야 한다. 노동 기준량과 목표량(定额定员)의 표준화 작업을 더욱 강화하고, 노동 기준량과 목표량에 대한 국가기준과 업종기준의 제정과 수정을 추동한다. 기업이 과학적이고 합리적인 노동 기준량과 목표량의 표준을 제정하고 실시하도록 지도하고, 직공의 휴식권리를 보장한다.

## 6) 직공의 노동안전과 위생보호에 대한 권리 획득의 실질적 보장

노동안전과 위생에 관한 법집행 감독을 더욱 강화하고, 기업이 노동안전과 위생 책임 제도를 만들고 현실화할 수 있도록 독촉한다. 국가의 노동안전과 위생보호 기준을 엄격하게 집행하고, 안전한 생산을 위한 투자를 확대하며, 안전한 생산과 직업위생 교육훈련을 강화한다. 국가규정에 부합하는 노동안전 위생조건과 노동보호 용품을 제공하고, 위험성 직무에 종사하는 직공에 대해서는 국가의 규정에 따라 직무 담당전과 직무 담당기간, 그리고 직무종료 시에 건강검사를 시행한다. 특히 여성들과 미성년 노동자의 노동보호를 강화하고, 안전사고와 직업병 위험을 최대한 감소시킨다.

## 7) 직공의 사회보험 혜택과 직업기능 훈련을 이수할 권리의 실질적 보장

사회보험법을 성실하고 철저하게 실시하고, 사회보험 관계 이전 (转移) 수속의 연계방법에 대한 지속적인 개선, 사회보험의 전면적 확대 실현을 위한 노력, 광대한 직공 특히 농민공과 노무파견 노동자의 사회보험 권익을 현실화한다. 기업이 법에 따라 직공을 위해 각종 사회보험비를 납부하도록 독촉하고, 일정한 조건이 되는 기업은 법률법규와 관련 규정에 따라 직공을 위한 추가적 보험을 수립하도록 격려한다. 직공 스스로 법적 의무를 이행하고, 사회보험에 적극 참여하도록 선도한다. 직공의 직업기능 훈련을 보다 강화하고, 학교교육과 재교육 참여를 독려함으로써 직공의 문화지식 수준과 기술수준을 제고한다.

## 4. 노동관계 조정 기제의 완비

### 8) 노동계약 제도의 전면적 실행

노동계약법 등 법률과 법규를 철저하게 실현하고, 기업이 실시하고 있는 노동계약 제도에 대한 감독과 지도 및 서비스를 보다 강화한다. 계절성 고용과 직공의 유동성이 큰 업종의 경우에는 보다 간단한 노동계약 표본을 제시하여 확대 보급하고, 법에 근거하여 노동계약의 체결, 시행, 해제, 중지 등의 행위를 규범화하며, 노동계약 체결률과 실행의 질적 수준을 실질적으로 제고한다. 기업이 노동규정(規章) 제도를 완비하도록 지도하고, 노동 고용관리 수준을 고양한다. 노동 고용정보와 신고, 접수제도의 건설을 전면적으로 추진하고, 기업의 노동고용에 대한 동태적 관리를 강화한다.

### 9) 단체협상과 단체협약 제도의 추진

비공유제 기업을 중점대상으로 하여 법에 따른 임금단체협상을 추진하며, 지속적으로 그 적용범위를 확대하고 실효성을 강화해 나간다. 인력자원 시장의 수요와 공급 관계, 그리고 기업의 경제적 수익을 반영한 임금결정 시스템과 정상적인 임금인상 시스템을 형성한다. 임금가이드라인 제도를 개선하고, 임금단체협상의 확대를 위한 참고를 제공하기 위해 통일된 규범의 기업 임금 조사 및 정보를 공표하는 제도의 수립을 가속화한다. 기업과 직공(노동자)이 즉시 노동조건, 노동기준량과 목표량, 여성노동자 특수보호 등에 대해 단체협상을 전개하고, 단체협약을 체결하도록 추동한다. 단체협상대표의 능력을 더욱 강화하고, 협상의 수준을 제고한다. 단체협상 과정에 대한 지도를 강화하고, 기업과 직공이 성실하게 단체협약을 이행하도록 독촉한다.

## 10) 노동관계 조정을 위한 '3자 기제'의 완비

노동관계를 조정하는 '3자 기제' 조직체계를 완비한다. 즉 인력자원사회보장부, 공회(노동조합), 그리고 기업연합회와 공상연합회 등의 기업대표조직으로 구성된 '3자 기제'를 완벽하게 수립한다. 특히 실제 수요에 근거해서 공업단지, 향진(가도), 산업계통에 '3자 기제'의 수립을 추동한다. '3자 기제' 조직 건설을 강화하고 혁신하며, '노동관계조정3자위원회'를 수립하고, 동급 정부 책임자가 그 위원회의 주임을 맡도록 한다. '3자 기제'의 기능과 역할을 완전하게 하고, 그 시행제도를 완비하여 정부, 공회 그리고 기업대표조직이 노동관계와 관련된 중대한 문제들을 공동으로 연구하고 해결하는데 중요한 역할을 충분히 발휘할 수 있도록 한다.

## 5. 기업 민주관리제도 건설의 강화

### 11) 기업민주관리 제도의 완비

직공대표대회를 기본형식으로 하는 기업민주관리 제도를 완비하고, 직공의 민주참여 형식을 풍부하게 하며, 민주참여의 채널을 원활하게 하여 직공의 알권리, 참여권, 표현권, 감독권을 법에 따라 보장한다. 기업의 보편적인 직공대표대회 수립을 추진하고, 직공대표대회의 직권(권한)을 성실하게 실현하며, 직공대표대회가 기업의 발전과 관련된 중대한 정책결정이나 직공 스스로의 이익 등과 관련된 중대한 사항들에 있어서 중요한 역할을 충분히 발휘할 수 있도록 한다. 서로 다른 소유제 형식의 기업들에 대해 각자의 특성에 부합된 직공대표대회의 형식과 권한, 기능을 모색한다. 중소기업이 집중된 지방은 지역별, 업종별 직공대표대회를 수립할 수 있다.

### 12) 공장 업무 공개의 제도화와 규범화 추진

공장업무 공개제도 건설 비율을 보다 제고하고, 국유기업의 제도 변화와 재조직 과정에서 공장업무 공개를 더욱 강화한다. 또한 비공유제 기업의 공장업무 공개제도 건설을 적극 추진한다. 공개절차를 보완하고, 공개내용을 충실하게 하며, 공개형식을 혁신하여 경영자 접견일, 노사간담회, 사장의 우편함 등 다양한 형식의 공개를 모색하고 추진한다.

## 13) 직공이사 제도와 직공감사 제도의 추진

회사법(公司法) 규정에 따라 회사제 형식의 기업에 직공이사, 직공감사 제도를 수립한다. 법에 따라 직공이사, 직공감사의 직책을 시행할 규칙을 규범화한다. 이사회와 감사회가 회사의 중대 문제를 논의하고 결정할 때, 직공이사와 직공감사는 마땅히 자신의 의견을 충분히 발표할 수 있어야 하며, 직공의 합리적인 요구를 반영하여 직공과 회사의 합법적 권익을 보호해야 한다.

## 6. 노동관계 모순(갈등)에 대한 조정기제의 완비

### 14) 노동보장 감찰제도의 완비

노동보장 감찰의 그물망화(网格化)와 그물망관리를 전면 추진하고, 감찰 법집행의 방향을 능동적인 예방과 도시와 농촌을 총괄하는 방향으로 전환하는 것을 실현한다. 감찰 법집행 방식을 혁신하고, 법집행 행동을 규범화하며, 신고와 소송 경로를 보다 확대한다. 일상적 감시감찰과 서면조사의 적용범위를 확대하고, 돌발 문제에 대한 전문적 처리(특별단속)를 강화한다. 위법행위를 예방하고 경계할 수 있는 기제를 완벽하게 수립하고, 다양한 부문의 종합관리와 형사사법과 연동된 감찰 법집행 기제를 완비한다. 비합법 고용과 특히 크고 중요한 사안에 대한 조사의 강도를 강화하고, 아동노동 고용, 강제노동, 노동임금 미지불 등의 위법 범죄행위는 단호하게 처벌한다. 노동보장 신용평가 제도의 건설을 더욱 강화하고, 기업의 신용 기록 문서화를 완벽하게 구축한다.

## 15) 노동분쟁에 대한 조정·중재 기제의 완비

예방 중심·기층 중심·조정 중심의 업무방침을 견지하고, 기업 노동분쟁조정위원회의 건설을 강화하며, 모든 기업이 보편적으로 내부 노동분쟁협상조정 기제를 수립하도록 추동한다. 향진(가도), 촌(사구)에 법에 근거한 노동분쟁조정 조직의 수립을 적극 추동하고, 공회와 상업연합회(상공회의소)가 법에 따라 업종별, 지역별 노동분쟁조정 조직을 수립할 수 있도록 지원한다. 노동분쟁조정 제도를 완비하고, 전문적인 노동분쟁조정 업무를 적극 강화한다. 인민조정, 행정조정, 중재조정, 사법조정의 연동 업무체계를 완비하여 노동분쟁 처리 과정에서 협상과 조정의 기본적 역할을 충분히 발휘하도록 한다. 노동인사분쟁중재 사건처리 제도를 완비하고, 사건처리 절차를 규범화하며, 사건처리 감독의 강도를 보다 강화하여 중재의 효과와 사건처리 질량을 더욱 제고하며 안건 중재의 종결을 촉진한다. 업무 협조와 긴밀히 연관된 중재와 재판을 보다 강화하고, 소송과 중재 절차의 효과적인 결합과 중재와 재판기준이 통일된 새로운 규칙 및 새로운 제도의 수립을 적극 모색한다. 법률적 지원 경로를 확대하고, 법에 따라 조건에 부합하는 직공을 위한 법률적 지원을 즉시 제공하여 당사자의 합법적인 권익을 실질적으로 보호한다. '노동관계조정 3자 기제'에 근거하여 단체협상분쟁의 조화로운 처리 방법을 완비하고, 단체협약 체결과정에서 발생한 분쟁과 집단적 조업중단 사건을 적절하게 조정한다.

## 16) 노동관계 군체성 사건의 예방과 긴급처리 기제의 완비

노동관계 정세에 대한 분석과 연구조사를 보다 강화하고, 노동관계에서 발생하는 군체성 분쟁의 일상적 조사와 동태적 모니터링 예방 제도를 수립하여 노동관계 영역의 근본적이고 경향적인 문제들을 적시에 발견하고 적극 해결하며, 적절하게 군체성 사건을 대비한다. 긴급대응책을 완비하고, 분급별 대응과 처리절차 및 처리대책을 명확하게 한다. 당위원회 영도하의 정부책임을 완비하고, 관련 부문과 공회, 기업대표조직이 공동으로 참여하는 군체성사건긴급연동처리기제를 완비하여 신속하게 대응하고 업무처리 협력을 구축하며, 기업의 주체적 책임을 구체화하고 군체성 사건을 시의 적절하게 처리하도록 독촉한다.

## 7. 조화로운 노동관계 수립을 위한 양호한 환경의 조성

### 17) 직공에 대한 교육지도의 강화

광대한 직공들에 대한 사상정치 교육을 더욱 강화하여 직공들이 정확한 세계관과 인생관, 가치관을 수립하도록 지도한다. 또한 고결한 직업이상을 추구하고 우수한 직업도덕을 배양하며, 기업에 대한 책임감과 정체성, 귀속감을 증강한다. 맡은 바 업무에 충실하며 직업의식이 투철하고 기율을 준수하며 성실하게 신용을 지키고 자발적으로 노동의 의무를 이행하도록 한다. 이와 관련된 법률, 법규, 정책의 홍보사업을 더욱 강화하고, 직공 스스로와 관련된 이익문제를 해결하는 동시에, 사회 전체적인 이익관계와의 조정을 정확하게 대처하도록 지도한다. 임금인상 등의 요구기대를 합리적으로 확정하고, 이성적이고 합법적인 형식으로 이익요구를 표현하고 이익갈등을 해결하며 자신들의 권익을 보호할 수 있게 한다.

## 18) 직공에 대한 인간적 존중과 배려(人文矢怀)의 강화

특색이 풍부한 기업정신과 건강한 기업문화를 육성하고, 직공을 위한 공동의 정신적 가족(精神家园) 분위기를 조성한다. 직공의 정신적 욕구와 심리적 건강을 중시하며, 직공의 사상적 동태를 제때에 파악하고 이해한다. 올바른 사상지도와 심리적 소통을 원활하게 하는 작업에 초점을 맞추고, 심리적 위기에 개입하는 예방기제를 수립한다. 기업의 문화, 체육, 오락 시설의 건설을 강화하고, 직공들이 즐겁게 보고 들을 수 있는 풍부하고 다채로운 문화체육활동을 적극 조직한다. 직공의 발전 경로를 확장하고, 직업발전의 공간을 확장한다.

## 19) 기업경영자의 사회적 책임 적극이행을 위한 지도와 교육

광대한 기업경영자의 사상정치 교육을 강화하고, 사회주의의 핵심 가치관을 실행하도록 지도한다. 애국, 직업존중, 성실신의, 준법, 봉사(공헌, 기여) 정신을 견고하게 수립하고, 국가에 충성하고 사회에 봉사하며 직공을 행복하게 만드는 사회적 책임을 성실히 감당하도록 한다. 기업경영자들이 자발적으로 직공을 사랑하고 배려하며, 직공의 업무와 학습, 생활조건을 개선하도록 노력하고, 직공의 어려움을 해결하도록 돕고, 곤경에 처한 직공에 대한 지원 규모를 더욱 확대하도록 교육하고 지도한다. 국정(國情)에 부합하는 기업의 사회적 책임에 대한 기준체계와 평가체계를 수립하고, 기업의 사회적 책임의 실행을 독려할 수 있는 환경을 조성한다. 기업경영자, 특히 중소기업의 경영관리 인원에 대한 노동보장 법률법규의 교육훈련을 더욱 강화하고, 경영자들의 법에 따른 고용의식을 제고하며, 자발적으로 직공의 합법적 권익을 보장하도록 지도한다.

## 20) 기업발전을 위한 환경의 최적화

정부의 관리서비스를 강화하고 개선한다. 기업행정과 관련된 심사승인 사항을 줄이고 규범화한다. 심사승인 사항의 업무효율을 제고하고, 시장주체의 창조적 활력을 자극한다. 중소기업에 대한 정책 지원 규모를 확대하고, 특히 소규모 기업의 발전을 지원하는 각종 정책이 구체적으로 실현되도록 추진하며 기업의 부담을 더욱 경감시킨다. 기술적 지원을 강화하고, 기업이 능동적으로 진보하도록 지도하며, 과학기술의 진보와 직공 소양의 향상, 그리고 관리혁신에 근거하여 부단히 경쟁력을 높이도록 지도한다. 기업발전의 촉진을 통해 조화로운 노동관계 수립을 위한 물질적 기초를 창조한다.

## 21) 조화로운 노동관계 수립의 법적보장 강화

노동법과 노동계약법, 노동분쟁조정중재법, 사회보험법, 직업병예방치료법 등 일련의 법률적 법규와 규정, 정책들을 더욱 보완한다. 또한 기본적 노동표준, 단체협상과 단체협약, 기업임금, 노동보장 감찰, 기업민주관리, 노동관계조정을 위한 '3자 기제' 등의 제도를 보다 신속하게 개선하여 점진적으로 노동보장법률법규 체계를 완비한다. 법률법규의 선전교육을 보다 심도 있게 개진하고, 행정적 법집행과 법률적 감독을 강화하며 각종 항목의 노동보장법률법규의 철저한 실시를 촉진한다.


## 8. 지도조직과 총괄적 협조의 강화

### 22) 지도의 강화와 협력의 형성

각급 당위원회와 정부는 조화로운 노동관계 수립의 지도협력 기제를 만들 필요가 있으며, 전체 사회가 함께 참여하는 업무협력 체제를 형성해야 한다. 각급 당위원회는 전체적 국면을 총괄해야 하며, 방향을 잡고 노동관계에서의 중요한 문제들을 적시에 연구하고 해결해야 한다. 또한 당과 정부의 역량, 대중단체의 역량, 기업역량, 사회역량을 하나로 모아서 인민대표대회와 정치협상회의에 대한 민주적 감독 역할을 발휘해야 한다. 각급 정부는 조화로운 노동관계 수립을 현지의 사회경제 발전 계획과 정부의 목표책임 심사체계에 포함해야 하며, 정책결정과 업무배치 및 그 구체적 실현의 책임을 실질적으로 감당해야 한다. 최저임금제도의 개선과 현실화를 통해 경제발전의 기초 위에서 최저임금기준을 합리적으로 조정해야 한다. 각급 인력자원사회보장부 등의 부서들도 그 직책을 충분히 이행할 필요가 있으며, 조사연구와 정책자문, 총괄적 협조, 지도업무, 관리감독과 감찰 등의 임무를 성실하게 수행해야 한다. 각급 공회는 직공 대중의 목소리를 적극적으로 반영하고, 법에 따라 직공의 권익을 보호하며, 광대한 직공들이 공을 세우고 사업을 일으킬 수 있도록 단결하고 결집시켜야 한다. 각급 공상연합회, 기업연합회 등 기업대표 조직들은 기업의 권익 요구를 적극 반영하고, 법에 따라 기업의 권익을 보호하며, 광대한 기업 경영자들이 능동적으로 사회적 책임을 감당하도록 교육하고 지도해야 한다.

## 23) 노동관계와 관련된 업무역량 개발의 강화

각급 정부는 노동관계의 협조 강화, 노동보장 감찰기구 건설 및 노동인사분쟁중재위원회와 중재원 건설을 중시하고, 필요한 업무역량을 배분해야한다. 향진(가도), 촌(사구) 등 기층 노동취업사회보장 공공서비스 플랫폼의 건설을 총괄적으로 추진하고, 기층 노동관계업무 기능을 완비하며, 노동관계의 협조와 노동분쟁조정 및 노동보장 감찰인원의 기초를 충실하게 다져야 한다. 노동관계와 관련된 담당 인원의 업무훈련을 강화하고, 조직적 자질을 제고한다. 각급 정부는 노동관계 업무기구와 조직건설 방면에 존재하는 문제들을 겨냥해서 모든 역량을 배치하고 경비를 투입해서 지원할 필요가 있으며, 조화로운 노동관계 수립의 과업이 순조롭게 개진되도록 보장해야 한다.

## 24) 기업의 당조직과 기층 공회, 단체조직, 기업대표조직 건설의 강화

모든 기업에서 당조직 건설 업무를 강화하고, 특히 비공유제 기업에 당의 조직 범위와 업무범위를 확대하는 것에 중점을 둔다. 기업에서의 당건설이 대중단체 건설을 인도하는 것을 견지하고, 모든 기업이 법에 따라 보편적으로 공회를 수립하도록 추동하고, 비공유제 기업의 단체건설 임무를 보다 강화한다. 기업의 당과 대중조직이 기업의 특성에 부합한 작업과정과 방법을 모색하도록 지도하고 지지한다. 기업의 당과 대중조직의 활력을 지속적으로 증강시켜 기업발전을 추동하고, 직공대중을 결집하며, 조화와 안정을 촉진하는 과정에서 충분한 역량을 발휘할 수 있도록 한다. 지역별, 업종별 공회연합회와 현(시, 구), 향진(가도), 촌(사구), 공업단지의 공회조직 건설을 보다 심도 깊게 추진하며, 산업공회조직(산업별노조) 체계를 완비한다. 기층공회 주석의 민주적 출현 기제를 보완하고, 기층공회 간부의 사회화 방법을 모색하며, 기층공회 간부의 합법적 권익보호 제도를 완비한다. 현(縣)급 이상의 정부와 동급 총공회의 연석회의 제도를 완비하여 수립하고, 공회가 노동관계의 협조에 참여하도록 지원한다. 기층 기업대표조직 건설을 강화하고, 기업대표조직이 노동관계의 협조에 참여하도록 지원하고, 기업대표조직이 기업경영자의 단결, 봉사, 지도, 교육 등에 대해 충분한 역할을 발휘하도록 지지한다.

## 25) 조화로운 노동관계 창건 활동의 심도 깊은 추진

조화로운 노동관계 창건 활동을 조화로운 노동관계 수립의 중요한 담지체로 삼아 창건활동의 경험을 총결하고, 창건 과업의 목표책임제를 수립한다. 광대한 기업, 특히 비공유제기업과 중소기업에서의 창건활동 적용범위를 확대하고, 공업단지로부터 기업화가 비교적 집중된 향진(가도), 촌(사구)으로 지역별 창건활동의 확장을 추동해 나가며, 전방위적이고 다층적인 창건국면을 형성하고자 노력한다. 창건 내용을 풍부하게 하고 창건 기준을 규범화하며, 창건 평가를 개선하고 격려시책을 보완하여, 국가의 관련규정에 따라 정기적으로 창건활동의 선진단위를 표창한다. 기업과 기업경영자에 대한 우수대상자 평가 선발과 조화로운 노동관계의 창건을 결합해서 창건활동이 더욱 심도 깊게 진행되도록 지속적으로 추진한다. 조화로운 노동관계 수립의 종합 시범지역(시) 건설을 적극 개진하고, 중국 특색의 조화로운 노동관계 창조의 경험을 구축한다.

## 26) 조화로운 노동관계 수립에 관한 홍보 역량의 확대

신문방송 매체와 인터넷 매체를 충분히 활용하여 조화로운 노동관계 수립의 중대한 의의를 적극 홍보한다. 또한 당과 정부의 정책방침과 노동보장 법률법규를 홍보하고, 조화로운 노동관계 수립을 통해 얻는 실제적 성과와 과업수행 경험을 홍보한다. 그리고 기업이 직공을 배려하고 아끼며, 직공이 기업에 기여하는 선진적인 전형을 홍보한다. 정확한 여론의 향방과 강대한 여론의 기세를 형성해서 이를 전사회적인 공통 관심사로 조성함으로써, 조화로운 노동관계 수립에 대한 우호적 분위기를 지원하고 참여한다.

중공중앙판공실 비서국

2015년 3월 21일 발표

## 이종구

일본 도쿄(東京)대학교 사회학 박사
현) 성공회대학교 사회과학부 교수

## 리지에성(李捷生)

일본 도쿄(東京)대학교 경제학 박사
현) 오사카 시립대학교 교수

## 정규식

성공회대학교 사회학 박사수료
현) 성공회대학교 노동사연구소 연구원

## 천리잉(詹力穎)

핀란드 Tampere 대학교 사회정책학 박사수료

## 김영

서울대학교 사회학 박사
현) 부산대학교 사회학과 교수

## 김양태

일본 메이지(明治)대학교 경영학 박사
현) 성공회대학교 노동사연구소 연구원

## 김종권

고려대학교 사회학과 박사과정

Industrial Change and Life-worlds in East Asia

# 동아시아의
# 산업변동과 생활세계

초판인쇄  2015년 6월 29일
초판발행  2015년 6월 29일

지은이  이종구·리지에성(李捷生)·정규식·천리잉(詹力穎)·김영·김양태·김종권
펴낸이  채종준
펴낸곳  한국학술정보㈜
주소  경기도 파주시 회동길 230(문발동)
전화  031) 908-3181(대표)
팩스  031) 908-3189
홈페이지  http://ebook.kstudy.com
전자우편  출판사업부  publish@kstudy.com
등록  제일산-115호(2000. 6. 19)

ISBN  978-89-268-7028-0 94330